【宋】赵黻《长江万里图》，北京故宫博物院藏

"十四五"国家重点出版物出版规划项目

水润华夏大长江

蓝勇 著

江苏人民出版社

图书在版编目(CIP)数据

水润华夏大长江/蓝勇著. — 南京:江苏人民
出版社,2024.1(2024.5重印)
ISBN 978 - 7 - 214 - 27693 - 3

Ⅰ.①水… Ⅱ.①蓝… Ⅲ.①长江流域-文化史
Ⅳ.①K295

中国版本图书馆 CIP 数据核字(2022)第 224775 号

书　　　名　水润华夏大长江
著　　　者　蓝　勇
策　　　划　王保顶
责 任 编 辑　洪　扬　康海源
特 约 编 辑　裴　伟
责 任 监 制　王　娟
装 帧 设 计　周伟伟
出 版 发 行　江苏人民出版社
地　　　址　南京市湖南路 1 号 A 楼,邮编:210009
照　　　排　江苏凤凰制版有限公司
印　　　刷　南京爱德印刷有限公司
开　　　本　652 毫米×960 毫米　1/16
印　　　张　21.75　插页 13
字　　　数　265 千字
版　　　次　2024 年 1 月第 1 版
印　　　次　2024 年 5 月第 2 次印刷
标 准 书 号　ISBN 978 - 7 - 214 - 27693 - 3
定　　　价　88.00 元

(江苏人民出版社图书凡印装错误可向承印厂调换)

目　录

序：我的长江情怀

　　1962年1月4日，我出生在四川省泸州市茜草坝。在长江流经的四川盆地，在山地和丘陵地区有许多平坝，为历史上人类主要的生息之地，仅老家泸州附近就有张坝、茜草坝、瓦窑坝、大叶坝、蓝田坝、高坝等坝子。因我4岁就随父母工作调动到自贡生活了，孩提时代的记忆很模糊，只对泸州江畔木船林立有较深的印象。还记得当时父母工作忙，我经常是随婆婆在纳溪县石棚场生活。石棚场位于纳溪县与泸州市之间的方山下，只有四条小街，但当时人气很足。从我们住的杜家大院院外山坡上和婆婆供销社宿舍的窗户，都能一睹长江的风貌，所以我从小就看惯了当时川江上木帆船的过往穿梭，听熟了江上号子声声的高亢悠长。那时木船还是川江上很重要的航行运输工具，我不时随大人们从石棚码头乘木船到对岸石梁，才可以乘车到泸州，所以我小时就对川江木船有深刻的印象。

　　1966年我4岁到自贡后，偶尔也回到婆婆工作的石棚场，后来年岁更大一点后对一些事情的记忆更深了，当时在石棚经常能看到泸州武斗的场景。1968年我父母因三线建设需要到四川宜宾县豆坝的401电厂工作，我们随父母到了宜宾。当时我经常坐船往来泸州、宜宾之间，因而对泸州至宜宾间的长江越来越熟悉，沿江的李庄、南溪、江安、井口、大渡口、野猪垭等地名深入脑中。

1

同时401电厂也坐落在金沙江下游,就在离金沙江与岷江汇合口不远的豆坝(以前为窦坝,因窦氏移民居住得名,后人误读)。所以,我从小就看惯了长江上的木帆船、光腔的纤夫、硕大的木筏和满江的漂木。小时侯我还经常在金沙江边的沙滩玩河沙、堆小人,看着大人们用炸药炸出一大盆黄腊丁,看到渔民捕获用拖拉机拉着的千斤中华鲟鱼(腊子鱼)。1979年我考上大学后,往来于重庆、宜宾间,偶尔也会坐船往来,对川江沿途的风物更是多有感受,如南溪豆干,江安脆李,纳溪泡糖,泸州的白糕、黄粑、桂圆,合江荔枝,江津米花糖等都印象深刻。

工作以后,第一次感觉到长江的博大应当是在1986年考察西南古道时,我第一次乘船经过长寿、涪陵、万县、奉节、巫山、巴东到宜昌,第一次走出四川盆地。印象最深刻的是当船进入瞿塘峡、巫峡、西陵峡时,长期在丘陵地区生活的我第一次感受到急流高峡深谷的幽深荒凉,也第一次感受到东出南津关走入江汉平原后的豁然开朗,第一次感受到长江地理风貌的多彩和博大。在西南师范学院工作后,由于工作需要田野考察和会议差旅,我跑遍了长江流域的主要城镇。长江干流的上游城镇几乎都有多次考察,遍及长江上游主干流和各条支流。宜昌以下的城镇相对考察的少一些,但也先后考察过宜昌、荆州、沙市、岳阳、洪湖、赤壁、嘉鱼、武汉、九江、湖口、安庆、宿松、芜湖、南京、镇江、扬州、上海等城市,其中宜昌南津关、猇亭、沙市万寿塔、荆州古城、纪南城、岳阳楼、城陵矶、蒲圻赤壁、汉口海关、黄鹤楼、九江浔阳楼、湖口石钟山、宿松小孤山、南京中山陵、扬州瘦西湖、瓜洲渡、镇江西津渡古街、上海长江口等给我留下深刻的印象。另外,我对长江中下游支流的重要城市,如恩施、长阳、襄阳、长沙、湘潭、南昌、合肥、苏州、无锡等也多次踏访。

可以说孩提时代长江的水土滋养了我，成人后长江的资源又养育了我。工作后的我许多成果都是以长江流域为主要的研究空间，如《近两千年来长江上游森林变迁与水土流失》《长江》《长江三峡历史地理》《长江三峡历史地图集》等，我对长江开始从一种人生感受逐渐上升到对长江历史的一种理论思考。

长江和黄河都是中华民族的母亲河，但长江已经逐渐成为中华民族的核心河。作为一个生于长江又长于长江的学者，我自然对长江更是有种深深的依恋，也不时会产生许多反思忧虑。长江是自然的，也是人文的。每当我登临高山，看大河蜿蜒如蛇、群山叠嶂，往往感叹自然沧桑、人事蹉跎、岁月如烟，脑海里往往涌现出古人咏叹长江的一些千古绝句，有激扬的、有奋发的、有伤感的。从"巴东三峡巫峡长，猿鸣三声泪沾裳"到"无边落木萧萧下，不尽长江滚滚来"，从"大江东去，浪淘尽，千古风流人物"到"滚滚长江东逝水，浪花淘尽英雄"，万里长江不知目睹多少王朝兴替，触动多少英雄情怀。谈到长江，我对《三国演义》第一回中的开篇词也有了更深的理解：

> 滚滚长江东逝水，浪花淘尽英雄。是非成败转头空。青山依旧在，几度夕阳红。

> 白发渔樵江渚上，惯看秋月春风。一壶浊酒喜相逢。古今多少事，都付笑谈中。

这首词本是明代杨慎的《临江仙》。杨慎才华横溢，只因"议大礼"得罪权贵，被贬云南，仕途多舛，这首词可能是其心境的真实写照。以往文人多认为此词过于伤感，有宿命论的色彩，太消极了。但在我来看，这首词是从自然与人文角度反思人类社会与自然关系的精品之作，比苏东坡的《赤壁怀古》更有理性和历史厚重感。从个人与社会因素看,那些青云直上的奸臣们早已深埋在历史的尘埃之下,为人唾弃,唯杨慎诗名远播,被后人崇敬凭吊。历史是辩证的。从历史长河中人与自然的关系来看,人类本是自然的产物,在短时间内,人类的活动尽显英雄本色;但在历史的自然长河里,大自然的威力是永恒的,此所谓"青山依旧在"。这使我想起我在《中国历史地理》中总结的一段话:"从天地生的综合研究来看,从长时段来看,地理环境对人类社会肯定起到决定性的作用,只是在一定的时间和地域里,人类可起加速或延缓历史发展的作用,在一些具体问题上起有决定作用。"

在我看来,从历史与自然的角度来客观分析人与自然的发展,将古今人物和事件放在自然历史的长河中去分析,正是我们所缺乏的。要知道,在历史的长河中,人类的历史仅是自然历史中短暂的一页。以长江而论,地老天荒,今天的长江形成已经有300万—500万年的历史,古长江的形成历史则长达1.8亿年,而长江古人类的历史不过200多万年,长江流域人类社会进入新石器文明社会不过七八千年的时间。历史与现实也是紧密不可分的,当下的现实往往能从历史的发展轨迹中找到答案,而现实的评价往往也需要历史的岁月去评判,此所谓常看长江长河落日圆,不怕岁月大浪不淘金!

蓝勇,2022 年 7 月

第一章　地老天荒
——长江地质历史与人类对长江源头的探索

长江的地质历史演变过程

地质学家告诉我们,距今 2 亿年前,长江流域的西部大多为茫茫大海,即古地中海的一部分,而长江中下游的南部即我们历史上所称的江南地区也浸在大海之中。

距今 1.8 亿年,地质运动中的印支运动开始,中国西部高山纷纷隆起,昆仑山、可可西里山、巴颜喀拉山、横断山、秦岭横空出世,古地中海西退,长江中下游南部地区升为陆地,云贵高原开始呈现端倪,这样的结果使横断山、秦岭与云贵高原间形成了一系列断陷盆地和槽状凹地,如云梦泽、巴蜀湖、西昌湖、漠湖等,形成一个流向从东到西、与今天长江方向完全相反的地质史上的古长江。

距今 1.4 亿年,发生了燕山造山运动,长江上游西部的青藏高原上升抬高,而长江中下游的大别山和巫山等抬升隆起,四川盆地开始相对凹陷。到 1 亿年前四川盆地开始缓缓上升,而云梦泽、洞庭湖下沉。

距今 3000 万年—4000 万年,发生了喜马拉雅山造山运动,青藏高原和云贵高原进一步隆起,长江流域普遍间歇抬升,东部的长江中下游地区抬升相对较少,形成中低山、丘陵,有的低凹地区下沉为平原,长江流域西高东低的地理大势形成。

距今300万—500万年左右,喜马拉雅山再度隆起,长江流域西部不断抬高,古长江溯源侵蚀的作用加强,天长日久,终于切穿巫山,形成万里长江东流水的现代长江。① 也正是在这个时期,长江流域出现了猿人。可以说,古人类是与今天的长江同步而生的,人类产生这300多万年,相对于孕育长江这近2亿年来说,不过是多么短暂的一页!

今天,长江流域许多高山河谷为我们留下了地质时代变化的历史见证。

探索长江的过程

人类在探索长江中走过了艰苦的历程。探索长江起源对古人来说,首先是了解长江。在科学技术如此发达的今天,我们还对长江真正源头有争论,可以想象我们的古人认知长江的艰难,也能理解古人认知的错误。

其实,我们的古人很早就对长江有记载,一般称"江",与"河"对称。《诗经·周南·汉广》便记载"江之永矣,不可方思",汉代司马相如《子虚赋》中有"缘以大江,限以巫山"之称。一般认为最早在三国时期才开始称"长江",首见于《三国志》的记载,以后长江之称逐渐普遍。

不过历史时期不同的地区对本地区的长江段落有许多地区性称法,如汉代《史记》《汉书》中就称金沙江为若水,《汉书》中也

---

① 朱振宏、程卫民主编:《长江400问》,黄河水利出版社,1999年。

称为绳水，后东晋《华阳国志》开始有泸水之称，南北朝《水经注》中有泸江水之称，在《华阳国志》《水经注》中开始称金沙江下游为马湖江，但在实际运用中指向并不完全精准，故惹得后人为此不断考辨而不得其真。早在宋代开始有川江之称，但一是对川峡四路江河的一种泛指；一是指代整个长江，甚至指代过长江中下游，直到近代才称宜宾到宜昌间为川江。早在《史记》中就有荆江之地，唐宋以来有关荆江一词的运用较多，但地望一直并不明确，明清以来人们才逐渐将长江进入江汉平原枝城至城陵矶段称为荆江。南北朝时任昉《述异记》开始称今江西九江一带长江为浔阳江；南北朝谢朓《谢宣城诗集》开始称安徽一带长江为楚江；而南北朝刘敬叔《异苑》中开始称长江下游的段落为扬子江，在唐宋文献中也就多有此称呼，后特指江苏仪征、扬州一带的长江，再后来被外国人借指整个长江。

但是，我们的古人在相当长的时间里对长江的客观真相并不是太了解。

以长江源头而论，中国古老的地理学著作《尚书·禹贡》中提出"岷山导江，东别为沱"，而同时代的《山海经·中山经》称："岷山，江水出焉，东北流，注入海。"《荀子·子道篇》也指出"江出于岷山"，将岷江看作长江的源头在今天来看的确是错误的，但在战国时期，人类能将万里长江上溯到岷江，也确实不容易了。隋唐时期人们并没有放弃对长江源头的探索，《隋书·地理志》中有《寻江源记》一卷，这本《寻江源记》早已佚散失传，所以我们无法知道这位著作者探险到了何方，溯江到了何处，得出何种论断。

古人对真正的长江源头——金沙江的记载是很早的。早在《汉书·地理志》中就把今天的金沙江记载为若水（绳水），但仍认为"岷山导江，东别为沱"。北魏郦道元《水经注》中专门记载了若水（金沙江），仍然将金沙江看作岷江的一条支流。到了唐代一位叫樊绰的人写了一部《云南志》（《蛮书》），详细记载了犁牛河接纳众河，分别称磨些江、泸水、马湖江而注入戎州（今宜宾）的事实，但仍不以犁牛河为长江正源。汉唐以来，人们虽对金沙江有了更多的了解，但并没有发现它为长江的真正源头。所以，宋代传为巨然的《长江万里图》、传为李公麟的《蜀川胜概图》等都将岷江作为长江正源来绘制。

据辛德勇研究表明，明代章潢首次在《图书编》中的《江源总论》里提出金沙江为长江正源之说，早于徐霞客。① 不过，徐霞客的贡献仍然十分大。徐霞客的《江源考》中明确提出："推江源者，必当以金沙江为首。"章潢和徐霞客并没有考察完整个长江源头，仅是根据两河整体差异上的长短、支流多少推论出来的。但这种将金沙江作为长江正源的观点，推翻了传统的"岷山导江"说，其在地理学上的贡献是巨大的。当然，章潢和徐霞客的正确观点并没有得到当时社会的普遍认同，所以，明代将金沙江作为长江正源并没有形成共识，大量的文献和学者仍坚持岷江为长江正源。② 直到清代，人们才在新测绘地图后明确提出金沙江应为长江之源，但仍有一些学者坚持"岷山导江"说。

早在康熙五十七年（1718 年），杨椿在看了新编《皇舆图》后便指出"言江源者当以金沙江为主"，而李绂也认为"以源之远论，当主金沙江……若岷江则断断不得指为江源也"。乾隆时的齐召南在《水道提纲》中也指出："金沙江……源远流长，所受大水数十，小水无数，虽滩多石险，舟楫难行，其为大江上源无疑也。"以

---

① 辛德勇：《徐霞客史实二题》，《古代交通与地理文献研究》，中华书局，1996 年。
② 蓝勇：《长江正源探索历史是非考辨》，《历史研究》2005 年第 1 期。

后人们的讨论更多是对金沙江源头在何处的考察和争论了。

相比之下，我们的古人对于黄河的关注要多得多，认识也更早更全面，这与中国历史的发展大势有关。中国历史上政治经济文化中心长期以来都在黄河流域，南宋以后虽然政治经济文化中心东移南迁，长江源头反而更远离了中国的政治和经济中心。在古代，交通、信息不发达的时候，长江源头就更被人们冷落，更何况长江上游相对黄河上游来说地形地貌更复杂，民族状况也更复杂，正如徐霞客认为的："金沙江盘折蛮僚溪峒间，水陆俱莫能溯。"近代地理探险中，西方人探险也多集中在西北地区，这与西南地区的环境相对恶劣有关，对此我们不必苛求。直到今天，要真正实地考察长江源头，可能对一般人来说，都是十分困难的。所以直到近代地理科学传入中国几十年后，1946 年出版的《中国地理概论》仍认为长江发源于青海巴颜喀拉山，长江与黄河同源，只有 5800 千米长，为世界第四大河，并将此说载入中小学课本。这种说法到 1978 年中国科学家组织两次江源科学考察后才得以纠正，科学家明确提出长江源头在唐古拉山主峰各拉丹冬雪山南侧的沱沱河，长江全长应为 6363 千米，为世界第三大河流。为此，我们走过 2000 多年的探索历程！

第二章 文明之源
——长江流域的古代文明

生灵之根:世界古人类的重要发源地之一

世界重要的古代文明都产生在大江大河流域,那么世界的古人类与大江大河有无联系呢? 很有意思的是,距今 300 万—500 万年长江正式切割东流的时期正是长江流域猿人孕育的时期。

很难想象,中国重要的古人类许多都是产生在长江流域,许多还是在长江上游的高山深谷间。所以有的学者研究认为人类不仅起源于非洲,亚洲高原也是人类的一个重要起源地。所谓亚洲高原主要是指长江上游的云贵高原,距我们 1400 万年的开远腊玛古猿、800 万年的禄丰腊玛古猿、300 万—400 万年的元谋蝴蝶腊玛古猿、250 万年的东方人、204 万年(一说 214 万年)的巫山人和 170 万年的元谋人都证明了这一点,故有的学者提出中国境内的早期人类是由长江上游的云贵高原向长江中下游和黄河流域扩散迁移而来的。这样,长江上游应为中国古人类的发源地。

1965—1975 年,中国学者就在长江上游的云南元谋上那蚌村发现了距今 170 万年的猿人门齿化石,同时发现元谋人能制造工具,并能使用火。从此以后中国历史教科书中都以元谋猿人为最早的古人类。元谋一带处金沙江干热河谷,年均温十分高,降雨稀少,植被状况不好,但在地质历史上曾是气候温暖湿润而植被相对茂盛的地区。人地沧桑,今天,面对一片荒漠中的世界知名的元谋猿人遗址,面对这片还十分贫瘠的土地和人民,我们确实有太多太多的责任和义务。

巧合的是,1986年,黄万波先生等在今重庆市巫山县庙宇镇龙坪村龙骨坡发现了距今204万年(一说214万年)的古人类右上侧齿及一段下颌骨化石,成为至今中国发现的年代最早的古人类化石,证明长江上游确实是古代人类的一个重要发祥地。经过漫长的科学论证,据说最近已经开始有人建议将巫山猿人写入历史教科书。① 巫巴山地成为中国人类的一个重要发源地,但却曾是中国较为贫困的地区,有人认为曾是汉民族地区较为贫困的地区。据说最早发现巫山龙骨坡化石的便是一位贫穷的老汉,可能他并没有感到他这种发现对历史发展的影响,且自己也并没因提供线索而出名发财。对我们这些历史地理工作者来说,巫山能出现中国最古老的人类化石,在人类进化的历程中走在前列,但曾经却不能摆脱几千年来的贫困和落后,这确实是我们应该反思的!

近几十年来我们的考古工作者在长江流域不断发现了100多万年以前的古人类化石。1951年,在四川资阳发现距今1万年左右的人类化石;1956年,在湖北长阳发现距今19万年的古人类化石;1972年,在贵州桐梓县发现距今10万年左右的古人类化石;1976年,在湖北建始县龙骨洞发现距今100万年左右的古人类化石,同年又在湖北郧西县发现距今70万年的古人类化石;1980年,在安徽和县发现距今60万—70万年(一说30万

---

① 因有的学者认为缺乏重要的文化层和更多伴生物而没有得到承认。

年—40 万年,一说 20 万年)的古人类化石;1982—1983 年,在安徽巢县发现距今 20 万年的古人类化石;1989 年,在湖北郧阳县发现距今 35 万年的古人类化石;1990 年,在湖南石门县发现距今 20 万—30 万年的古人类化石;1993 年,在南京汤山发现距今 30 万年(一说 10 万年)的古人类化石;2001 年,在重庆奉节发现距今 14 万年左右的古人类化石。千百年来,古老的长江养育了数不清的先民,长江森林提供给我们先人果实和动物,长江的水提供给了先人不尽的鱼类,我们先民一直在长江这块土地上繁衍生息。不过,我们不禁要问,为何距今 100 多万年前的古人类化石的发现都是集中在长江中上游这些贫穷的地区,而今发达的长江下游地区反而不见他们的踪影?同时,从古人类的产生和发展来看,长江流域一点也不逊色于黄河流域,就是从后来的新石器文化来看,长江流域也一点不比黄河流域差,这是为什么?

我们知道,从古人类产生机理来看,环境相当重要。一般认为气候寒冷期是造成人猿揖别的一个重要因素,如刘嘉麟等《人类生存与环境演变》一文认为:大约在 250 万年前,地球进入第四纪冰期,人类开始面对食物和能源的全面危机,正是这个时期促进了古猿的一个新的先进分子进化,演变成为能制造工具的最早人属成员——能人。① 但寒冷期影响的区域差异很大,极度寒冷区和冰期间隔区都不是人类产生的合适环境,长江中上游地区可能正是刘嘉麟等谈到的这个冰期影响的典型地区,所以古人类的遗址遗留更多也更典型。同时从古代文物保留的机理来看,湿润的沼泽湖汊地区也不利于古代人类化石的保存,所以长江中下游地区反而没有大量发现远古人类活动足迹。

---

① 刘嘉麟等:《人类生存与环境演变》,《第四纪研究》1998 年第 1 期。

星斗江水：长江流域新石器文明回顾

人类走到新石器时代，除了狩猎采集外，开始有了农业种植和制陶，出现了萌芽状态的早期艺术。在这一点上，长江流域一点也不落后于黄河流域。据研究表明，中国新石器时代文化遗址呈现"满天星斗"的分布状况，中国从南到北、从东到西都有大量的新石器文化遗址，在今天的青藏高原许多无人区也发现了新石器文化遗物。

考古学家们研究表明，长江流域典型的新石器文化类型有长江上中游的大溪文化，长江中游的屈家岭文化，长江下游的河姆渡文化、马家浜文化、良渚文化和青莲岗文化，这些文化展现了六七千年来长江流域的先民在长江母亲的滋育下劳作生息的艰辛历程。

重庆巫山大溪遗址，位于长江三峡瞿塘峡东口大溪河入江处的南岸坡地上，这是一处并不十分宽阔的斜坡台地，历史时期可能由于泥沙的堆积，今天的河道比历史上更高一些，也就是说那时大溪附近的先民更远离长江一点。1925 年以来，经过考古学者多次在大溪进行发掘，在大溪遗址中发现了大量人类骨骼、石制和骨制工具、动物骨骼、陶器，同时还发现了半地穴和地穴式编竹夹泥墙遗迹，说明距今 6000 年左右的大溪人已经开始从事水稻生产、捕鱼和家畜饲养。类似大溪文化类型的遗址我们在川东、鄂西、鄂中、湘北都有发现，大溪文化为长江上中游一个最重要的新石器文化类型，显现了在新石器时代长江上中游山地、峡谷地区人类文明的特色。

从 1954 年开始，考古工作者在湖北京山县屈家岭发现了距今 5000 年左右的新石器文化遗址，有大量石制工具、陶器，发现了种植稻谷和粟米留下的炭化物，说明当地居民主要从事水稻、粟米生产,渔猎和家畜饲养地位十分重要,同时已经会纺纱纺线,居住以一种地面式的泥墙多室建筑为主。屈家岭文化是湖北江汉平原的一种典型文化,为一种平原类型的新石器文化,是楚文化发展的基础、荆楚文明高度发展之源,当然,也表明长江中游是中华农耕文明的发祥地之一。

从 1973 年开始,考古工作者在浙江余姚河姆渡发现了距今 7000 年—5000 年左右的新石器文化遗址。该遗址出土了大量石制工具、骨制工具、木制工具,其中骨耜和木耜说明农业生产的水平已经较高,河姆渡人从事水稻种植、渔猎生产,采集业仍是一个重要的生产部门,有一种典型的"干栏式"建筑,出土了水井和大量工艺品,说明河姆渡文化已经有十分高的水平。河姆渡文化遗址中已经发现了木桨,说明已经开始运用舟楫。1959 年首先发现于浙江嘉兴的马家浜文化,距今 7000 年左右。考古发掘表明马家浜人已经开始种植粳稻,饲养业和捕鱼业都十分发达。由马家浜文化发展起来的崧泽文化,距今 6000 年左右,发现于 1958 年,当时人主要种植籼稻,陶器品种较多。这两种文化类型主要分布在太湖流域。早在 1936 年良渚就进行了地下发掘,1959 年首先发现于浙江余杭县良渚的良渚文化,距今 5000 年左右。良渚人已经从事水稻生产,还种植花生、芝麻、蚕豆等农作物,农业工具已经十分发达,开始饲养家蚕。手工业发展较全面,玉器工艺品最为丰富,[①]玉器数量之众多、品种之丰富、雕琢之精湛,在同时期中国乃至环太平洋地区独占鳌头。这种文化类型主要分布在太湖流域,除良渚遗址外,还发现莫角山、反山、塘山等重要遗址。

---

① 以上主要参考李学勤、徐吉军主编:《长江文化史》,江西教育出版社,1995 年;叶书宗等主编:《长江文明史》,上海教育出版社,2001 年。

其他长江流域的重要新石器文化遗址还有南京北阴阳营遗址、安徽潜山薛家岗遗址、湖南澧县彭头山遗址、湖北天门石家河遗址、江西万年仙人洞遗址、江西修水山背村遗址、云南元谋大墩子遗址、四川西昌礼州遗址、广元中子铺遗址、绵阳边堆山遗址、重庆忠县眢井沟遗址等。仅据 20 世纪 80 年代材料统计,四川省的新石器文化遗址和采集点就达到 200 多处。而据近来材料统计,仅在长江三峡地区我们就发现了 150 多处新石器文化遗址,而环太湖地区的良渚文化遗址就达 300 多处。可以说,不论是从新石器文化的数量还是水平上,长江流域完全可以与黄河流域相提并论,所以学者们多认为中国新石器文化的分布是“满天星斗”。中国新石器文化遗址“满天星斗”的分布与新石器文化出现和发展时代的气候环境有关。距今 8000 年—5000 年,中国与世界其他地区一样,处于十分温暖湿润的时期,我们一般称之为“大西洋暖期”,这种温暖湿润的气候环境,特别有利于人类文化的发展。新石器文化在产业特点上说是一种农业种植文化,气候的温暖湿润有利于农作物的培育、生长和人类长期的劳作。当然长江流域上中下游在地理环境上还存在一定的差异,这就使上中下游在文化上存在一些差异。长江下游的新石器文化遗址与海洋和湖沼水文关系密切,长江中游的文化遗址也与江河水文变化关系密切,而长江上游的新石器文化与地形地貌、森林植被关系紧密。

青铜文化:长江流域的青铜文明与古史

新石器文化遗址在中国分布广阔,但进入文明社会的时间先后却不同,文明的规模和影响区别较大。

国外有学者研究表明,距今 5000 年前地球最适期结束,从地中海到印度洋广大地区由湿润到干燥而来的沙漠化是使人们集中到大河之滨，从而诞生古代文明的重要原因。同时，由其文明所需的生产力限制，世界古代文明最早产生于易于开发的温带河谷平原地区。大约在距今4000年左右，地球又在自然环境方面发生了重大变化，气候日趋干燥寒冷，几大文明都出现了明显的衰退。在中国则体现为从"满天星斗"的新石器文明分布发展到称雄东亚的黄河青铜文明。[①] 长江流域的新石器文化在晚期产生出来的青铜文化在规模和影响方面都远不及黄河流域。

我们知道学术界一般将文明产生的主要特征归纳为四个，即：文字、城市（一般认为人口在5000人以上）、金属器和大型礼仪性建筑。从生产力角度讲，只有当社会生产力达到一定水平才有可能出现文明的特征，所以面对地理环境的差异，不是所有地区都是同时跨入文明的门槛，也不是所有地区的文明发育程度都是一样的。

不过虽然长江流域的文明发展程度不及黄河流域的文明时间早、规模大、影响远、延续长，但在一些地区其文明的发展也是十分有特色的。

巴蜀青铜文化

巴蜀青铜文化一般是指距今4800年—2000年左右的新石器时代晚期至西汉中期以前的文化。对于巴蜀青铜文化，有的学者提出分成五个时期：一、宝墩文化（三星堆一期），距今4800年—4000年；二、三星堆文化（三星堆二、三期），距今约4000—3200年；三、十二桥文化，距今约3200—2600年；四、晚期巴蜀文

[①] 蓝勇：《中国历史地理学》，高等教育出版社，2002年。

化,约公元前 600 年—前 316 年;五、与秦汉文化融合阶段(前 316—前 100 年)。其主体是二、三、四这 3 个时期。

也就是说相当于中原的夏商周、春秋战国时期,巴蜀地区已经出现了十分有特色的青铜文化,宗教祭祀活动频繁,有大型木结构建筑,划分了疆界,设立了国都,出现了"巴蜀图语",形成了许多悬棺葬、船棺葬。所以,虽然四川地区的巴蜀文明在长江流域相对出现较晚,但特色鲜明、序列完整,在长江文明发展中具有重要的地位。[①]

一般认为三星堆文化时期,即早期巴蜀文化时期,时间为夏商周时期,为蜀族创造,这个时期的文化特征以葬式为不规则的浅穴土坑墓为主,陶器以尖底盏、高脚豆、小平底罐(钵)、尖底罐(钵)、瘦长袋足盉、角形尖底杯、鸟头形长柄豆为主;兵器以扁平长援戈、圆形空首钺、扁平柳叶剑为主;青铜容器以罍、樽为主,有独特的人头和人面青铜组合像,如三星堆出土的大量青铜人面像。

晚期巴蜀文化即指春秋战国时期巴蜀地区的青铜文化,为巴蜀多民族文化融合的文化,这种文化更加丰富多彩,尤以船棺葬、柳叶剑、小口圜底器、烟荷包式钺、铜印章及其印章上的巴蜀图语为特色。在葬式上较为复杂,有船棺葬、独木棺式船棺土坑葬、大型木椁土坑墓、木板土坑葬、瓮棺土葬等,而以船棺葬为这个时期的一大特色;陶器以球形(小口)圜底罐、绳纹圜底盉、喇叭状小圈足豆、仿铜式陶釜甑为主,兵器以扁茎无格柳叶剑、烟荷包式钺、大三角援形戈、短骹式长矛为特色;铜器以辫索纹竖环耳釜、鍪、

---

① 赵殿增:《三星堆考古发现与巴蜀文明进程》,见霍巍、王挺之:《长江上游早期文明的探索》,巴蜀书社,2002 年。

甗为其特色;青铜器方面有较多的巴蜀图章及青钱铜器上有较多的巴蜀图语(如手心、花蒂、蝉和虎)为其特色。其中以兵器中的柳叶剑、烟荷包式钺和器皿中的尖底器、小平底器、高脚豆最有特色。长江上游重要的青铜文化遗址有成都金沙遗址、广汉三星堆、汉源背后山、雅安斗胆村、新繁水观音、成都十二桥、忠县㽏井沟、新都蜀王墓、涪陵小田溪等。①

在巴蜀青铜文化中以青铜人像、船棺葬、悬棺葬为特色,周边民族的大石墓、石棺葬特色最为鲜明。

在广汉三星堆发现了早期的城市遗址,遗址中的两个祭祀坑所出土青铜制品达400多件,总重量超过1吨,其中以54件青铜人像最有特色。这些青铜人像有的两眼角上翘,形成纵目,有的眼球向外突出,形成外纵,这种面像特征与《华阳国志》记载的蚕丛的纵目十分吻合,体现了巴蜀文化的鲜明特色。近年来,考古工作者对三星堆三至八号祭祀坑又进行了考古发掘,又发现了大量青铜器,如青铜神坛器、网格型器、倒立人像、金面罩铜像、青铜神树以及象牙、玉器等,更显现了三星堆文化的巴蜀特色。位于成都市西郊苏坡乡金沙村金沙遗址,出土的珍贵文物多达千余件,包括金器30余件、玉器和铜器各400余件、石器170件、象牙器40余件,出土象牙总重量近一吨,此外还有大量的陶器出土。其中石器包括石人、石虎、石蛇、石龟等,是四川迄今发现的年代最早、最精美的石器。

巴蜀文化中十分有特色的为船棺葬和悬棺葬。船棺葬和悬棺葬都是长江流域江河民族的风俗。悬棺葬历史上在长江中游和福建、江西都有分布,有人认为是春秋时期开明氏传入巴蜀的。

---

① 蓝勇:《西南历史文化地理》,西南师范大学出版社,1997 年。

由于巴蜀地区在地理环境和丧葬习俗上的差异,川西地区仅有土坑船棺葬,而川东地区既有土坑船棺葬,也有悬棺葬。这些悬棺和船棺一般都是用整根的楠木凿空而成,长度在 2—3 米,时代在春秋战国到西汉时期。其中船棺葬主要分布在今四川和重庆地区,而悬棺葬在长江上游四川、重庆、云南、贵州、湖北西部都有分布。

大石墓是利用巨大的石块作为建筑材料,在地面上砌筑墓室,其上封土(或石)的一种墓葬,主要分布在川西南的安宁河流域,一般认为是古代氐羌系统民族一支"邛都夷"的葬俗,流行时期在春秋战国至西汉时期。石棺葬是一种以石棺为葬具的墓葬,主要分布在川西高原和滇西高原上,其与《华阳国志》记载的蜀蚕丛"死作石棺椁,国人从之"相关,同时成为后来的"窄都夷""冉駹夷"的葬俗。这两种以石料为原料的葬俗,是与长江上游横断山脉岩石发育明显的地质地理环境相吻合的。

巴蜀青铜文化是长江上游的巴与蜀两大民族创造的,一般认为蜀族源于氐羌系统,发源于长江源头甘青地区,而巴人源于百越或三苗,为长江中下游的民族。学术界一般认为氐羌系统的文化具有典型的西北内陆文化的特色,如安佛拉式器物、火葬、地面式穴居、大石墓、石棺葬等,甚至体现了一些中亚和西亚内陆文化的特点,而百越或三苗系统则呈现海洋文化特色,如有肩有段石器、种植水稻、流行"干栏式"建筑等。长江上游的青铜文化正是在这两种文化的交融中形成的。也就是说早在青铜文化时期,长江上中下游就有了文明交流,这体现了早期文明沿江河传播的时代特征。

由于巴蜀地区特有的地理环境封闭和开发历程较晚,长江上游的文化中虽然已经有中原文化的一些因素,但总体来看,与中下游相比,巴蜀土著文化的特征更明显。

长江上游的先秦史显得十分富有传奇色彩,历史的发展除了留给我们地下不尽的宝藏外,史实却淹没在一片神话传说之中。最早的蜀王称蚕丛,为古代氏羌人的一支,来源于川西北地区,据说石棺葬可能就是蚕丛部落的,而柏灌主要活动在今都江堰一带,其活动主要是从山区向成都平原发展的时期。鱼凫活动的范围较广,在四川许多地区都有传说和遗迹,据说三星堆文化遗址主要为鱼凫时代的产物,时期应在中原的商周时期。到了春秋时期,出现了著名的蜀王杜宇王。据古书记载,杜宇的蜀族是来源于朱提(今云南昭通)和江源(今崇州市)的两个民族融合而成的,当时的蜀王治城在郫县一带,杜宇王最大的贡献是"教民务农"。实际上农业早在新石器时期就已产生,这里可能是指杜宇王大力推行农业发展有功。据神话传说,杜宇王退位后,隐藏于川西大山中,死后变成子鹃鸟,故有杜鹃鸟之称。据说杜鹃鸟每到春暖花开时就不停地喊叫,提醒人们不停地劳作耕耘,以致满口出血,而鲜血滴洒在山上变成一片片红红的杜鹃花,这便有了"杜鹃啼血"的民间传说。史书记载杜宇王时发生了大洪水,杜宇没能治理好,而来自荆楚地区的鳖灵治水有方,使民得陆处,杜宇由此让位,鳖灵由此称开明帝,其即位当春秋中后期到战国时期,后共经历了12世。而巴人的廪君从湖北武落钟离山东入川东,也是在一片传说中发展起来的。据说巴氏廪君即白虎巴人,本为武落钟离山五姓之一,后经清江流域西入川东地区,在历史上曾定都平都(丰都)、枳(涪陵)、江州(今重庆主城)、垫江(合川)等地。历史上巴人曾在武王伐纣中留下英名,《华阳国志》称:"周武王伐纣,实得巴蜀之师,著乎《尚书》。巴师勇锐,歌舞以凌人,前徒倒戈,故世称之曰'武王伐纣,前歌后舞'也。"而巴蔓子宁舍头颅而不负国家的气节更是为后人传颂,故《华阳国志》也记载:"周之季世,巴国有乱,将军有蔓子请师于楚,许以三城。楚王救巴。巴国既宁,楚使请城。蔓子曰:'藉楚之灵,克弭祸难,诚许楚王城,将吾头往谢之,城不可得也。'乃自刎,以头授楚使。(楚)王叹曰:'使吾得臣若巴蔓子,用城何为?'乃以上卿礼葬其头。巴国葬其身,亦以上卿礼。"现在,巴蔓子已经成为重庆历史文化名人,巴蔓子精神也成为重庆精神的一种代表。

直到战国时期,巴蜀的历史才开始逐渐从扑朔迷离的神话走向了确切文献纪年的历史。不过透过这些神话色彩的历史,我们发现了长江上游已经建立了早期的国家机器,形成了拥有大型礼仪建筑的城市,流行有自己特色的语言文字,形成了具有自己特色的青铜文化。

楚越青铜文化

江汉地区在先秦时期的水面面积要比现在大得多,河叉分流众多,沼泽密布,这对于早期青铜文化的发展不利因素相对更多。不过,由于地理区位上与中原地区交通更容易,江汉地区的青铜文化更先受到中原文化的影响。但长江中游的一些山区丘陵地区仍保留着自己特色鲜明的文化。

考古工作者先后在湖北黄陂盘龙城、江陵张家山和荆南寺、沙市周梁玉桥、汉阳纱帽山、澧县班竹、汨罗狮子山、岳阳费家河商代遗址和黄陂鲁台山、汉川乌龟川、汉阳陈岭台、江陵万城、松滋博宇山、澧县文家山、岳阳象形山、汨罗江南等西周遗址,对长江中游地区的商周青铜文化有了进一步的了解。

20世纪70年代我们在湖北黄陂发现了盘龙城遗址,发现了商周时期的夯土城墙,出土了大量青铜器,有各种礼器、食器和酒器,兵器有钺、戈、矛、镞、刀、镦等,青铜工具有斧、镜、凿、锯、斫、舀等。研究表明盘龙城出土的青铜器不仅在器物种类,而且在形制、器件组合、纹饰、青铜冶炼和铸造方式方面都与中原的郑州二里冈文化相同。① 而湖北黄陂鲁台山西周墓出土的大量青铜器上有许多铭文,表明墓主来自北方的姬姓贵族。在江陵万城出土的青铜铭文中曾发现殷墟大墓的氏族标记,所以有的专家认为,两湖平原在这个时期已经成为商代的"南土"。② 当然在长江中游一些地区的青铜文化上仍然有十分明显的荆楚文化特色,如岳阳、宁乡出土的十多件大饶,高约 80 厘米,重约 80 千克,最重的达 154 千克。在许多青铜器上有虎形器、虎形纹、羊形器和羊形纹都是很有特色的。在湖南湘潭、湘乡、衡阳等地出土的青铜器也带有鲜明的地方色彩。

考古工作者还在江西吴城和新干商墓中发现大量出土的青铜器和青铜石范,其青铜器与中原商代的青铜器在形制上相比有较多雷同,但在器物组合、形制和纹饰上仍有许多浓厚的地方特色,学术界认为可能是三苗文化,也可能是受越人的影响。③

长江下游地区的青铜文化相对较为复杂。江淮地区商文化遗址较多,商文化因素十分明显,体现了江淮地区距离递减规律影响。在江苏南京、镇江一带的青铜文化因首先在江苏江宁湖熟镇一带发现,故称"湖熟文化",这些文化受商文化的影响十分明显。但在南面的太湖一带,青铜文化就较为复杂一些,地方色彩

---

① 叶书宗等主编:《长江文明史》,上海教育出版社,2001 年。
② 梅莉等:《两湖平原开发探源》,江西教育出版社,1995 年。
③ 叶书宗等主编:《长江文明史》,上海教育出版社,2001 年。

就更浓一些。① 同时西周时期周文化在长江下游的影响也明显，历史文献就记载有太伯和仲雍奔吴的故事，被学术界看成周文化向长江下游传播的事例。同时从考古发现来看，江苏、安徽出土的许多青铜器都从西周直接传入，如江苏丹徒烟墩山宜侯墓出土的宜侯夨簋、丹徒大港母子墩出土的伯簋、安徽屯溪一号墓出土的父乙尊等。同时也有一小部分铜器在形制、纹饰和合金成分、器件组合上表现出一定的地方特色。②

春秋战国时期长江流域的青铜文化最发达的地方应为楚地。这个时期楚文化不仅青铜铸造成为长江流域的典范，而且由于在这个时期长江中游的楚国在青铜铸造、纺织刺绣、漆器生产和木器加工方面的突出成就，形成了可与中原文化相互抗庭的楚文化。

楚国的青铜器除了日常器具外，以成套的编钟、编磬和列鼎著称。楚国的编钟以湖北随县曾侯乙墓出土的成套编钟和编磬最为有名，其中编钟 64 个，不包括楚惠王所做的大镈钟。在 64 个编钟中，最大的通高 153.4 厘米、重 203.6 千克，最小的也有 20.4 厘米、重 2.4 千克，分三层悬挂于曲尺形的大型钟架上，数量众多，结构完整，规模宏大，是现今世界上已知的最早具备 12 个半音音阶的特大型乐器。在曾侯乙墓中出土了 22 件铜鼎，显现了长江中游贵族的显贵，体现了长江中游青铜文化的发达。③ 同时，在河南淅川县下寺楚墓出土了 1252 件青铜器，有的专家认

---

① 叶书宗等主编：《长江文明史》。李学勤、徐吉军主编，《长江文化史》，江西教育出版社，1995 年。

② 叶书宗等主编：《长江文明史》，上海教育出版社，2001 年。

③ 叶书宗等主编：《长江文化与中华民族》，上海书店出版社，1996 年。李光灿、李谟鲜主编《楚文化丛谈》，长江文艺出版社，1992 年。

为这些青铜器的水平已经超过同时期黄河流域的水平。^① 据研究,春秋时期楚国的冶铜业已经十分发达,楚人将扬越的冶炼技术与中原的铸造技术结合起来,创造了世界领先的"失蜡法"和"铸镶法"及其焊接技术。^②

春秋战国时期楚国的纺织业十分发达,特别是丝织业和刺绣工艺尤为突出。据《史记·楚世家》记载吴楚两国边邑为争夺桑叶爆发的"卑梁之衅",《管子·小匡篇》记载楚国"贡丝于周室",也证明楚国丝织业的发达。1982 年我们的考古工作者在湖北江陵县马山 1 号楚墓中发现了大批丝织品,有绢、纱、绨、绮、罗、锦、组、绦,这些丝织品中许多都是刺绣工艺品,图案丰富。总的来看,楚国的丝织品品种丰富,织造精良,纹样题材广阔,表现形式多样,在一些工艺技术上取得了新的突破。^③ 楚国的漆器生产涉及生活用具、兵器、乐器、舟车和葬具等方面,往往以竹、木、夹兰、革、藤等为漆器的胎,饰以红、黄、白、紫、绿、蓝、金、银等色彩,加上丰富的图纹。漆器是楚文化工艺品中最有影响的器物:如漆豆,江陵雨台山出土的"鸳鸯漆豆",工艺精致,栩栩如生;如楚鼓,江陵天星观出土的"虎座凤架鼓",特色鲜明,将实用性与艺术性有机结合;如漆屏风,以江陵望山出土的"彩绘木雕漆座屏"为奇特;丧葬用品中以江陵出土的"漆木镇墓兽"和"漆木虎座立凤"为代表。总的来看,楚国的漆器数量众多、形制多样、色彩丰富、图案繁多、缤纷陆离、绚丽斑斓,为楚文化中的一朵奇葩。同时与漆器制造有关的木器加工业也十分发达,充分运用斫削、镶凿和雕

① 李学勤、徐吉军主编:《长江文化史》,江西教育出版社,1995 年。
② 叶书宗等主编:《长江文化与中华民族》,上海书店出版社,1996 年。李光灿、李谟鲜主编:《楚文化丛谈》,长江文艺出版社,1992 年。
③ 叶书宗等主编:《长江文明史》,上海教育出版社,2001 年。

刻等工艺,将木器制造的灵巧与漆器工艺的绚丽相结合。①

　　春秋战国时期长江上下游的青铜物质文化都有一定的发展,但从精神文化来看,长江上游和下游都显得暗淡无光,只有中游的楚文化的地位独具特色,可与中原文化一争高低。

　　早在春秋早期曾国的季梁就提出了"夫民,神之主也"的民本主义思想,远比中原地区的"神为君之主,君为民之主"先进。楚地一向以重巫信鬼著称,正是这种文化背景为道家学派的产生奠定了基础。学界认为是"楚化的陈人老子创立了道家学派,楚化的宋人庄子发展了道家学说"②。长江流域的道家文化,与黄河流域的儒家相对应,由此长江流域成为中国本土宗教起源地,这是黄河流域所不具备的。有的学者认为战国时的天文学家甘德是楚人,而甘德比西方早 2000 年发现了木星的第三颗卫星,这是一个了不起的成就。楚人多文辞,庄周的散文和屈原、宋玉的诗歌在中国文学史上的地位不可动摇;而同时期的黄河流域诗文大家缺乏,文学萧条万分,黄河流域更多被笼罩在一片硝烟烽火和纵横政治的纷争之中。

　　长江流域与中原地区相比,相对安定,更少受中原列国战火的侵袭,而其原始的自然风貌,给人以宽松、清新的空间,为楚的物质和精神文化发展创造了条件。由于楚文化地位的影响,长江上游和下游的区域文化大都受楚文化影响,产生了"楚化"的现象。在重庆地区的巴文化中楚文化的影响十分明显,"巴有楚风"一直延续到后代,至今在云阳固陵还有"楚墓"。③ 据学者研究表

---

① 叶书宗等主编:《长江文化与中华民族》,上海书店出版社,1996 年。李光灿、李谟鲜主编:《楚文化丛谈》,长江文艺出版社,1992 年。
② 李学勤、徐吉军主编:《长江文化史》,江西教育出版社,1995 年。
③ 蓝勇:《千古三峡》,福建人民出版社,2003 年。

明,所谓"淮夷文化""吴越文化""扬越文化"都发生了"楚化"。①

不过,在荆楚、吴越文明发展中,政治的发展远比长江上游的巴蜀文明更明晰,留下的历史故事也更确切,屈原与宋玉的传说、越王勾践和吴王夫差的历史都载入文献,时代清楚,历历在目。

但是我们应该看到,长江流域的青铜文化从整体上来看是远不及黄河流域的,这是由长江流域与黄河流域各自的地理环境和青铜文明时期的生产力之间的关系决定的。

从经济发展程度来看,虽然长江流域的水稻种植在先秦时期上中下游都普遍出现,但在经济生活中的地位还不是十分重要,播种面积小且产量低,处于火耕水耨的粗放阶段。传统的粟等农作物仍是长江流域的主要作物,狩猎和采集业在经济中的比重还较大,这是与青铜工具的局限和"江南卑湿"的环境相互制约有关的。黄河流域的黄土土质松,适于青铜工具垦殖,传统的粟、黍等种植十分普遍,易形成规模,黄河文明有强大的农业基础作为支撑。楚文化虽然在青铜铸造、丝纺刺绣、漆器加工等方面特色鲜明,水平较高,但其规模毕竟有限。特别是总体上,长江流域的楚文化、蜀文化等相对发达的文化往往是被山地丘陵分割,只形成一些文明点,并不像黄河流域的商周文化连成一片、浑然一体、规模宏大。再者,从军事政治文化上来看,黄河流域更是明显超过长江流域,大量的政治家、军事家主要出于黄河流域,这是黄河流域最终在文明早期在军事政治上胜过长江流域势力的关键。就是在文化上,长江流域的道家学风、文学气象相较于黄河流域的《尚书》《周易》《诗经》《山海经》及甲骨文和金文,在当时也多是徒增消沉遁世的世风和文弱闲适的思绪。

---

① 李学勤、徐吉军主编:《长江文化史》,江西教育出版社,1995 年。

所以,我们认为黄河流域的青铜文化,不论是时间之早、影响之远、规模之大、延续之长都是中国其他地区所不具备的,[1]而长江流域仅是在个别地区出现一些辉煌而闪烁的火花。

---

[1] 蓝勇:《中国历史地理学》,高等教育出版社,2003 年。

第三章 千古兴衰
——长江上中下游历史地位的河东河西

三十年河东，三十年河西。历史上黄河流域与长江流域的地位在变，长江流域内部东中西、上中下游的地位也在不断升降之中。

汉唐马鞍形发展状态的长江

秦一统的中国，将长期与中原分离的长江流域文化融入了中原文化，形成了所谓"东至海暨朝鲜，西至临洮、羌中，南至北向户，北据河为塞，并阴山至辽东"的版图格局。长江流域设立了蜀、巴、黔中、汉中、南、九江、衡山、长沙、巫、会稽等郡，而陇西、南阳、内史等郡也包括一部分长江流域的土地，长江流域真正被纳入中原民族的发展节奏中。正是这样的统一发展背景，使长江流域的发展又出现了新的格局。

在这种统一的国度中，政治中心对周边区域社会经济的辐射距离递减（增）规律影响往往就十分明显。秦汉时期中国的政治中心主要在关中平原地区，中国的政治经济文化中心在黄河中游地区。这就决定了黄河文明对长江上游的辐射更直接、更近捷，使长江上游的开发走在了长江流域的前列。所以我们说，秦汉时期长江流域社会经济最发达的地区是长江上游地区。

在传统社会里,人口是社会经济发展的一个重要指标,一般来说人口越多,人口密度越大,往往是社会经济越发达的标志。从人口方面我们就可以看出社会经济发展的程度。

历史时期长江流域人口密度比较表①

地区　时代	上游地区	中游地区	下游地区
西汉	15.3	10.1	13.6
东汉	16	14.2	12.4
唐代	13.99	9.81	15.87
北宋	23.6	13.8	23.6
南宋	27.2	14.8	22.7
明代	11.1	24.2	93.6
清代	65.6	132.8	326.8

从以上统计可以看出,汉代长江上游的人口密度在长江流域最大,这成了长江上游社会经济在长江流域最发达的最重要标志。

谢元鲁先生的研究认为:"在西汉时期,长江上游的经济发展水平高于中、下游。当时长江上游四川盆地西部成都平原,是'沃野千里,水旱从人,不知饥馑'的天府之国,其商业中心城市成都,西汉末达七万多人户,是仅次于国都长安的全国第二大城市,在东汉时也名列全国六大经济都会之一,而长江中下游的荆扬地区,还是'地广人稀,饭稻羹鱼,或火耕而水耨'的落后状态。"②

---

① 谢元鲁:《长江流域交通与经济格局的历史变迁》,《中国历史地理论丛》1995 年第 1 期。

② 谢元鲁:《长江流域交通与经济格局的历史变迁》,《中国历史地理论丛》1995 年第 1 期。

　　这个时期长江上游的经济发展很大程度上受都江堰灌溉工程的影响,成都平原的农业生产发展很快,到三国时成都平原开始有了"天府"的美称。在文化上也可看出当时长江上游的地位,据记载当时蜀地在文化上形成"蜀学比于齐鲁"的状态,《华阳国志》记载"汉征八士,蜀出其四"。这四位蜀中贤士我们不知其名,不过,汉代长江上游出现了扬雄、司马相如、王褒、严遵等一流的文化名人,便可知《华阳国志》所记不妄。再看看这个时期的长江中下游地区,《史记》和《汉书》都记载这个地区"火耕水耨",特别是有所谓"江南卑湿,丈夫早夭"的记载,劳动力不足,总体上两湖平原仍十分荒凉。① 相对而言,长江下游的社会经济发展虽然没有上游地位高,但超过中游地区,特别是在三国时期,长江下游有"沃野万里",号称"乐土",所产粮食开始有外调黄河流域的记载。② 这个时期,与长江上游一样出现了鉴湖这样的水利工程,对长江下游的社会经济发展起了重要的作用。同时从文化上来看,长江下游也比长江中游更发达,吴国的江都和淮南的寿春先后聚集了一批名人,如邹阳、枚乘、严忌等,同时下游出现了本地学者王充、桓谭、高彪、赵晔等。③ 总的来看,战国楚文化独霸长江、问鼎中原的气势衰落后,在汉代风光暗淡,长江流域的社会发展形成两头发光、中间暗淡之势。而且这种趋势一直延续到宋代,故有的学者认为直到两宋时仍然呈现上下游发展平衡而中游相对落后的马鞍形状态。④

---

① 梅莉等:《两湖平原开发探源》,江西教育出版社,1995年。
② 魏嵩山:《太湖流域开发探源》,江西教育出版社,1993年。
③ 李学勤、徐吉军主编:《长江文化史》,江西教育出版社,1995年。
④ 谢元鲁:《长江流域交通与经济格局的历史变迁》,《中国历史地理论丛》1995年第1期。

魏晋南北朝时期,是一个十分动荡而在中国历史发展上变数十分大的时期。从自然背景来看,这正是中国历史上一个寒冷时期,北方游牧民族纷纷南下中原,形成匈奴、鲜卑、羯、氐、羌"五胡乱华"的局面。在这种背景下,黄河流域战乱不已、民生残破,形成多米诺骨牌效应,大量北方人口南迁长江流域,加速了长江流域的开发,长江流域的社会经济文化发展很快,呈现超过黄河流域的端倪。

唐代是中国历史上一个十分温暖湿润的朝代,这种气候为农业经济的发展创造了条件,还为大唐盛世屹立世界奠定了环境基础。在这样的背景下,黄河流域的社会经济恢复起来,而长江流域的社会经济又继续发展,中国历史形成了一个南北都繁荣发展的时期,这也正是大唐文明鼎立世界的重要保证。①

如前所述,长江流域在这个时期仍然呈现明显的上游和下游发展的马鞍形状态,我们从上面的人口密度可以看出这一点,而历史上的"扬一益二"也正是这种状态的高度概括。

唐代长江上游在全国的政治经济文化地位与汉代相比有所下降,后与宋代相比也有所不及,但长江上游在唐代政治经济军事地位十分重要。以前我们曾提出唐代文明核心区的"西北核心块"概念,唐代长江上游正处于这个"西北核心块"的最南端,是西北核心块中唯一的亚热带地区,与当时的政治核心区关中平原尤为近便,这就决定了唐代长江上游地域空间的三大地位。②

从农业上来看,长江上游的水稻种植在不断扩大,个别丘陵地区已经开始种植水稻,其他粟、麦、黍等粮食作物种植也较多,

---

① 蓝勇:《唐代气候变化与唐代历史兴衰》,《中国历史地理论丛》2001年第1期。
② 蓝勇:《唐代长江上游地域空间的三大地位》,李孝聪主编:《唐代地域结构与运作空间》,上海辞书出版社,2003年。

经济作物桑、麻、甘蔗、柑橘、荔枝种植等也开始,规模较大且很有特色。在种植技术方面,唐代中晚稻的种植已经出现,改直播为育秧,为水旱轮作制创造了条件。这样,唐代长江上游稻麦两熟制已经出现。作为农业发展基础的水利建设,在唐代长江上游也有突出的表现,出现了新津、彭山、青神和绵剑等新灌溉区。[①] 在农业发展的基础上,手工业和商业也有新的发展。纺织业中的麻纺业和丝织业发展较快,盐业中盐井数目大大增加;造纸业尤为发达,益州成为全国著名的造纸中心,与之相关的印刷业在全国的地位也很显赫;而造船业和制糖业也在全国有重要的地位。在城市商业方面,成都城市商业最为发达,所以《元和郡县图志》认为扬州和益州"号天下繁侈"。卢求在《成都记序》中更是盛赞成都的繁富,称"较其要妙,扬不足侔其半。"唐代成都有南市、西市、东市、新东市,定期举行的蚕市、药市、七宝市等十分著名,盐铁、蜀锦、蜀马、吴盐、香药、海货等异物云集,其他梓州、夔州、阆州的城市商业也较发达。在农村集市方面出现了一些草市镇,如著名的成都东门草市、彭州堋口草市、蜀州味江草市、梓州雍江草市、青城山草市、遂斯安草市。唐代沿长江三峡而出入的对外贸易十分发达,四川的蜀麻、蜀锦、蜀茶、药材是最重要的外输商品,而食盐和香药为重要的输入物资。[②]

长江上游由于紧邻关中平原政治核心区,而又四向闭塞、物产丰富,成为唐王朝的一个大后方,一遇政治核心动乱和灾荒,长江上游往往成为避乱场所与赈济灾区的重要地区。

早在唐代初年,李渊刚继位,当时经济残破,史载"时天下饥

① 何汝泉:《唐代岷江、沱江和嘉陵江流的水利开发》,卢华语等主编:《古代长江上游的经济开发》,西南师范大学出版社,1989 年。
② 李敬洵:《四川通史》第 3 册,四川大学出版社,1993 年。

乱,唯蜀中丰静"①。李渊认为"蜀汉沃饶,闾里富于猗陶"②,令关中饥民"就食剑南诸郡"③。武德元年,"京师谷贵"④,"运剑南之米以实京师"⑤。

唐代前期,关中地区所需粮草主要来自北方黄河流域,并转漕东南之粟,其次也仰赖长江上游的粮草,所谓"衣冠士庶,颇亦出城,山南、剑南,道路相望,村坊市肆,与蜀人杂居,其升合斗储,皆求于蜀人"⑥。同时,当时河西陇右州的军需也主要取于长江上游,所谓"国家富有巴蜀,是天府之藏,自陇右及河西诸州,军国所资,邮驿所给,商旅莫不皆取于蜀"。故有记载长江上游蜀中"人富粟多,顺江而下,可以兼济中国"⑦,说明长江上游也对中游地区有救济作用。

在唐代"安史之乱"和唐末黄巢起义攻破长安后,唐皇室都纷纷入蜀躲避战乱,其中一个重要原因就是蜀中"土富人繁,表里山河","岁稔民安,供储无阙"。

在唐代对边疆少数民族的控制方面,长江上游更是有不可替代的地位。南诏和吐蕃一直为唐代西南边疆控制的重要对象,长江上游的成都就是这种控制的重要前方阵地。唐代设立剑南道,成都为道治所在,开元年间设立剑南节度使,也以成都为治所。

长江上游的交通地位也十分重要,从益州至荆州水路合计3500里左右,成都当时是一个重要的水码头,有"门泊东吴万里

---

① 慧立、彦悰:《大慈恩寺三藏法师传》卷1。
② 王钦若等编:《册府元龟》卷486《户籍部》。
③《全唐文》卷357高祖《定户口令》。
④《旧唐书·高祖本纪》。
⑤《册府元龟》卷498《邦计部》。
⑥《全唐文》卷357高适《请罢东川节度使疏》。
⑦《陈子昂集》卷8、卷9。

船"之称。一遇战乱,长江峡路就承担转漕的重担,所谓"诸道赋舆,皆遵峡路"。有时金牛道梗阻,西川奏章多取峡路而行,从长江中游转到长安。

唐代长江上游的本土文化地位在全国并不太高,唐代著名诗人中只有陈子昂为土生土长的四川籍文人,但由于长江上游地位的重要性和特殊性,几乎所有的唐代诗人都游历过长江上游或曾在此为官,如杜甫、李白、白居易、刘禹锡、张祜、高适、薛涛、元稹、李商隐、李频、窦巩、孟郊、张说等。像杜甫、李白等人之所以成名,长江上游的风光人文和在长江上游的人生经历是孕育其诗文和名气的重要背景,此所谓"钟灵毓秀"。

唐代长江上游还是我国与东南亚、南亚地区联系的南方陆上丝绸之路的起点。从成都经过清溪道、石门道到南诏的阳苴咩城(大理),再分成南北二路进入东南亚地区古代诸国,再西可取海路和陆路与当时的欧洲诸国联系。在唐代佛教文化传播、珍宝异物贸易中,南方丝绸之路所起的作用十分明显。所以,明代吴承恩写《西游记》时的一些历史原型都是源于唐代的南方丝绸之路的历史。

唐代长江下游地区的重要地位也十分明显。

唐代初年,长江下游地区的江南道的社会经济发展并不是十分突出,就是江南地区最发达的太湖地区的人口在全国的比例也十分低。"安史之乱"以后,黄河流域的人口大量移居江南地区,所谓"自京口南被于淛河,望县十数,而吴为大。国家当上元之际,中夏多难,衣冠南避,寓于兹土,参编户之一。由是人俗舛杂,号为难治"。① 在传统社会,经济发展往往是以人口的增长为标

① 梁肃:《吴县令厅壁记》,参《文苑英华》卷804。

志,往往也以人口增长为基础。

在农业方面铁制农具和牛耕大量使用,陆龟蒙《耒耜经》记载的江东犁构件复杂、功效突出,大大提高了耕作质量,提高了劳动生产率,使耕地面积的扩大成为可能。据记载,唐代江南地区的屯田已经十分普遍,水利建设也十分突出,仅太湖流域就有 30 多项工程,同时也开始将许多沼泽滩圩改成农田。在这样的基础上,江南地区已经开始实行稻麦两熟制,有"刈麦种禾,一岁再熟"的记载。同时水稻生产已经开始有早晚稻连作制,水稻的最高产量已经达到每亩 600 斤左右,一般也在 100 多斤以上。①

在农业发展的基础上,手工业的发展也很突出。江南手工业中丝织业的地位越来越重要,特别是苏州的丝织业已经名声在外,所谓"蜀桑万亩,吴蚕万机"②,正透露出长江下游的丝织业与上游的地位同等重要。这个时期长江下游的麻纺、茶业、煮盐、冶铸、酿酒、造纸、竹编、苇编等生产也有了十分明显的发展;且长江下游有淡水鱼和海产咸水鱼的两重资源,渔业已经成为一门相对独立的产业部门。江南地区的苏州、杭州、湖州、常州、润州等城市成为重要的商业都市,而且大量的农村草市出现。③ 长江下游除太湖流域外,长江边的扬州地位最为重要。

请看宋代洪迈《容斋随笔》卷 9 的记载:

> 唐世盐铁转运使在扬州,尽斡利权,判官多至数十人,商贾如织。故谚云"扬一益二",谓天下之盛,扬为一而蜀次之也。杜牧之有"春风十里珠帘"之句,张祜诗云:"十里长街市

---

① 魏嵩山:《太湖流域开发探源》,江西教育出版社,1993 年。
② 罗隐:《市赋》,《全唐文》卷 894。
③ 魏嵩山:《太湖流域开发探源》,江西教育出版社,1993 年。

井连,月明桥上看神仙。人生只合扬州死,禅智山光好墓田。"王建诗云:"夜市千灯照碧云,高楼红袖客纷纷。如今不似时平日,犹自笙歌彻晓闻。"徐凝诗云:"天下三分明月夜,二分无赖是扬州。"其盛可知矣。

据记载,唐代扬州城周 40 里,考古发掘也基本印证这个结论。① 扬州城中人口众多,唐代诗人许浑有所谓"十万人家如洞天"的诗句来形容扬州城市人口之盛。当时扬州的造船业、煮盐业在全国的地位十分重要。扬州的发达与扬州的农业基础有关,唐代扬州是一个重要的水稻种植区,黄花米、乌节米是重要的贡品,双季稻也被推广,其他桑、麻、茶、竹、渔业也较发达。② 扬州处于长江大通道与大运河交汇之处,西接纳长江中上游的物资,南可取江南财赋。唐王朝取自江南的财物大都要经过扬州转运,经过江淮地区北上长安、洛阳,在某种程度上讲扬州的交通地位维系着唐代的经济命脉。

随着长江下游地区社会经济的发展,江南地区成为唐王朝,特别是"安史之乱"后的唐王朝最重要的粮草财政收入重区。历史文献记载不胜枚举,如"军国费用,取资江淮"③,"赋之所出,江淮居多"④,"军国大计,仰于江淮"⑤,"当今赋出天下,江南居十九"⑥。而唐代宗时刘晏就曾"岁转粟百一十万石"⑦。同时,长江下游也是唐王朝一个重要的出海道,当时海岸成陆还不是如此靠

---

① 叶书宗主编:《长江文明史》,上海教育出版社,2001 年。
② 叶书宗主编:《长江文明史》,上海教育出版社,2001 年。
③ 宪宗元和十四年七月二十三日《上尊号赦文》,《全唐文》卷 63。
④ 《旧唐书》卷 123《第五琦传》。
⑤ 权德舆:《论江淮水灾上疏》,《权载之文集》卷 47。
⑥ 《韩昌黎集》卷 19《送陆歙州傪序》。
⑦ 《新唐书》卷 53《食货志》。

东,扬州一带江面开阔,是一个重要海陆内河城市,唐代鉴真和尚东渡就是从扬州动身起航,各国商人都到扬州贸易。所以唐代,特别是唐代后期,江淮地区的战事特别多,这与这个地区的经济军事地位有关。

相对而言,唐代长江中游的社会经济虽然比前代有所发展,但不及上游和下游明显,从上面的人口密度就可看出基本的端倪。

研究表明,唐代长江中游也已经出现了稻麦连(复)作制,但在平原地区主要还以种植水稻为主,稻麦复种制仍未大量推行。[1] 不过,在长江中游地区,与前代相比已经有了进步,如唐代李皋在江陵一带筑堤治水,创造了亩产一钟的高产纪录,[2]荆州和鄂州的粮食已经开始入余转漕。[3] 特别是在唐代后期,荆湘地区的地位上升较快,刘蜕《荆南府图序》称唐后期至德年间以后"襄、邓之民与两都衣冠,多趋荆楚",而李商隐《上江西周大夫状》称"国用取资,终赖江湘之入"。当时的江陵城市人口达到 30 万户,而鄂州由于是鄂岳节度使驻地,赵憬《鄂州新厅记》称鄂州"无土不殖,桑麦翳野,舟舶织川,城高以坚",故舒元舆《鄂政记》称州治武昌为"东南巨镇"。但是相比之下,唐代长江中游从总体上还是没有上游和下游的政治经济军事地位重要。

长江流域的文化发展水平在唐代末年已经有超过黄河流域之势。以进士分布来看,唐代还主要分布在黄河流域,其次才是长江流域。文学家的分布也仍是北方地区为主,但在长江下游地区,文化发展则显现出逐渐成为中国文化重心的趋势。江苏、浙

---

① 梅莉等:《两湖平原开发探源》,江西教育出版社,1995 年。
② 《旧唐书》卷 131《李皋传》。
③ 陈子昂:《上益国事》,《全唐文》卷 211。

江和江西成为进士分布前十位的省区,苏州、扬州、常州、杭州等
地成为文学家的重要产生地。① 张若虚、权德舆、陆德明、李善、
戴叔伦、陆龟蒙、张籍、孟郊、褚遂良、罗邺、贺知章、杜光庭、骆宾
王、杜荀鹤、郑谷、许敬宗、罗隐等一大批文化名人在长江下游产
生。长江中游在唐中叶以前文化地位不高,《北梦琐言》卷4有
"唐荆州衣冠薮泽,每岁解送举人,多不成名"的记载,但其在唐朝
后期地位上升,孟浩然、杜易简、张柬之、皮日休、陆羽、段成式、岑
参、欧阳询等人已大名在外。长江上游土著文化教育名人并不
多,只有陈子昂、孙光宪、花蕊夫人等,但流寓于蜀中的文化名人
足以弥补这种不足。

宋代南北易位下的长江

宋代是长江流域发展中具有重大转折的一个时期。

中国历史气候在五代两宋时期经历了一个由唐代温暖湿润
气候向相对寒冷气候发展的过程。一方面大漠内外的游牧民族
压力机制增大,对黄河流域产生极大的冲击,影响了黄河流域的
稳定;另一方面东部陆地的扩展,季风气候影响的退缩,黄河中
上游气候大陆度增加,对黄河中游的农业经济发展有一定的
影响。

在这样的背景下,北方黄河流域地区战争不断、经济凋敝、社
会残破,大量北方人口南迁南方长江流域地区。同时,宋代的政
治重心已经向东南迁移到汴京至临安一线,中国的经济中心已经
完全迁移到东南地区,所谓"东南财赋地,江南人文薮",便是

---

① 蓝勇:《中国历史地理学》,高等教育出版社,2002年。

指此。

当然从总体上看,长江下游和上游由于地理位置的重要性,在宋代的地位更重要一些,这仍可从前面表中的人口密度看出。吴松弟《中国移民史》第 4 卷也认为北宋时期中国人口密度最高的路基本集中在东南和四川地区。

早在唐代长江下游地区社会经济的发展就已经奠定了基础,长江下游在北宋时期与当时的政治中心汴梁最为相近。宋代随着中国政治经济文化中心的东移南迁,长江下游开始成为中华文明的核心发展区所在。

长江下游地区社会经济文化教育的发展,一方面受大量北方移民南下带来劳动力和先进的生产技术的影响,同时也有生产力发展到一定程度使南方土地大规模开发成为可能的因素。

五代以来,北方人口南迁长江下游,特别是在北宋"靖康之乱"以后更为明显。历史记载这个时期,北方移民多居于江南,江南有"士大夫渊薮"之称①,又有所谓两淮之民"散处浙西、江东诸郡"②,"两淮、荆襄之民,避地江南"③。就是长江上游和中游的许多士大夫也避乱在江南之地,如四川有大量士大夫就是在南宋后期避乱江南,使大量文化人流失。④ 大量人口汇聚江南,为江南地区社会发展提供了劳动力和先进技术,为长江下游成为中国经济最发达的地区奠定了基础。

据研究表明,宋代江南地区的社会经济发展在很大程度上与技术进步有关。

---

① 李心传:《建炎以来系年要录》卷 20。
②《宋会要辑稿》兵 13 之 24。
③《宋史》卷 42《理宗纪》。
④ 蓝勇:《西南历史文化地理》,西南师范大学出版社,1997 年。

宋代江南地区普遍利用灌溉工具和灌溉技术,进步较大。水车普遍使用,不仅有人力脚踏水车,而且使用了牛转翻车。在灌溉技术上发明先进的石斜坡式石塘,改变了五代时期的竹笼木桩式塘,而且为了防止海水渗透,出现了许多淡水"备塘"和"备河",也出现了"咸塘"和"淡塘"互相使用的状况。同时广泛修筑闸门,将塘、浦、河、湖等水利系统互动起来。北宋郑颤认为"天下之利莫大于水田,水田之美无过于苏州"。除了捍海塘的修建外,在临安等地塘、堰修筑上,多配置斗门调节水量。宋代江南地区最重要的水利建设是圩田的大量开发使用,所谓"车水筑圩,高下殆遍",极大地扩大了长江下游的耕田面积。据统计,北宋熙宁年间两浙地区的水利工程占全国的 18%以上,水利田占 29%以上,居全国之首。江西地区宋代水利设施有了较大的发展,水利工程的数量是唐代的 16 倍之多。[1]

在耕作技术方面,唐代江南地区的江东犁在宋代已经广泛使用,考古发现扬州出土的宋代铁犁铧为质量十分好的钢材制成,光泽锐利,功效明显。插秧法和秧马的运用,稻麦两熟制和早熟稻基础上的双季稻推广,加上江南地区亚热带生物多样性而带来的经济作物综合开发,桑、麻、棉、油菜、茶、水果等开发,生产力技术的提高为长江下游地区水稻土熟化和土壤的改造创造了基础,因此,江南地区的农业经济开发动力和环境背景,远非黄河流域能比。[2]

研究表明,宋代两浙路太湖流域、江东路圩田区是当时稳产

---

[1] 参见郑学檬:《中国古代经济重心南移和唐宋江南经济研究》,岳麓书社,2003 年。魏嵩山:《太湖流域开发探源》,江西教育出版社,1993 年。叶书宗等主编:《长江文明史》,上海教育出版社,2001 年。

[2] 参见郑学檬:《中国古代经济重心南移和唐宋江南经济研究》,岳麓书社,2003 年。

高产地区,亩产量高达六七百斤。① 研究表明,两宋时期太湖地区水稻平均亩产在 225 斤左右,为当时全国水稻最高产区②,故历史上有所谓"大率淮田百亩所收,不及江浙十亩"之说③。

江南在宋代政治经济地位显赫,历史上记载"朝廷用度……尽出九道"④,"军国之费多出于东南"⑤。而《吴郡志》卷 50 记载当时的民谚称"天上天堂,地下苏杭,又曰苏湖熟,天下足",高斯得《耻堂存稿》卷 5《宁国府劝农文》也记载"天上天堂,地下苏杭",可见江南地位之显要。

农业经济的发展促进了手工业和商业的发展。我们知道唐代的丝绸业中心还在黄河流域,但到了宋代,中国蚕桑丝绸中心移到了长江流域,特别是长江下游地区的建康、苏州、越州、湖州、润州、杭州等地成为中国蚕桑丝绸业的中心地区。北宋每年征收的丝绸品的 21.71% 都是在两浙路,居全国之首。其他制盐、茶、酿酒业,刻书、造纸、陶瓷、造船业也发展很快。手工业的发展,促进了商业的发展,据研究表明,熙宁十年(1077 年),两浙路的商税占全国总数的 11.90%,居全国第一。南宋时,临安出现了"便钱会子",纸币成为经济生活中的一种重要交易物。苏州、杭州、常州等大城市商贾云集、百货丛生,农村草市更是空前繁多。⑥据记载,当时南宋临安的城市和属县人口达 130 多万,所谓"暖风吹得游人醉,直把杭州作汴州",将一个繁华的杭州城展现在我们

---

① 漆侠:《宋代社会生产力的发展及其在中国古代经济发展过程中的地位》,《中国经济史研究》1986 年第 1 期。
② 闵宗殿:《宋明清时期太湖地区水稻亩产量的探讨》,《中国农史》1984 年第 3 期。
③ 虞俦:《尊白堂集》卷 6《使北回上殿札子》。
④《续资治通鉴长编》卷 128。
⑤《续资治通鉴长编》卷 466。
⑥ 魏嵩山:《太湖流域开发探源》,江西教育出版社,1993 年。

面前。

一方面大量北方人口南迁，"中州冠冕之族多聚于吴中"，另一方面作为中国的政治中心和经济中心，本来也为造就人才奠定了基础。长江下游的文化地位在宋代已经居全国之首，特别是南宋时期大量南方人士入主政治核心圈内，进士人数和文化名人数都居全国领先地位。宋代四大刻书中心中建安、杭州都在长江下游地区，王安石、陆九渊、朱熹、黄庭坚等文化名人声名在外。历史所谓"江南人文薮"确非虚言。

宋代长江上游地位也很重要，是历史时期长江上游在全国地位最高的一个时期。

宋代陕南地区成为抵抗辽、金、蒙古军的前沿，而四川盆地物产丰富、相对稳定，成为宋代与北方民族战争的重要后方粮草基地。特别是南宋以后的半壁江山中，长江上游更是一个传统的经济开发区，经济积淀深厚，就使得长江上游的政治经济军事地位更显重要。四川的财赋收入占了整个南宋的三分之一，军粮占了全国的三分之一，长江上游在南宋王朝内的地位举足轻重。

宋代长江上游地区的经济发展有两个特点：一是以成都平原为核心的传统经济区得到进一步的开发，形成了"无寸土之旷"的局面；一是四川盆地的经济重心继续向东南地区扩展，今天的川中、川南、川东和重庆许多地区的社会经济发展较快。

在成都平原地区，都江堰水利工程有了严格的岁修制度，形成 3 大脉、3 大流、14 支流和 9 个堰的灌溉体系。同时在四川盆地兴起"梯田运动"，大量的渠、堰、堤、塘工程出现。研究表明，宋代四川的农业生产技术仅次于长江下游的两浙地区，成为宋代重要的粮食稻米产区。同时农副业中的茶叶生产、甘蔗种植、药材生产也有较大的影响,[①]而丝织业、制盐业、造纸业和印刷业在全国都有较大的影响,蜀锦、蜀盐、蜀纸和蜀本在全国影响较大,其他如制瓷业、制糖业和酿酒业也有较大的发展。

人口的增加和手工业的发展,促进了商业和市镇经济的发展。由于商品经济的发展和使用铁钱等因素,世界上最早的纸币"交子"出现在长江上游。宋代的成都商业发达,有"西南大都会"之称,其梓州、果州等地的商业也较发达。在长江上游由于特殊的地理环境和商业发展过程,草市镇的分布密度十分大,体现了一种丘陵山区农村商品经济发展的特殊性。

在经济发展的同时,长江上游的文化地位也风光一时。研究表明,四川和江南的进士数占了全国的 80% 左右,北宋时期四川进士数居全国第 8 位,到南宋居全国第 4 位,四川成为全国三大人才分布密集地区之一。"蜀学"成为风行全国的一个重要学术流派,苏洵、苏轼、苏辙、李焘、苏易简、苏舜钦、陈尧叟、陈尧佐、高斯得、陈抟、张栻、魏了翁等文化名人影响较大。

长江中游地区在宋代也得到较大发展。首先是水利工程增加许多,水车也被广泛使用;粮食生产水平提高,粮食外运;茶业、渔业、桑蚕业也有较大的发展。但是由于区位因素,宋代长江中游饱受战争摧残,"自鄂渚至襄阳七百里,经离乱之后,长途莽莽,杳无居民"[②];加上江汉地区水面沼泽面积较大,对于当时生产技术有更多的阻碍,故长江中游的社会经济发展远不如下游,在许多方面也不及上游。前面我们发现宋代长江中游的人口密度不仅远不如下游,也不如上游。有的专家已经谈到宋代稻麦复种制

---

① 蒙默等:《四川古代史稿》,四川人民出版社,1998 年。
② 洪迈:《夷坚志》支景卷 1《阳台虎精》。

在江汉平原还没有普及推广,从运到京师租米、官民田数量、夏秋二税等指标来看,中游两湖地区经济地位在全国仅为中等水平。① 有的学者认为宋代湖南湖北仍是地旷人稀,经济文化都不发达的地区,表现在文化上也十分明显,古书中记载的湖北"人才之能通姓名于上国者,如晨星之相望"。叶适《汉阳军新修学记》就称:"今吴越闽蜀,家能著书,人知挟册,以辅人主取贵仕。而江汉盖鲜称焉,岂其性与习俱失之哉?"②所以学者认为两湖地区在宋代是长江流域文化最落后的地区之一。③

元明以来东西易位下的长江

元明以来,随着中国政治经济形势的变化,长江流域在中国的总体位置格局和长江流域内部的社会经济格局都发生了较大的变化。

首先从元代开始中国"西北核心块"的地位完全丧失,而"东南核心块"地位完全确立,这就是指从淮河到巫巴山地东缘以东南的地区成为中国经济文化的核心区。虽然元明清政治中心仍在华北平原,但华北平原必须以大运河为纽带仰给东南财富来维系。历史时期"西北核心区"中唯一的亚热带地区长江上游的风光一去不复返。在这个时期,长江流域在中国政治经济文化中的核心地位奠定,特别是长江中游在春秋战国楚文化风骚长江问鼎中原后相对落后沉静1500年后,异军突起,演绎了几百年"湖广熟,天下足"的风采,而同时东南沿海的福建、广东地区也随中国

---

① 梅莉等:《两湖平原开发探源》,江西教育出版社,1995年。
② 叶书宗等主编:《长江文明史》,上海教育出版社,2001年。
③ 李学勤、徐吉军主编:《长江文化史》,江西教育出版社,1995年。

政治经济格局的推移发展起来。

长期以来,长江中游江汉地区多沼泽水面,湖荡河滩纵横,成为长江流域的一个重要的天然调节水库。元末明初的战乱也使长江中游受其伤害,地方社会经济受到较大的影响。

由于元明时期长江流域主要的战乱在长江中上游地区,战乱以后形成人口真空,而长江下游地区今浙江、江苏、江西等地社会经济早在宋代就发展起来,人口相对密集,形成明代长江流域移民从东南向西、西北方向的扇形迁移。① 明初到明末时期,大量江西移民进入湖广地区,形成了历史上的"江西填湖广"。移民进入这些相对发达地区,一方面使湖广地区地旷人稀的局面得到改变,同时也带来了先进的技术,促进了长江中游地区的社会经济发展。从上面我们统计的人口密度可以看出,长江中游地区在明代的人口密度已经大大超过长江上游地区。正是在这样的背景下,明代长江中游江汉地区大量沼泽湖荡被围垦为农田,农作物结构发生较大的变化,农业产量大大提高,农副产品生产能力提高,进而形成了历史上的"湖广熟,天下足"的局面,这种局面一直延续到清代、近代。

早在宋代早熟占城稻就已经传到荆湘地区,为双季稻的发展奠定了基础。清代乾隆年间双季稻开始从江西传入湖广地区,到明清时期两湖平原的稻麦复种制已经推广。在长江中游地区,间作套作也已盛行。明清时期与唐宋相比新出现的农具不多,但其中有一种叫匐蓑的整地工具就出现在两湖地区。另外肥料多样化,水利建设的发展,棉花、烟草等的种植,②特别是清代以来美

---

① 葛剑雄等:《简明中国移民史》,福建人民出版社,1993年。
② 梅莉等:《两湖平原开发探源》,江西教育出版社,1995年。

洲高产农作物玉米、土豆、红薯等在丘陵、山区的推广,都使本地区的作物多样化,促进了长江中游社会经济的发展。当然,从总体上来看,元明清时期长江中游地区最引人注目的还是成为中国重要的粮食生产基地。

明清时期长江中游的湖南、湖北与四川、江西都是重要的产米地区,粮食生产基础雄厚,但由于长江下游地区农副业种植面积扩大,城市经济发展,使粮食种植面积相对缩小,形成对长江中游的粮食依赖,加上长江中游交通转输位置的重要,才形成了"湖广熟,天下足"的格局。同时两湖地区的粮食还转运到四川、甘肃、直隶、山西、江苏、浙江、福建、广东、广西、贵州、安徽、陕西、河南、江西等地,大半个中国都开始受到长江中游的接济。①

农业经济的发展为城市经济的发展创造了条件,明代武汉有"东南都会"之称,清代人们称汉口为天下"四聚",商业地位十分高,即刘献廷《广阳杂志》卷4所指"北则京师,南则佛山,东则苏州,西则汉口",经济地位的上升为文化地位上升奠定了基础。从进士分布来看,明代湖北的进士数已经超过了上游的四川地区,湖南的进士数也接近四川地区,但到了清代湖南和湖北的进士数都超过了四川地区。② 有的学者统计宋代任枢密使、参知政事、尚书、侍郎、学士、谏大夫之类的四川为 47 人,而湖北仅 20 人,湖南仅 19 人;到了明代湖北有 75 人,湖南有 48 人,而四川仅 44 人,③从中也可看出长江中游文化教育地位上升之势。明清时期长江中游的这种文化基础为近代荆楚地区人才辈出的格局创造

---

① 梅莉等:《两湖平原开发探源》,江西教育出版社,1995 年。
② 蓝勇:《中国历史地理学》,高等教育出版社,2002 年。
③ 乔伟等:《宋代四川士人的作用和贡献》,孙钦善等主编:《国际宋文化研讨会论文集》,四川大学出版社,1991 年。

了条件。

在长江中游崛起的同时,长江下游地区也继续发展,成为中国资本主义最为发达的地区,为中国的近代工业文明产生奠定了基础。

明清时期长江下游的农业垦殖在水稻种植技术进一步提高的基础上,由于美洲高产旱地农作物玉米、马铃薯、红薯的引进,加上平原地区烟草、棉、桑、甘蔗、茶叶的大量种植,使平原地区的农作物更加丰富,丘陵地区也因此得到进一步的开发。亚热带地区生物多样性带来的生产多样性,使长江下游地区土地利用更加深入。虽然长江下游在明清时期由于农作物的多样性使粮食种植面积扩大速度减缓,有时粮食要依赖长江中上游接济,但由于历史上有粮食种植的基础,因此仍是中国粮食生产基地所在。所以有的学者统计,明末南直隶、浙江、江西三地税粮额占全国的44.4%以上,而康熙时江苏、安徽、浙江、江西四省田亩银占全国的38.8%,收粮数占全国的64.7%。[1]

农副业的发展促进了手工业的进一步发展。首先长江下游传统的纺织业越来越发达,元代兴起的棉纺织业在明代纺织业中异军突起,影响逐渐超过了丝纺业。在松江形成一个棉纺织中心,有所谓"以棉布衣被天下"之称;而丝织业更加专业化,技术更复杂,花色也越来越多。唐宋以前中国的制瓷工业主要是以黄河流域为主,明清以后长江下游地区制瓷业发展十分快。江西景德镇和浙江丽水、龙泉等地成为重要的制瓷工业中心,特别是江西景德镇每天佣工数万人之多,仅民窑就近千所,规模已经超过官窑,故有了"瓷都"的美称。长江下游的造纸、造船、印刷在全国也

---

① 叶书宗等主编:《长江文明史》,上海教育出版社,2001年。

有较高的地位。

手工业的发展使城市商业发展很快。南京在明初作为都城，后都城迁往北京后，南京城市的发展并不因此停止，人口曾达9万之多。据记载当时南京城内商业极为发达，各种店铺达100多种，在清初乾嘉年间，丝织业规模甚至超过苏、杭二州。

扬州是长江下游一个重要的制盐业中心和集散地，同时也是漕粮转运中心，处大运河与长江大通道之枢纽，水陆交通地位重要。据记载，扬州城乾隆年间仅侨居的户口就达10万之多，有"土著十一而已"之称，有"民俗善商"之称。手工业以制漆工业影响最大。

苏州是太湖地区最发达的城市，也是江南地区最大的城市，有"东南大都会"之称。历史上有关苏州繁华的记载不绝于书，特别是城内的丝织业、印刷业十分发达，城中居民大半工技。

杭州宋代曾为京城所在，经济基础和文化底蕴都十分好。明清以来，城市商业仍是发达异常，丝织业和印刷业也是重要的手工业，脂粉、扇、漆、金箔等工艺品生产也很发达。①

在城市大发展的同时，经济的发展也促进了市镇经济的发展。长江下游地区明清时期成为中国市镇分布密集和市镇经济最发达的地区，出现了景德镇、盛泽镇、瓜洲镇、平望镇、浒墅关、南翔镇、枫桥镇、塘栖镇、乌青镇、双林镇、濮院镇、石门镇等商业名镇。

在商品经济发达的同时，资本主义的萌芽已经在长江下游地区迅速扩展，特别是以丝织业为主的纺织工业十分明显。

---

① 以上参叶书宗等主编：《长江文明史》，李学勤、徐吉军主编：《长江文化史》，魏嵩山：《太湖流域开发探源》等。

　　社会经济的发达,为长江下游成为中国文化最发达和人才分布最密集的地区创造了条件。据统计,明代进士分布最多的地区是浙江和江苏地区,浙江为文化教育核心区,江苏为文化教育次核心区。到清代江苏地位上升,演变成为中国文化最发达的地区,而浙江则位居第二。据统计,明代当时整个北方地区所出的文学家还没有苏州府一府所出的多。[①]　中国四大古典名著中《三国演义》《水浒传》《西游记》的作者罗贯中、施耐庵、吴承恩都是江南人,《儒林外史》的作者吴敬梓也是江南人氏,其他"三言二拍"的作者冯梦龙和凌濛初都是江南人。同时,江南地区也出现了文徵明、唐寅、仇英、董其昌、徐渭、朱登、石涛、郑燮、汪士慎等一大批名扬中国的大画家;戏剧方面江西弋阳腔、昆山腔对中国戏剧影响甚大,出现了汤显祖、洪昇、沈璟等戏剧家;科学技术方面有徐光启《农政全书》、宋应星《天工开物》、徐弘祖《徐霞客游记》等巨著问世。

　　在长江中游崛起和下游继续发展的同时,长江上游也有了一些发展,特别是四川东部地区的社会经济发展较快,地区之间的差别相对缩小。美洲高产农作物传入长江上游后,促进了山区地区开发,农副业发展较快,四川一度成为粮食输出的重要省区。但是由于中国政治经济文化教育重心东移南迁后,长江上游远离政治核心区,在大一统的国家格局中,长江上游在宋代形成的区位重要性又没有完全显现出来,加上元末明初和明末清初的战乱对长江上游的影响远远超过长江中下游地区,对长江上游的社会经济的负面影响逐渐显现出来。

　　在这样的背景下,明清时期长江上游地区政治经济文化地位

---

① 蓝勇:《中国历史地理学》,高等教育出版社,2002 年。

一落千丈。从前面长江上中下游人口密度表来看,在明清以前长江上游的人口密度一直是独领风骚,但明清时期长江上游的人口密度却居最后。虽然清代长江上游的川米一度成为外输的重要物资,但明清时期长江上游的政治经济文化地位远没有昔日的风采。以蚕桑业为例,明代四川传统的丝织业经战乱一蹶不振,有所谓"锦官以南,千里无一株桑"之称,①这种衰落一直到清代仍然没有大的改变。政治经济地位的下降也表现在文化上,明清时期长江上游文化暗淡无光,据统计当时拥有进士数前十位的省区已经没有四川之名,文化地位远不如长江下游,也落后于长江中游地区。明代四川文坛只有杨升庵有较大名气。清代四川仅出了一个状元,而同时期江苏出了 49 个,湖北出了 5 个,湖南也出了 3 个。长江上游在社会经济文化上已经远没有汉唐两宋时的风采。

鸦片战争以后,西方政治经济文化势力侵入长江流域,一度使长江流域的社会经济发生了重要变化。西方帝国主义列强侵略中国的一个主要路线就是沿长江流域东西向推进,使长江流域比黄河流域更早更全面地受到西方政治经济文化的影响。上海、汉口、九江、镇江、宜昌、芜湖、重庆、沙市、南京等城市相继成为对外开放商埠,长江流域也因此比黄河流域得到更多的发展机会。

同时,由于这种影响,长江上中下游在一些方面的格局也发生较大的变化。长江中下游继续在近代文明方面走在了中国前列;而明清时期整个衰落而又死气沉沉的长江上游曾一度回光返照,显现了一定的活力。在长江上游由于宜昌、重庆、万县等地相继开设为商埠,近代工业文明传入,近代工业也因此产生。近代

---

① 《古今图书集成·职方典》卷 580 引《图书编》之《水利蚕桑》。

教育同时刺激了上游地区,使长江上游不仅近代工业和文化在西部地区独领风骚,而且人才辈出,出现了一大批中国近代史上的风云人物。不过,这一切在中国政治经济文化东移南迁的大的背景下,不过是一时风采。长江中游仍然保持强劲的发展势头,荆湘地区在近代人才辈出,武汉等地发展远远超过重庆、成都,而长江下游更是借助东南近海的区域优势,成为中国经济文化最发达的地区。虽然在抗日战争时期中国政治中心一度沿长江下游移到长江上游的重庆,大量企业也西迁长江上游,一定程度上使长江上游的社会经济地位相对上升,但抗日战争结束后,东部仍然保留着政治经济中心的地位。到了 20 世纪 50 年代,整个近代工业只在国民经济中占 10%,但这 10% 的 70% 仍然分布于东南沿海地区,其经济文化强势地位仍然没有改变。中华人民共和国成立以后,由于我们的三线建设等因素,长江上游经济地位相对上升,一定程度上缩小了明清以来形成的东西差距。但改革开放以后,东南地区得开放之先,加上"梯度理论"影响,长江上游与下游的差距更加拉大。这些年来,在"西部大开发"的背景下,长江上游的社会经济文化有了较大发展,特别是与长江中游地区的差距大大缩小,但明清以来形成的长江流域东强西弱的大势仍然呈现一种不可逆转、不可回归之势。

第四章　钟灵毓秀与人杰地灵
——长江流域的人才与文化

在传统社会里,人才的多少往往与经济发展水平的高低成正比。这种比例关系更多在于人才产生要一定的经济基础作为支撑,所谓"仓廪实而知礼节,衣食足而知荣辱"。

春秋战国时期楚文化的声名

进入文明社会以后,中国的政治经济中心往往是人才分布最密集的地区。先秦时期,中国的政治经济核心区在黄河流域,故黄河流域人才辈出,繁若星河,而长江流域人才稀落,文化显得暗淡无光。不过,春秋战国时期楚文化在长江流域独领风骚,一度与中原文化相抗衡,因此长江流域的文化也并非一片沙漠。

谈到楚文化,当然要推老子、庄周、屈原、宋玉四人。

我们知道,道家文化是中国传统文化中十分重要的文化,道家的创始人老子、庄子都是楚国人或主要生活在楚国。道家文化的根基在长江流域,与产生于黄河流域的儒家文化分庭中国南北。

老子的主要学术以道为核心,认为道为万物之源,《道德经》所谓"道生一,一生二,二生三,三生万物",道为道家寻求的最高境界。在辩证法上道家讲求事物的对立统一,强调刚柔相济、祸福相依；而表现在政治上则主张"无为而治"，《道德经》所谓"圣人处无为之事，行不言之教"，便是指此。在这种政治思想下老子寻求一种"小国寡民"的乌托邦式的现实生活。庄子则继续了老子的道为万物之源说，但认为除了道以外，其他都是相对的，无所谓大小、彼此、是非、成败、生死，世界并没有一个客观标准，完全走向一个绝对的相对论、不可知论的虚无主义泥潭中。

应该看到，楚国所处的地理环境与社会环境对于道家文化的产生有一定的影响。长江中游地区在先秦时期平地河沼密布，人迹稀少，而山地森林众多，野兽出没频繁。在这种神秘的自然环境中，出于对自然环境的疑问和恐惧，自古形成了"重巫信鬼"的文化传统，这为道家寻求事物本源产生了诱发机制，也为不可知论提供了环境实证。而在原生的亚热带环境下，百姓的基本生存较为容易满足，所谓"奢侈不期而至"，这为道家学术中"无为而治"的乌托邦式的小国寡民生活创造了现实背景。楚国在春秋战国时期，与中原抗衡，目睹中原政治争斗和军事惨烈之状，为道家的"是非成败转头空"的绝对相对论提供了现实依据。这一点也是巴蜀道家文化发达的一个重要原因。可以说长江流域亚热带的自然环境是中国道家文化产生的地理基础。

谈到楚文化自然要说到屈原和宋玉。

我们称屈原为爱国主义诗人，但屈氏的爱国主义多是一种形式上的，是春秋战国时期列国之间的爱国主义，今天我们来看，屈原的爱国更多体现为一种气节。况且，在中国古代，怀才不遇、忧国忧民的士人众多，屈原真正为中国文化留下的宝贵财富还应是在诗歌上，只是屈原的诗歌里将自己的人生境遇与楚国的国家兴亡系于一体，使他的文学成就富有特色。"屈原放逐，乃赋离骚"，诗人的人生境遇是成就诗人的重要因素。

《史记》中记载屈原"博闻强志,明于治乱,娴于辞令",他留给我们《离骚》《九歌》《天问》《九章》《招魂》等20多篇作品。屈原的作品中以《离骚》最有影响,我们一般认为《离骚》是一部浪漫主义的抒情长诗,实际上《离骚》是屈原对自己人生境遇的告白,将自己对楚国的热爱与浪漫主义的感情融在一起。屈原内心深处由于在政治上受奸臣谗言诋毁而怀才不遇,怨愤郁闷,其《远游》中所谓"遭沈浊而污秽兮,独郁结其谁语",就是这种思绪的体现。但屈原并没有完全消沉,而是将一种放纵浪漫的情感融入在自己的追求之中,一方面在《离骚》中道出"路曼曼其修远兮,吾将上下而求索"的理想大志,一方面在《九歌》中显现出"满堂兮美人,忽独与余兮目成"的浪漫放纵。正是在这种情感下,最终当自己的抱负不能实现时,屈原采取了一种放纵的投江自尽的壮举来实现自己的追求。作为一位诗人,在中原儒家诸子学术的氛围下,这种放纵和壮举是不可思议的。所以,中国文学史上像屈原这样结束人生的文学家确实不多。近代有的学者提出屈原的文学思想是以巫学、道学为根底的,[1]我认为至少可以说是受荆楚巫道文化的影响,这是荆楚当时的地理环境在屈原文学思想上打上的烙印。

这个时期荆楚地区的另一位文学家宋玉更有放纵浪漫的文学思想。与屈原一样,宋玉曾力主参与政治,为楚襄王干事,但同样没有得到楚襄王重任,怀才不遇,与屈原有相似之处,而宋玉在其诗赋中的放纵浪漫,是屈原所不能比的。我们看到的《九辩》《高唐赋》《神女赋》《登徒子好色赋》等作品,完全是宋玉自己人生经历的告白书,反映了时代的轨迹与人生的遭遇,表明了自己不

---

[1] 李学勤、徐吉军主编:《长江文化史》,江西教育出版社,1995年。

愿同流合污而远离尘世的情感。宋玉的作品在中国文学史上的贡献可能还有其对男女言情的直白描述,《高唐赋》《神女赋》对神女的细致描述,特别是梦境中的男女之间床第之欢的朝云暮雨,是同时代的中原文化不可能见到的。而《登徒子好色赋》则对现实中的女子尽情刻画,所谓"增之一分则太长,减之一分则太短,著粉则太白,施朱则太赤。眉如翠羽,肌如白雪,腰如束素,齿如含贝。嫣然一笑,惑阳城,迷下蔡",这种放纵浪漫的情怀,同样是以长江中游荆楚巫道文化为背景,显现出对中原文化羁绊的反叛。

汉唐马鞍形地位的长江文化

秦汉时期,长江流域与黄河流域同处于汉王朝的控制之下,中原的儒家文化对长江流域影响较大。不过,秦汉时期,楚文化已经衰落,长江流域在全国有影响的文化名人主要都是出于长江上游地区和下游地区,如司马相如、扬雄、王褒、桓谭、王充、落下闳等。

司马相如,字长卿,蜀郡成都人,西汉时期我国著名的文学家。因从小为蔺相如人品所感召,故更名为相如。司马相如青年时东游梁国成为梁孝王的宾客,受当时著名辞赋家邹阳、枚乘等影响,完成了自己文学创作中的重要作品《子虚赋》。梁孝王死后,司马相如回到家乡临邛(四川邛崃),但家道中衰,好在朋友相助才得以维生。后在临邛富豪卓王孙家认识了寡妇卓文君,两相爱慕。勇敢的卓文君冲破封建礼教的束缚,私奔成都,后来不怕家庭在经济上的制约,回到临邛办起了小酒店,以维持生活,于是才有千古流传的卓文君"当垆卖酒"的典故。两人的恩爱情感最终打动了卓王孙,分给了他们钱物,使他们回到成都生活。后因汉武帝读到《子虚赋》而使司马相如受到重用。以后司马相如在西南地区开发过程中起了重要的作用，但其主要贡献还是在文学上。据《汉书·艺文志》记载，司马相如有 29 篇赋，还写有许多散文，著名的有《天子游猎赋》《谕巴蜀父老檄》《难巴蜀父老》等，其代表作《天子游猎赋》气势宏大，内容丰富，文辞华丽，为汉赋中的杰作，故司马相如也被称为汉赋的奠基者。

《汉书》作者班固称自孔子到西汉末年"博物洽闻，通达古今，其言有补于世"者仅 6 人，扬雄就是其中一人，可见扬雄的学术地位。扬雄，西汉末年成都人，早年崇慕司马相如，开始仿照作赋，写下了《蜀都赋》《十二州箴》《县邸铭》《广骚》等辞赋作品。扬雄 30 多岁才游历长安，受人推荐，得汉成帝赏识，入黄门为侍郎，其后写下了《甘泉赋》《河东赋》《校猎赋》《长杨赋》《逐贫赋》《酒箴》等诗赋，同时写下了《太玄》《法言》两篇哲学著作，其中《法言》语言浅显，流传较广。同时，扬雄还写有《训纂》《方言》《蜀王本纪》等著作，在我国语言文字和地方历史研究方面也有较大的贡献。可以说扬雄是我国古代一位重要的文学家、哲学家和语言文字学家。青出于蓝而胜于蓝，扬雄的学术贡献已经远远超过他仰慕的前人司马相如。

在汉代文学史上王褒的贡献也不可不谈。王褒为蜀郡资中（今四川资阳）人，是西汉我国著名的御用辞赋家。《汉书·艺文志》记载王褒有赋 16 篇，其中以《洞箫赋》最为出名。他的赋细微深入，刻画生动，骈语对句较多，对汉赋的发展有较大影响。同时王褒的《僮约》是我国第一篇白话散文，对后世影响较大。[1]

汉代长江流域在哲学思想上也出了两个较有影响的学者，他

---

① 叶书宗等主编：《长江文明史》，上海教育出版社，2001 年。

们就是桓谭、王充。

桓谭,沛国相(今安徽濉溪县西北)人,汉光武帝时入朝为官,对古文经学尤为热爱,为汉代著名的古文经学家。他在哲学思想上主张无神论,反对谶纬之学,其代表作《新论》对谶纬学术的许多观点作了猛烈的抨击。

随后长江流域又出了一位著名的哲学家王充。王充是会稽上虞(今浙江上虞)人,曾任小官吏,但仕途不幸,遭受打击后闭门著书为生,写出了《讥俗》《政务》《论衡》《养性书》等著作,今只存《论衡》84卷。王充在其《论衡》中对东汉以来董仲舒的"天人感应"学术提出了批判,认为天是无意识的自然物,人类的神与肉体是相互存在的,人体死后不能成鬼,同时对谶纬学术提出的圣人"前知千岁,后知万岁"加以了否定,认为人与圣人一样都要有后天的学习。[①] 虽然在王充的思想里还有命运决定的命定论、天命论的不足,但在当时谶纬迷信盛行的社会背景下,王充这种敢于对主流唯心主义正统学术提出挑战的精神,是十分难能可贵的。

汉代长江流域最有影响的科学家应该是阆中的天文历算学家落下闳。落下闳为巴郡阆中(今四川阆中市)人,汉武帝时,落下闳被召进长安主持《太初历》的运算工作。通过努力,落下闳与邓平等人共同推出了"八十一分律历",考证出一月为29.53086日,一年为365.250162日,并首次采用了连分数推算法,求出的近似值十分准确。落下闳采用的这种连分数推算法比欧洲早了1600年。《太初历》为我国第一部有文字记载的完整历法。汉武帝为表彰他,授他侍中之职,但他却辞职回老家阆中继续研究

---

① 叶书宗等主编:《长江文明史》,上海教育出版社,2001年。

历算。①

文化发展与人才兴衰在传统社会往往是与经济发展有关的，汉代长江流域从整体上看，与黄河流域在经济上是不能相提并论的。同样，虽然我们列举了以上长江流域这些杰出的人才，个个影响较大，但相对于黄河流域来说，人才的密集度还是远远不如。同样是长江流域，由于其中游在汉代经济地位低下，相伴随的是楚文化的衰落，荆楚人文在汉代就显得十分冷落凋零，远无春秋战国时楚文化的风采。

三国两晋南北朝对于长江流域来说是十分重要的时期。从历史地理学角度来看，这是我国历史上一个十分寒冷的时期，在这种背景下亚洲大陆内陆地区出现游牧民族纷纷南下的浪潮，形成了我国历史上的匈奴、鲜卑、羯、氐、羌"五胡乱华"现象。北方黄河流域社会经济极不稳定，军事征战不断，大量北方移民迁移到南方地区，对于南方地区的经济开发产生了积极的影响，南方地区的社会经济文化有了较大发展，南方地区的人才也多有涌现。

不过，在这样的动荡社会里，玄学盛行，人文的色彩显得避世而消沉。这在山清水秀又相对安定的长江流域更加明显。

谈到这个时期的文人，我们不能不谈谢灵运和陶渊明。

谢灵运，祖籍陈郡阳夏，但世居会稽。刘宋时期，由于政治上不得志，任永嘉太守后，开始寄情于山川之间，将自己的情感寄托于风光春色之中。请看谢氏的这些诗句：

《初去郡》："野旷沙岸净，天高秋月明。"

《登池上楼》："池塘生春草，园柳变鸣禽。"

---

① 罗开玉：《四川通史》，第二册，四川大学出版社，1993 年。

《岁暮》："明月照积雪,朔风劲且哀。"

《入彭蠡湖口》："春晚绿野秀,岩高白云屯。"

《过始宁墅》："白云抱幽石,绿篠媚清涟。"

据说一次因为谢灵运带数百门童出游,致使邻郡以为山贼来临,马上发兵相拒。所以有学者认为谢灵运是中国历史上第一个纵情山水的文人。①

无独有偶,这个时期长江流域出现了另一个隐逸山水的大诗人陶渊明。关于陶渊明为何地人,学术界说法较多,我们不必在意。但陶渊明几度出仕为官,终难施抱负,难展宏志,于是在41岁时,归隐田野,耕读为生,纵情山水之间,游逸于世外桃源。

今天,陶渊明为我们留下了诗文130多篇,许多都是流传千古的绝唱,如《桃花源记》《归园田居》《饮酒》等。先看《归园田居》:

种豆南山下,草盛豆苗稀。

晨兴理荒秽,带月荷锄归。

道狭草木长,夕露沾我衣。

衣沾不足惜,但使愿无违。

这显然是一位潜心耕耘的长者日出而作日落而息的图画。再看《饮酒》:

结庐在人境,而无车马喧。

问君何能尔,心远地自偏。

采菊东篱下,悠然见南山。

山气日夕佳,飞鸟相与还。

① 叶书宗等主编:《长江文明史》,上海教育出版社,2001年。

此中有真意,欲辨已忘言。

这首诗的境界更是超然红尘,与自然完全融为一体。

当然,陶渊明可能对后代影响最大的还是《桃花源记》和不为五斗米折腰的气节。前者成为中国历代看破红尘而无心出家的士人追寻的理想生活,也成为近代人们追求的乌托邦式的现代社会模式。而后者则成为中国传统知识分子推崇的面对金钱和权贵的一种崇高的理想情操。

在那个动荡的时代,南方地区相对安宁,加上山川秀美,好像人们有更好的心境来思索一些文学现象,既而潜孕出了两部有名的文学理论著作。一是钟嵘的《诗品》,对汉至南朝梁的122位诗人作品分成三等进行品评,成为我国第一部诗论著作;二是刘勰的《文心雕龙》,为我国第一部文学评论集,在中国文学批评史上有不可替代的地位。

这个时期出现了王羲之、王献之这样的大书法家,也与南方的风土山水不无关联。据前人研究表明,这个时期南北社会动荡,使长江流域完全融入中原文化一统之中,形成了中国文化的南北心态。①

王羲之原籍北方琅琊临沂,后籍入南朝,为淮南太守王旷之子,曾官至右军将军、会稽内史。就王羲之的学问而言,自然感到怀才不遇而官不到位,而因江南山川秀美、衣食丰足,于是便将精力寄情于山水、留心翰墨,这是王羲之的书法艺术能承前启后,深入影响后世的一个重要原因。

三国两晋南北朝以来,由于疆域的分裂,使编写自己区域的历史更容易,分裂的政治背景反而为各国各代编修自己的历史创

---

① 叶宗书等主编:《长江文明史》,上海教育出版社,2001年。

造了条件,特别为私修史书创造了空间,促使这个时期史学的发达。这个时期的史学人才有两个值得提及,一位是范晔,其创作的中国史学名著《后汉书》列入二十四正史中,影响深远。另一位是东晋蜀郡江原人常璩,其所著的《华阳国志》为我国保存下来的第一部较为完整的区域历史地理著作,开创了将地理与历史结合的区域历史研究著述体例。

隋唐时期是中国历史上一个十分温暖湿润的时期,这种温暖湿润的气候背景为唐代文明的发展奠定了物质基础。东亚大陆在这个时期也出现了南北都十分发达的现象,长江流域和黄河流域都走向了相当鼎盛辉煌的时代。唐代成为中国历史上人才辈出的时代,使唐代的中国成为世界文明的一个中心地区。

隋唐时代,长江流域的人才星光灿烂,而且,大量中原籍的文化名人流寓于此。受长江山川风物的感染熏陶,使这些文人得山川之助,造就了自己的诗文,所谓钟灵毓秀也;同时也因自己的诗文使长江更名扬天下,所谓人杰地灵也。

唐代在长江流域繁若星辰的人才中,将自己的命运情感系于长江尤深的文人当属李白、杜甫、白居易、刘禹锡四人。

李白,字太白,号青莲居士,祖籍陇西成纪,生于安西都护府碎叶城(今吉尔吉斯斯坦共和国内)。唐中宗时,年仅5岁的李白迁到四川,其青少年时代均在四川,巴山蜀水深深地感染了他。李白已经将自己看成一位地地道道的巴蜀人。所以,他的《峨眉山月歌》将五个巴蜀地名融入其中,并不感累赘呆板,反而流畅自然。"峨眉山月半轮秋,影入平羌江水流。夜发清溪向三峡,思君不见下渝州。"这自然融入了他对巴蜀风物的情感在里面。

开元十三年(725年),年仅25岁的李白胸怀大志,意气风发,第一次沿长江走出四川盆地。孤舟一过南津关,面对广阔的江汉平原,心胸豁然开朗,令李白发出"山随平野尽,江入大荒流"的感叹,但仍免不了有"仍怜故乡水,万里送行舟"的乡土之情。之后李白到了江陵,深得司马承赏识,以后写下了《大鹏遇希有鸟赋》,一举成名。

以后李白从江陵经岳阳、长沙到零陵,东下金陵、扬州、姑苏,再回江夏到襄阳、安陆,一时诗名鹊起。到了天宝元年(742 年)李白才被唐玄宗召入京城为官,但其性格放纵,不畏权贵,不久又开始了他的漫游生活,重游江南。后因李璘事件受到牵连,被贬夜郎,溯江而上到三峡才得以获释,后改顺江而下到金陵,晚年投靠当涂族叔李阳冰,直到去世。

可以说李白的一生,主要是在长江流域度过的,李白人生的境遇无不与长江相关连,他最有影响的诗句都是以长江为自然背景的,可以说李白是"长江的李白"。

看看李白的《蜀道难》:

> 噫吁嚱,危乎高哉! 蜀道之难难于上青天。蚕丛及鱼凫,开国何茫然! 尔来四万八千岁,不与秦塞通人烟。西当太白有鸟道,可以横绝峨眉巅。地崩山摧壮士死,然后天梯石栈相钩连。上有六龙回日之高标,下有冲波逆折之回川。黄鹤之飞尚不得过,猿猱欲度愁攀援。青泥何盘盘,百步九折萦岩峦。扪参历井仰胁息,以手抚膺坐长叹。问君西游何时还? 畏途巉岩不可攀! 但见悲鸟号古木,雄飞雌从绕林间。又闻子规啼夜月,愁空山。蜀道之难难于上青天,使人听此凋朱颜! 连峰去天不盈尺,枯松倒挂倚绝壁。飞湍瀑流争喧豗,砯崖转石万壑雷。其险也如此,嗟尔远道之人,胡为乎来哉? 剑阁峥嵘而崔嵬,一夫当关,万夫莫开。所守或匪

亲,化为狼与豺。朝避猛虎,夕避长蛇,磨牙吮血,杀人如麻。锦城虽云乐,不如早还家。蜀道之难,难于上青天,侧身四望长咨嗟。

李白生活在巴蜀,对巴蜀的险阻和历史自然十分清楚,这首《蜀道难》将巴蜀自然的险阻和纷繁古史的茫然与自己人生的失落结合起来,可谓天人之作。

长江三峡有"诗峡"之称,李白写三峡,悲愤与欢乐并存。李白被贬夜郎溯水三峡时,一首《上三峡》写出自己悲凉的境遇:

> 巫山夹青天,巴水流若兹。
>
> 巴水忽可尽,青天无到时。
>
> 三朝上黄牛,三暮行太迟。
>
> 三朝又三暮,不觉鬓成丝。

而当行至夔州获释,他难掩自己的欢快心情,写下了千古名句:

> 朝辞白帝彩云间,千里江陵一日还。
>
> 两岸猿声啼不住,轻舟已过万重山。

李白面对广阔无边的长江中下游更是激情奔放,于《黄鹤楼送孟浩然之广陵》中称:"故人西辞黄鹤楼,烟花三月下扬州。孤帆远影碧空尽,唯见长江天际流。"又于《秋下荆门》中称:"霜落荆门江树空,布帆无恙挂秋风。此行不为鲈鱼脍,自爱名山入剡中。"

面对壮志难酬,李白在宣州发出"抽刀断水水更流,举杯消愁愁更愁;人生在世不称意,明朝散发弄扁舟"的感叹! 面对朋友,李白说道:"李白乘舟将欲行,忽闻岸上踏歌声。桃花潭水深千尺,不及汪伦送我情。"可以说,李白已经将自己的情感与长江融为一体。

对于长江沿岸的山川名胜，李白倾注了大量情感去描述：

《望庐山瀑布》

日照香炉生紫烟，遥看瀑布挂前川。

飞流直下三千尺，疑是银河落九天。

《与夏十二登岳阳楼》

楼观岳阳尽，川回洞庭开。

雁引愁心去，山衔好月来。

云间连下榻，天上接行杯。

醉后凉风起，吹人舞袖回。

《陪族叔刑部侍郎晔及中书贾舍人至游洞庭五首·其二》

南湖秋水夜无烟，耐可乘流直上天。

且就洞庭赊月色，将船买酒白云边。

《望天门山》

天门中断楚江开，碧水东流至此回。

两岸青山相对出，孤帆一片日边来。

如果说李白是"长江的李白"，那杜甫则是"长江造就"。

杜甫祖籍襄阳，生于河南巩县，青年时曾游长江下游吴越之地，三十几岁到长安科考，但名落孙山，以后一直在北方谋求发展，但仕途不济，最多也仅是当了一个右卫率府胄曹参军和华州司功参军，游荡四方。近50岁时才到西川投靠节度使严武，以后一直在长江流域漂泊，颠沛流离，最后客死耒阳。

杜甫最后10年都是在长江流域度过的，这10年正是杜甫对仕途完全灰心而将自己的情感寄于山川风物的10年，也正是杜甫将自己的不幸境遇和对民众疾苦融入长江山川来感怀的

10 年。

初到西蜀，远离中原动乱，杜甫感到西蜀山川的美丽，对沿途山川描述充满各种感情。在绵州写下《江村》：

清江一曲抱村流，长夏江村事事幽。

自去自来梁上燕，相亲相近水中鸥。

老妻画纸为棋局，稚子敲针作钓钩。

但有故人供禄米，微躯此外更何求。

杜甫在成都写下大量诗歌，其中不少成为传世名句。例如《绝句四首》：

两个黄鹂鸣翠柳，一行白鹭上青天。

窗含西岭千秋雪，门泊东吴万里船。

再如《春夜喜雨》：

好雨知时节，当春乃发生。

随风潜入夜，润物细无声。

野径云俱黑，江船火独明。

晓看红湿处，花重锦官城。

杜甫真实记载了当时成都的繁华，如在《成都府》中写道："喧然名都会，吹箫间笙簧。"再如《赠花卿》：

锦城丝管日纷纷，半入江风半入云。

此曲只应天上有，人间能得几回闻。

在成都，杜甫往往缅怀蜀汉古迹，借古抒发自己的情感，如《蜀相》：

丞相祠堂何处寻，锦官城外柏森森。

映阶碧草自春色,隔叶黄鹂空好音。

三顾频烦天下计,两朝开济老臣心。

出师未捷身先死,长使英雄泪满襟。

面对西蜀的山川风物,杜甫仍承传关怀民生的传统,写下了《野望》：

西山白雪三城戍,南浦清江万里桥。

海内风尘诸弟隔,天涯涕泪一身遥。

唯将迟暮供多病,未有涓埃答圣朝。

跨马出郊时极目,不堪人事日萧条。

同样,面对成都的石笋和石犀,杜甫写下了《石笋行》和《石犀行》,借巴蜀风物古迹,抒发自己对社会事态的不满。如在《石笋行》中说"惜哉俗态好蒙蔽,亦如小臣媚至尊。政化错迕失大体,坐看倾危受厚恩",感叹"安得壮士掷天外,使人不疑见本根"。而《石犀行》则对统治者用迷信的"压胜法"之类的治水方法提出批评,主张用正道治理洪水,最后发出"安得壮士提天纲,再平水土犀奔茫"的感叹。在当时,他敢于对当权者正统地位提出挑战,希望能有新的"壮士"出来统领天下,这在那个时代是十分难能可贵的。同时在《登楼》一诗中杜甫将成都风物与时事结合起来,写出了"花近高楼伤客心,万方多难此登临。锦江春色来天地,玉垒浮云变古今。北极朝廷终不改,西山寇盗莫相侵!可怜后主还祠庙,日暮聊为《梁甫吟》"的绝句。

唐代宗永泰元年(765年),严武去世后,杜甫失去了依靠,只有顺流东下,想到长江中下游谋求生活,写下了《去蜀》一诗：

五载客蜀郡,一年居梓州。

如何关塞阻,转作潇湘游。

世事已黄发，残生随白鸥。

安危大臣在，何必泪长流。

这里有"关塞阻""泪长流""残生"，将杜甫出蜀时的悲凉心情衬托出来。不过，当杜甫经过嘉州、戎州、渝州、忠州、云安到夔州后，夔州都督赏识杜甫的才华，对他细心照顾，再加上夔州长江两岸的山水风物感染，杜甫得以在夔州住了三年。

杜甫寓居夔州的三年，写下了437首诗，占其所有诗歌的七分之一，占现存杜甫诗歌的三分之一。可以说三峡夔州造就了半个杜甫，而杜甫也使三峡的人文和自然声名更振。请看《登高》：

风急天高猿啸哀，渚清沙白鸟飞回。

无边落木萧萧下，不尽长江滚滚来。

万里悲秋常作客，百年多病独登台。

艰难苦恨繁霜鬓，潦倒新停浊酒杯。

这首《登高》是杜甫夔州诗里最有影响的一首，"无边落木萧萧下，不尽长江滚滚来"更是千古咏唱的名句。这首诗将三峡的自然秋色与自己多病潦倒的人生苦旅结合起来，将自己的情感寄托于山水之间。

杜甫在夔州的诗歌许多是将自然与自己的人生境遇、国家安危结合在一起的。

面对瞿塘峡，写下了《长江》二首，其一称：

众水会涪万，瞿塘争一门。

朝宗人共挹，盗贼尔谁尊。

孤石隐如马，高萝垂饮猿。

归心异波浪，何事即飞翻。

另有《秋兴八首》和《咏怀古迹五首》都体现了他的这种情怀。

《秋兴·其二》

夔府孤城落日斜,每依北斗望京华。

听猿实下三声泪,奉使虚随八月槎。

画省香炉违伏枕,山楼粉堞隐悲笳。

请看石上藤萝月,已映洲前芦荻花。

《秋兴·其三》

千家山郭静朝晖,日日江楼坐翠微。

信宿渔人还泛泛,清秋燕子故飞飞。

匡衡抗疏功名薄,刘向传经心事违。

同学少年多不贱,五陵衣马自轻肥。

《咏怀古迹·其五》

诸葛大名垂宇宙,宗臣遗像肃清高。

三分割据纡筹策,万古云霄一羽毛。

伯仲之间见伊吕,指挥若定失萧曹。

运移汉祚终难复,志决身歼军务劳。

在夔州,杜甫的心境有时是凄苦的,这在他的《老病》一诗里有所体现:

老病巫山里,稽留楚客中。

药残他日裹,花发去年丛。

夜足沾沙雨,春多逆水风。

合分双赐笔,犹作一飘蓬。

虽然杜甫心境不好,但仍对民生疾苦充满关心,《负薪行》表达了他对长江三峡的妇女深深的同情:

> 夔州处女发半华，四十五十无夫家。
>
> 更遭丧乱嫁不售，一生抱恨长咨嗟。
>
> 土风坐男使女立，应当门户女出入。
>
> 十有八九负薪归，卖薪得钱应供给。
>
> 至老双鬟只垂颈，野花山叶银钗并。
>
> 筋力登危集市门，死生射利兼盐井。
>
> 面妆首饰杂啼痕，地褊衣寒困石根。
>
> 若道巫山女粗丑，何得此有昭君村。

而《最能行》一诗则对三峡的民间风尚作了描述，同样对夔州百姓的民风状况充满了关怀。

> 峡中丈夫绝轻死，少在公门多在水。
>
> 富豪有钱驾大舸，贫穷取给行艓子。
>
> 小儿学问止论语，大儿结束随商旅。
>
> 欹帆侧柁入波涛，撇漩捎濆无险阻。
>
> 朝发白帝暮江陵，顷来目击信有征。
>
> 瞿塘漫天虎须怒，归州长年行最能。
>
> 此乡之人器量窄，误竟南风疏北客。
>
> 若道世无英俊才，何得山有屈原宅。

杜甫是一位现实主义诗人，对社会充满责任感，对民生疾苦尤为关心，用诗来记录那个时代的世态炎凉，有"诗史"之称，著名的"三吏三别"就是其代表。但是"三吏三别"反映的是以当时黄河流域为社会背景，其诗中反映长江流域民间状态的当属上面的《负薪行》《最能行》了。

杜甫在夔州的三年虽然十分沉郁悲愤，但并不像有的文人失意以后完全寄情于山水之间，而是十分关怀国家命运，关注北方的起落,关心民间疾苦,这是杜甫作为一位现实主义诗人的伟大之处,也是长江山水给予了杜甫无所不在的勇气,使他不至于完全消沉下去。

三年后(768年)杜甫东下三峡,漂泊于长江中游的江陵、公安、岳州、潭州一带,更是消沉万分,于770年离开人世。

白居易(772—846年),字乐天,祖籍太原,后迁居下邽(今陕西渭南东北)。与杜甫和李白相比,白居易的仕途显然平坦一些。早年中进士,曾任秘书省校郎、左拾遗及赞善大夫,因直言相谏得罪权贵,被贬为江州司马,后任忠州刺史、杭州刺史、苏州刺史,一度任刑部尚书。

从被贬为江州司马开始,白居易就主要生活在长江流域,这个时期正好是白居易从壮年到晚年的时期,也是白居易诗歌创作的丰盛时期。长江流域的山川风物感染了他,并在很大程度上成就了白居易的诗文名气。

在江州白居易对长江风情多有吟咏,如《望江州》:

> 江回望见双华表,知是浔阳西郭门。
>
> 犹去孤舟三四里,水烟沙雨欲黄昏。

再迁忠州刺史,虽然官品上升,但是忠州在唐代为蛮荒之地,白居易的内心仍是十分痛苦的。赴忠州途中发出了"君还秦地辞炎徼,我向忠州出瘴烟"的感叹。走到瞿塘峡,则又感叹"欲识愁多少,高于滟滪堆"。

到了忠州为官一年多,白居易多有建树,也深深爱上了忠州这块土地。与李白、杜甫相比,白居易更有长江情结。

相对而言,虽然白居易仕途也不顺,但仍比李、杜少一些坎坷,多一些失落文人的闲情逸致,时时宴朋会友,不断种花、种柳,

品评荔枝,常常舞女相伴,饮酒度日。有诗为证:

《东楼醉》

天涯深峡无人地,岁暮穷阴欲夜天。

不向东楼时一醉,如何拟过二三年。

《东楼招客夜饮》

莫辞数数醉东楼,除醉无因破得愁。

唯有绿樽红烛下,暂时不似在忠州。

只有在饮酒中才能忘记自己身居蛮荒的处境,但身为忠州刺史,为官毕竟是现实的,不可能对民生疾苦没有感触。故白居易在《征秋税毕题郡南亭》发出"且喜赋敛毕,幸闻闾井安"的感怀。

当然,总体上来看,白居易在忠州一直是十分苦闷的,也体现在对故园的思念上。其《春江》中称"炎凉昏晓苦推迁,不觉忠州已二年",而《登西楼忆行简诗》则称"每因楼上西南望,始觉人间道路长",《登城中古台》中称:"唯有故园念,时进东北来",而《九日登巴台》则称:"旅鬓寻已白,乡书久不来。临觞一搔首,座客亦徘徊。"

白居易《忆江南》词,表达的是他晚年对江南的思念之情:

江南好,风景旧曾谙。日出江花红胜火,春来江水绿如蓝。能不忆江南。

江南忆,最忆是杭州。山寺月中寻桂子,郡亭枕上看潮头。何日更重游。

江南忆,其次忆吴宫。吴酒一杯春竹叶,吴娃双舞醉芙蓉。早晚复相逢。

谈到长江不能不谈刘禹锡。

刘禹锡,字梦得,早年中进士,以后仕途一度十分顺利,官至监察御史。后因参与王叔文的政治改革失败,被贬为郎州司马,始有了自己的长江情结。后召回京城,又因言祸被贬连州刺史,再迁夔州刺史,与长江有了更深的情结。

刘禹锡任夔州刺史时,对三峡一带的民歌十分感兴趣,将流行于三峡一带的"竹枝词"加以整理加工,将其推广,对中国民间文化的发展起了十分大的作用。唐以后竹枝词东出长江中下游,流布全国,走出海外,刘禹锡功不可没。其《竹枝词九首》对长江的风光民情作了十分详细的记载,许多成为脍炙人口的名句:

《竹枝词·其一》

杨柳青青江水平,闻郎江上踏歌声。

东边日出西边雨,道是无晴却有晴。

《竹枝词·其五》

两岸山花似雪开,家家春酒满银杯。

昭君坊中多女伴,永安宫外踏青来。

《竹枝词·其九》

山上层层桃李花,云间烟火是人家。

银钏金钗来负水,长刀短笠去烧畬。

长庆四年(824年)刘禹锡由夔州刺史迁和州刺史,顺江而下,在江汉地区,写下了《自江陵沿流道中》一诗:

三千三百西江水,自古如今要路津。

月夜歌谣有渔父,风天气色属商人。

沙村好处多逢寺,山叶红时觉胜春。

行到南朝征战地,古来名将尽为神。

同时在湖北大冶西塞山写下了《西塞山怀古》:

王濬楼船下益州，金陵王气黯然收。

千寻铁锁沉江底，一片降幡出石头。

人世几回伤往事，山形依旧枕寒流。

今逢四海为家日，故垒萧萧芦荻秋。

长江造就了刘禹锡，刘禹锡最有影响的诗句出在长江，并以长江为背景，这就是《浪淘沙》和《酬乐天扬州初逢席上见赠》。

《浪淘沙》

莫道谗言如浪深，莫言迁客似沙沉。

千淘万漉虽辛苦，吹尽狂沙始到金。

《酬乐天扬州初逢席上见赠》

巴山楚水凄凉地，二十三年弃置身。

怀旧空吟闻笛赋，到乡翻似烂柯人。

沉舟侧畔千帆过，病树前头万木春。

今日听君歌一曲，暂凭杯酒长精神。

"千淘万漉虽辛苦，吹尽黄沙始到金"，既是刘禹锡对自己人生境遇失落等闲视之而充满壮志的写实，也显现了长江的沙金文化风情对刘禹锡的人生启迪。而"沉舟侧畔千帆过，病树前头万木春"更是千古流传，体现了刘禹锡对人生世事沧桑和宦海风云的宽大胸怀和乐观态度，也透露出长江舟楫和自然景象对刘禹锡人生情怀的触动。

说起著名的唐代诗人，真正地地道道的四川籍人还不多，算起来只有陈子昂一人。

陈子昂，字伯玉，梓州射洪（今四川射洪县）人。他的家庭富有，少年任侠使气，人极聪明，才华横溢。21岁前，陈子昂都在四川度过，四川的风土人情深深地感染了他。21岁时他才离开巴山蜀水到长安读书,23 岁时举进士,一路仕进,官至右拾遗。在为官期间,陈子昂关心时事,特别是对家乡充满关爱,经常为家乡之事上书皇帝,如著名的《谏雅州讨生羌书》和《上蜀川安危事》等。

悲愤出诗人,陈子昂多次随军边塞征战,因多次进谏得罪了武攸宜,从参谋降为军曹。此时的陈子昂登上了幽州台,想起燕昭王招纳贤士的典故,触动了诗人的诗情,发出了"前不见古人,后不见来者,念天地之悠悠,独怆然而涕下"的千古绝唱。

唐圣历元年(698 年),陈子昂以父亲年老多病为由辞官回家,归隐乡里四年,以采药为生,但不久遭乡宦陷害,冤死故里狱中,年仅 42 岁。

陈子昂的人生两端都是在长江上游的巴蜀度过的,出入四川也经过长江中游,为我们留下一些关于长江的诗歌,如《白帝城怀古》:"古木生云际,归帆出雾中。川途去无限,客思坐何穷。"《渡荆门望楚》:"城分苍野外,树断白云隈。今日狂歌客,谁知入楚来。"但就陈子昂人生境遇来看,巴山蜀水养育了他,但他的人生波涛多在中国北方,留给我们的千古绝句也深藏着北方文化,这是长江儿女为中国文化作出的贡献。

唐代长江流域的文化人自然不止这些,千里长江还养育了张若虚、权德舆、陆德明、李善、戴叔伦、陆龟蒙、张籍、孟郊、褚遂良、罗邺、贺知章、杜光庭、骆宾王、杜荀鹤、郑谷、许敬宗、罗隐、孟浩然、杜易简、张柬之、皮日休、陆羽、戎昱、段成式、岑参、欧阳询、孙光宪、花蕊夫人等很有影响的文化名人,而流寓长江的杜甫、李白、白居易、刘禹锡、张祜、高适、薛涛、元稹、李商隐、李频、窦巩、王昌龄、张九龄、王勃、杜牧、司空曙、张说等人,受长江上游的风光人文的玉汝更使他们名声在外,此所谓"钟灵毓秀"。而这些文化人的感染和咏唱，更使长江风采依依，名气外扬，所谓"人杰地灵"。

长江还孕育出了许多千古名句。

杜牧，京兆万年人（西安人），任黄州（湖北黄冈）刺史、池州（安徽池州）刺史，在池州时写下了《清明》一诗：

> 清明时节雨纷纷，路上行人欲断魂。
> 借问酒家何处有，牧童遥指杏花村。

在南京写下《泊秦淮》：

> 烟笼寒水月笼沙，夜泊秦淮近酒家。
> 商女不知亡国恨，隔江犹唱后庭花。

在赤壁写下《赤壁》：

> 折戟沉沙铁未销，自将磨洗认前朝。
> 东风不与周郎便，铜雀春深锁二乔。

扬州人张若虚的《春江花月夜》则把江南水乡小桥流水、风花雪月与人文情感融为一体，成为江南诗文中的名篇：

> 春江潮水连海平，海上明月共潮生。
> 滟滟随波千万里，何处春江无月明。
> 江流宛转绕芳甸，月照花林皆似霰。
> 空里流霜不觉飞，汀上白沙看不见。
> 江天一色无纤尘，皎皎空中孤月轮。
> 江畔何人初见月，江月何年初照人。
> 人生代代无穷已，江月年年只相似。
> 不知江月待何人，但见长江送流水。
> 白云一片去悠悠，青枫浦上不胜愁。

谁家今夜扁舟子,何处相思明月楼。

可怜楼上月徘徊,应照离人妆镜台。

玉户帘中卷不去,捣衣砧上拂还来。

此时相望不相闻,愿逐月华流照君。

鸿雁长飞光不度,鱼龙潜跃水成文。

昨夜闲潭梦落花,可怜春半不还家。

江水流春去欲尽,江潭落月复西斜。

斜月沉沉藏海雾,碣石潇湘无限路。

不知乘月几人归,落月摇情满江树。

在中原人的眼里,长江流域还是蛮荒之地,中原许多获罪或者受到排挤的官员都被流放或贬官至长江流域。也正是这些官员被长江的山水风物感染,将长江流域的自然风情与自己人生境遇结合起来,咏唱出了许多千古绝唱,成就了自己的声名,也文化了自然与蛮荒的长江,有的学者称这种现象为"贬官文化"。这种"贬官文化"可能对这些不得志官员的人生境遇来说是悲凉的,但对于中华民族的历史,却是大幸的;对于长江而言,也是幸运的。有如此多的文化名人光顾昔日蛮荒的长江,也就有了今天我们这个自然与人文富有的长江。

细想起来,在中国的历史上,哪一位才华横溢的文人能官运亨通呢?而长江的历史最终沉淀下来的往往是这些官场落伍者,真是"自古英才多磨难,哪有真人仕道顺。李杜白刘千古传,长江东去不复流。人生境遇岁月论,成败终由青山定"。

唐代是一个南北农业文明都十分发达的时期,唐代的文学艺术的发达正是建立在这种农业文明的根基之上的。有的学者将唐代与宋代相比,认为唐代的科学技术是相对灰暗的,有一定道理。对于唐代,我们确实找不到几个影响很大的科学家,在科学技术上也没有太多让我们兴奋不已的突破和创造。

宋代长江全流域文化的辉煌

五代以来,长江流域的地位发生了较大的变化,北方游牧民族的南下威胁北方黄河流域,使长江流域的政治经济文化地位都非前代可比。

宋代的文化对于唐代,已经没有唐代文学强盛的声名,但宋代文化的综合性远比唐代强,文化发展更全面,在文学、艺术、科学、技术等方面都有较大建树,每个领域都有较多的人才涌现。

以文学而论,宋代诗、词、散文都十分辉煌,对后世的影响十分深刻。长江流域的欧阳修、王安石、苏轼、苏舜钦、黄庭坚、陆游、杨万里、范成大、姜夔、柳永等诗文声誉卓著,风流南北,而北方人辛弃疾、李清照等后半生也在南方生活,影响着长江。据研究表明,宋代著名文人大多为南方人,或是在南方长久逗留过。[①]

这些文人为长江亚热带的自然和人文景观所感染,低唱浅咏,尽情抒怀;也深感宋代半壁江山的窘迫,深怀北上黄河抵御游牧民族的壮志,感叹江流,扼腕高歌。

陆游在三峡写下《楚城》:

> 江上荒城猿鸟悲,隔江便是屈原祠。
>
> 一千五百年间事,只有滩声似旧时。

欧阳修被贬夷陵时写下的《黄溪夜泊》:

---

① 叶宗书主编:《长江文明史》,上海教育出版社,2001年。

楚人自古登临恨，暂到愁肠已九回。

万树苍烟三峡暗，满川明月一猿哀。

殊乡况复惊残岁，慰客偏宜把酒杯。

行见江山且吟咏，不因迁谪岂能来？

苏轼《饮湖上初晴后雨》：

水光潋滟晴方好，山色空蒙雨亦奇。

欲把西湖比西子，淡妆浓抹总相宜。

苏轼《题西林壁》：

横看成岭侧成峰，远近高低各不同。

不识庐山真面目，只缘身在此山中。

王安石《泊船瓜洲》：

京口瓜洲一水间，钟山只隔数重山。

春风又绿江南岸，明月何时照我还。

宋代城市商品经济发达，长江流域的农业也发展很快，许多文人将注意力集中在对民间田园春色的描绘和城市灯红酒绿的咏叹上，但这些诗或词都没有更多地留在人们心中，倒是一些将自然与国家兴亡系于一体的豪放诗词千古传唱。

宋代积贫积弱，国家兴亡，命悬一线，挡不住的刀光剑影，使许多文人面对滔滔长江，不禁发思古之幽情，感叹江山日月与国事安危，这就产生了辛弃疾和苏轼等人的千古绝唱。

苏轼《念奴娇·赤壁怀古》：

大江东去，浪淘尽，千古风流人物。故垒西边，人道是，三国周郎赤壁。乱石穿空，惊涛拍岸，卷起千堆雪。江山如画，一时多少豪杰！

遥想公瑾当年，小乔初嫁了，雄姿英发。羽扇纶巾，谈笑间，强虏灰飞烟灭。故国神游，多情应笑我，早生华发。人生如梦，一樽还酹江月。

辛弃疾《南乡子·登京口北固亭有怀》：

何处望神州，满眼风光北固楼。千古兴亡多少事，悠悠。不尽长江滚滚流。

年少万兜鍪，坐断东南战未休。天下英雄谁敌手，曹刘。生子当如孙仲谋。

李纲《六幺令·次韵和贺方回金陵怀古，鄱阳席上作》：

长江千里，烟淡水云阔。歌沉玉树，古寺空有疏钟发。六代兴亡如梦，苒苒惊时月。兵戈凌灭，豪华销尽，几见银蟾自圆缺。

潮落潮生波渺，江树森如发。谁念迁客归来，老大伤名节。纵使岁寒途远，此志应难夺！高楼谁设，倚栏凝望，独立渔翁满江雪。

苏轼《水调歌头·丙辰中秋》：

明月几时有？把酒问青天。不知天上宫阙，今夕是何年？我欲乘风归去，又恐琼楼玉宇，高处不胜寒。起舞弄清影，何似在人间。

转朱阁，低绮户，照无眠。不应有恨，何事长向别时圆？人有悲欢离合，月有阴晴圆缺，此事古难全。但愿人长久，千里共婵娟。

李清照是南宋著名的词人，但她最有影响的是《夏日绝句》，又称《乌江》一诗，诗中称"生当作人杰，死亦为鬼雄。至今思项羽,不肯过江东",也是借古讽今,对南宋朝廷的懦弱作了讽喻。

宋代在绘画艺术上与唐代相比并没有突出的地位,但由于长江流域社会经济的发展,使以江南山水为背景的山水画自成一体,成为绘画艺术史上重要的流派,产生了董源、巨然、米芾、李唐、刘松年、马远、夏圭等著名的山水画家。

宋代在文学上没有唐代的辉煌,但以儒学为根基,融合儒、佛、道诸思想形成的理学,对后世影响较大,而理学的产生、发展与长江流域关系密切。

理学的开山之祖一般认为是周敦颐,他本是湖南营道人,主要生活在江西一带,因居濂溪书堂,世称濂溪先生。其《太极图说》和《易通》为代表作,提出"圣人定之以中正仁义而主静"的思想,成为理学发展的核心。当然在民间,周氏的知名度很大程度上是由于他的《爱莲说》,其"出淤泥而不染,濯清涟而不妖"乃千古名句。

理学的奠基者为两程,即程颐、程颢,他们是北方人,也主要活动在北方地区,但他们的思想却在长江流域得到继承和发展。其中四川的张栻便是这样一位承先启后者。张栻以"理"为事物之本,提出"礼者,理也",将天理与统治者的秩序联系在一起。

宋代理学的集大成者是朱熹。朱熹为徽州婺源人,长期居于建州一带,故其学术有"闽学"之称。朱熹融会宋代理学诸家学术,将"理"作为学术的最高境界,在认识论上提出"格物致知"等理论,提出"以理节欲"的思想,被后世视为儒家的正统思想。同时,南宋抚州人陆九渊创立"心学",婺州人吕祖谦创金华学派,薛季宣、叶适等创永嘉学派,陈亮创永康学派,形成了浙东学派,以事功为目的,对中国学术思想的影响也较大。①

不知是宋代商品经济的发展还是半壁江山的激励,宋代虽然在经济上积贫,在军事上积弱,但科学技术与生产技术的发展却是在中国传统时代里可大书特书的。

在农业生产领域,水稻生产技术含量增大,秧马出现,龙骨水车大量使用,早熟占城稻广泛推广。丝织业的技术发展,棉纺技术提高,出现了黄道婆这样的纺织科学家。雕版印刷术发展到传统社会的高峰后,活字印刷术出现,诞生了毕昇这样的印刷科学家。火药配方改进,并开始较多利用在军事上,出现了"长竹竿式火炮"的火器,成为现代管式火器的鼻祖。指南针开始运用到航海技术中。在数学上出现了秦九韶、贾宪、杨辉等科学家。在医药学上出现了宋慈、苏颂、唐慎微等医药学家。在天文学上出现了张思训、黄裳等天文学家。同时在数学、天文学、物理学、地质学、化学等诸多学科出现了有贡献的大科学家沈括和其科学名著《梦溪笔谈》。这些科学家许多都是出生在长江或以长江为创造背景的,可以说宋代长江流域为世界科技文明作出了巨大的贡献。

这里有必要提及黄道婆、毕昇、秦九韶、宋慈、沈括、苏颂的突出贡献。

黄道婆出生于南宋淳祐年间(1241—1252年),松江府乌泥泾人,早年送给人家当童养媳,后逃到海南崖州,向具有先进棉纺技术的黎族人民学习纺织技术。20多年后带上踏车、椎弓等北归故里,运用轧车(搅车)去棉籽来替代手工,将小弓改成大弓,用粗弦代替细弦,用椎子弹弦,特别是创造了三锭脚踏式棉纺车来

---

① 叶书宗等主编:《长江文明史》,上海教育出版社,2001年。

代替单式手摇纺车,在江南地区广泛推广,成为世界最先进的纺织工具。

毕昇是杭州的一位平民发明家,有感雕版印刷的落后,改用木头制成活字,但沾水后会膨胀变形,后来才改用胶泥来制成活字,可重复使用,形成了近代印刷术中的制字、排版、印刷、撤版的印刷工序。不过,由于胶泥制作麻烦,成本较高,长期以来,活字印刷技术并没有在中国广泛推广。

普州安岳人秦九韶,早年随父为官,得以阅览皇室图书,经过不断学习,完成《数书九章》,其创造的"大衍求一术"和高次方程的数值解法是对世界数学史的重要贡献,比西方学者早500多年。

南宋宋慈收集前人关于法医的成就,著成《洗冤集录》5卷,成为世界上最早的一部法医学著作。

杭州人沈括随父亲周游各地,得以广博见识,加上刻苦钻研,撰成《梦溪笔谈》一书,成为中国科学技术史上一部罕见的学术著作。沈括得出北极星距离北极3度的结论,发明了《十二气历》,西方国家采用的同样历法比之晚了800年之久。在数学上创立了"隙积术""会圆术"等计算公式,为我国数学和天文学的发展奠定了基础。世界上沈括第一个发现了地磁偏角,找到正像与倒像的分界点(焦点),注意到声学里的"共振"现象。在地质学上发现了石油。为此,李约瑟博士认为:"《梦溪笔谈》是中国科技史的坐标",而沈括是"中国科技史上最奇特的人物"①。

北宋苏颂,生于泉州府同安县,后来徙居在长江流域润州丹阳,官至刑部尚书、吏部尚书,但于经史、百家及算法、地志、山经、

---

① 叶宗书主编:《长江文明史》,上海教育出版社,2001年。

本草、训诂、律吕都有研究,特别是制造了世界上最古老的天文钟,开启近代钟表擒纵器的先河。编撰《图经本草》一书,成为当时最新最全的药物志和药物图谱,被后人大量引用。由于苏颂对科学技术,特别是医药学和天文学方面的突出贡献,所以被称为中国古代和中世纪最伟大的博物学家和科学家之一

明清长江下游文化的独领风骚

在历史的长河中,元朝是一个相对短暂的王朝(1271—1368),由北方蒙古入主中原建立统一王朝,中国南北社会经济都有了发展,长江流域在南宋的显赫地位一度相对不明显,但中国社会经济文化东移南迁的大势不可逆转。很快而来的大明王朝,使长江流域的社会经济文化地位又显现出来,特别是长江下游文化发展随同经济地位的上升而独领风骚。

明朝的农业经济进一步发展,土地利用进一步深化。长江流域的社会经济发展十分快,特别是长江中下游的社会经济地位越来越重要。西方国家已经开始触及中国国土,而中国出现郑和下西洋的壮举,中国对世界的认识比以前有所提高。东南沿海,特别是长江下游地区的手工业分工更细,商品经济发展较快,出现了最早的资本主义萌芽。在这样的背景下,一方面中国文化显现出更开放和务实的传统,早期启蒙思想出现,经世致用思想发展,科学技术的发展明显。同时中国专制主义集权越来越明显,传统儒学进一步深入社会,科举制度越来越严格,唐宋时繁盛文学气象不复存在,文化地位下降,八股文、文字狱越演越烈,海禁制约人们的眼界。传统与现代两种文化的碰撞开始越来越明显。

在这种背景下,由于长江流域正是两种文化碰撞核心区所

在,故显现出的活力更加明显,不论传统的科举人才,还是社会的实用人才,都领导着中国文化的发展潮流。

从科举人才的地域分布来看,长江流域的地位已经不可动摇。明代进士数居前三位的分别是浙江、江苏、江西,安徽居第10位,湖北居第12位,湖南居第14位,四川居第13位,科举人才的分布与社会经济发展所呈现出的东强西弱的趋势相对应。①

从明代人才发展史来看,科技人才的显赫地位已经取代了唐代文学人才的地位,而这些人才中最有影响的多是长江流域养育的。在这方面徐光启、宋应星、李时珍、徐霞客、王士性、方以智等值得我们提及。

徐光启,字子先,明后期上海人,曾为礼部尚书、文渊阁大学士等,致力于经世致用之学,以达到富国强兵的目的,但实际上主要是在科学技术上有突出的贡献,撰写了《农政全书》,与利玛窦合译了《几何原本》,主持编撰了《崇祯历书》。其《农政全书》为中国农学史上一部集大成的著作,总结征引了大量前人农学方面的著述,特别是在水利、荒政方面有许多新的见解,在甘薯种植、水稻种植方面还有许多亲历知识。

宋应星,字长庚,江西南昌府人,曾出任教谕、推官、知州等官职,所撰的《天工开物》是记录我国明代科学技术发展的百科全书性质的科学巨著。其书分成上中下三卷,合计18卷,详细记载了明代农业和手工业在技术和操作过程各方面,涉及谷物种植和加工、养蚕缫丝、纺织染色、制盐、制糖、制陶、制油、采矿冶炼、铸造锤锻、车船和武器制造、纸墨制造、酿造、珠玉宝石等,并配有许多图解,为我国古代重要的科学技术全书性质的著作。

---

① 蓝勇:《中国历史地理学》,高等教育出版社,2002年。

　　李时珍,字东璧,湖北蕲州人。李时珍出生于医学世家,因科举不中,开始继承祖业学医行医,通过行医实践,与理论结合,经过 30 多年的努力,撰写出《本草纲目》,成为中国医药史上重要的著作。《本草纲目》一书 190 余万字,收入药物 1892 种,附有药图 1160 幅,附方 11096 个,采用的"从贱至贵"的分类法是当时最先进的分类法,将中国医药学推向了一个新的高峰。

　　徐霞客,名弘祖,江苏江阴人,早年放弃科举考试,游历祖国山川三年余,将沿途所见所得撰成《徐霞客游记》一书,成为中国地学史上一部十分重要的旅游地理学著作。《徐霞客游记》不仅对沿途风物风情作了大量记载,更重要的是他对自然界的观察分析,对中国地学发展起了重要推动作用。如提出长江"计其吐纳,江倍于河",明确认为长江流域可能远比黄河流域大。徐霞客对石灰岩地貌作了十分深入的考察,不仅对其进行描述,而且提出是由于流水溶蚀、侵蚀和崩塌共同作用形成的机理。徐霞客观察到了因高度和纬度造成的生物差异。[①] 在其《江源考》文中还继明代章潢后再次发现金沙江为长江源河,否定了传统的"岷山导江"之说。

　　王士性,字恒叔,浙江临海人,也与徐霞客一样,喜欢游历天下,善于观察,撰写出了《广志绎》《五岳游草》等著作。其著作与徐霞客不同的两点是:王士性更多关注人文地理方面的事物,而徐霞客更多对自然的关心;王士性的理论归纳能力更强,而徐霞客多留心于观察和描述,并对一些地理现象作了初步归纳。可以说,徐霞客和王士性是明代地理学发展史上自然和人文地理的两个高峰。

---

① 叶书宗主编:《长江文明史》,上海教育出版社,2001 年。

　　方以智,安徽桐城人,字密之,出生于士大夫之家,早年在南京、桐城、江浙一带活动,去过北京,后辗转到广州,往返于桐城、南京之间,经历了一个从显贵到流离失所的人生过程。在其一生中,著述丰厚,其中《物理小识》在科学史上特别是在光学实验方面有重要地位。

　　明代在科学技术发展的同时,传统与现代两种文化的碰撞,使社会动荡激化,出现一些极力维护传统思想的人才,如王阳明等。同时知识分子在这种变化多端的时代对传统的文化产生了疑问,提出了挑战。明清之交,中国产生了一些启蒙思想家,出现了李贽、顾炎武、黄宗羲、王夫之、方以智等杰出人物,这些人物多是出生于长江流域,主要活动也在长江流域,显现长江流域在文化碰撞中的开放之势。

　　王守仁,浙江余姚人,称阳明先生,力倡"心学",认为"心外无物",强调"知行合一"、"致良知",是明代一位唯心主义的哲学家,但在伦理道德和认识论上却有一些积极意义。其力主"心学"主要是宋元理学在明代受到严重冲击的处境下,力图挽回衰世,重振理学以维护统治思想。同时仍有一大批传统理学家纷纷宣传传统的理学思想。①

　　时代的感染力是巨大的,也正是在王守仁的学生中产生了自己的异己。泰州人王艮曾以王守仁为师,但其学术讲求实际,主张"天地万物一体",反对等级观念,具有了早期启蒙主义思想。而李贽也在一定程度上受王艮的影响,所撰《焚书》《续焚书》对传统理学提出了挑战,认为"天下万物皆两",与传统的生于"一""理"相反,提出"童心"说;在道德观上他反对重男轻女,同情妇

---

① 李学勤、徐吉军主编:《长江文化史》,江西教育出版社,1995年。

女,反对守节,提出不以孔子的是非为是非的反传统观点。① 应该说李贽的这种反传统思想对于明清之际启蒙主义思想的产生奠定了认识基础。

明清之际,出现了思想启蒙四大家,主要是含有"经世致用"思想的民主进步思想家,即黄宗羲、方以智、顾炎武、王夫之。这四位思想家都是出生在长江流域的学者。

黄宗羲,学者多称梨洲先生,命运多舛,但勤于学问,著述丰厚。明清之际黄宗羲留心于政治运动,但回天无力,遂潜心于著述。其著述中以《明夷待访录》最有影响,主体思想是反对封建专制主义,特别是反对君主统治的最高权威,认为君主是"独夫";在哲学思想上认为"气"为事物本源,是"理"的根本所在,有着唯物主义的色彩;在现实思想上主张经世致用,要求学者的研究要与"人伦日用"相关,提出"工商皆本"的思想。这种思想在明清之际的传统社会里是十分振荡人心且需要胆识的。

顾炎武,江苏昆山人,世称亭林先生,是明清之际经世致用的理论倡导者和实践者。顾炎武虽出身望族,但一生坎坷,乡试不举,一生在著述思考与政治救国之中飘摇,南北奔波。其著述众多,尤以《天下郡国利病书》《日知录》《肇域志》最有影响。顾炎武经世致用的思想比王夫之更明显,善于总结一些有关国计民生的经验,也更加注重实践。提出了"明道"以"救世"的思想,主张探求"国家治乱之源",寻求"生民根本之计",并将矛头直指专制统治。提出要以"众治"取代"独治",致用要讲求"利民富世"为了实现这一切,需要社会形成一种"天下兴亡,匹夫有责"的意识。这些思想体现学者强烈的社会责任感。

---

① 李学勤、徐吉军主编:《长江文化史》,江西教育出版社,1995 年。

　　王夫之,号船山先生,是明清之际的一位启蒙思想家。王夫之早年科举屡屡不中,只求得一个举人。晚年潜心著述,达100多种,重要的有《张子正蒙注》《周易外传》《思问录》等。在思想上王夫之前承黄宗羲的"气"为万物本源的思想,强调"气"为基础,为"理"的依靠,并将"精神"与"物质"比喻为"道"与"器"的关系,两者互为表里。同时提出"知行统一"的认识论,认为只有通过实践"行"才能达到"知",主张事物运动是永恒的,而"静"则是相对的。对于传统理学提出的"存天理,灭人欲"思想,提出了"天理"与"人欲"是统一的,所谓"理在欲中"。

　　前面我们谈到在科学技术上有突出贡献的方以智,在哲学上也有突出的贡献,故与黄宗羲、顾炎武、王夫之并称为明清之交的四大启蒙思想家。他的主要思想是在哲学上对事物对立统一作了分析,认为事物存在"相反相因"规律和"二合而一"的对立统一,强调事物的主次关系和互相转换,将科学研究的辩证思想与哲学上的辩证思想融汇在一起,具有明显的自然辩证法的光辉。[1]

　　除了这四位以外,长江流域还有浙江的朱之瑜、陈确,四川的唐甄、费密等思想家,主张反对专制主义,强调经世致用和工商皆本,主张男女平等。[2]

　　在这种科学技术和启蒙思想与传统文化的碰撞中,明代文学的地位已远没有唐宋王朝时期的显赫,但明代长江流域的文学在全国的地位却是前面所有王朝都难以企及的。

　　明代文学家不可谓不多,散文方面宋濂、方孝孺、李东阳、王

① 李学勤、徐吉军主编:《长江文化史》,江西教育出版社,1995年。
② 李学勤、徐吉军主编:《长江文化史》,江西教育出版社,1995年;陈世松等:《四川通史》第五册,四川大学出版社,1993年。

世贞、唐寅、文徵明、归有光、杨慎、袁宏道、钟惺等都有杰作,诗词方面刘基、杨基、高启、李东阳、文徵明、唐寅、徐渭、袁宏道、高攀龙、钟惺、谭元春、杨慎、王世贞、汤显祖、陈子龙、夏完淳也有杰作。但在更多文化体裁的冲击下,加上思想感悟上与自然结合的淡化,明代的诗歌里很难有唐宋时期那样千古绝唱的诗句流传民间,垂之后代。

明代文化在中国历史上更多以小说、戏剧和书画称雄于世,而这些作者多是在长江流域诞生或成长的。

《三国演义》的作者罗贯中是浙江钱塘人,《水浒传》的作者施耐庵是江苏兴化人,《西游记》的作者吴承恩是江苏淮安山阳人,《儒林外史》的作者吴敬梓是安徽全椒人,《金瓶梅》的作者兰陵笑笑生(屠隆)是浙江鄞县人,"三言"的作者冯梦龙是江苏苏州人,"二拍"的作者凌濛初为浙江乌程人。同时,长江流域成为中国戏曲的中心地带,江西弋阳腔、浙江余姚腔、浙江海盐腔、江苏昆山腔兴起,出现了汤显祖、沈璟等戏曲家。特别是江南地区成为中国书画家的故乡,出现了戴进、沈周、文徵明、吴伟、董其昌、唐寅、周巨、仇英、徐渭、周之冕、陈洪绶等画家,而宋璟、宋克、沈度、李东阳、祝允明、文徵明、邢侗、董其昌等在书法上也多有建树。

明代在长江流域的著名文学家、戏曲家和书画家,几乎都是出生在长江下游,或主要生活在长江下游。有的学者认为是明代的"稻米哺育的明清小说"[①],这种说法包含着下游发达的文化都是以长江流域的农业经济为背景的意思。这种文化现象确实是长江流域在经济上成为中国核心区的显现,也是明代长江下游社会经济发展领导中国文化新潮流的体现。

---

① 叶书宗等主编:《长江文明史》,上海教育出版社,2001年。

清代立国以后,由于特殊的政治和文化背景冲突,使清代文化政策相对明代更加苛严,利用文字狱大力镇压有思想的文化人,强化科举制度,组织大规模的历史文献整理,宣传儒家文化与理学的正统地位。虽然科举人才辈出,文献整理成就巨大,但科学技术创新没有动力,思想和文学缺乏应有的活力,使清代中前期的文化失去了明时的生气。

不过,随着长江流域社会经济的发展积累,仍然不断给文化开拓发展的空间,中国人在长江上仍然在不断努力营造着,取得了一些前人没有的成果,出现了一批独领风骚的人才。不过,随着中国社会经济文化东移南迁格局的进一步强化,长江流域人才分布的东强西弱"梯度文明"越来越明显。

在科学技术方面,在清代前期并无大的突破,但在西方科技文化的影响下,出现了一批介绍近代西方科技文化的人才。如在天文历法方面,王锡阐、梅文鼎、梅散成、王贞仪都是融合中西历法而有所创造,而梅文鼎、梅散成在数学方面也主要是讨论西学并加以介绍,孙云球、黄履庄在光学方面都有理论和实践。徐光启五世孙徐朝俊和黄履庄等在机械上也有实践和总结,其他在建筑学、医学、语言学、绘画学方面也有融合西方的人才。故有的学者认为清代前期长江下游形成了人才群体的多元化、科技思维的多元化、文明构建的多元化和价值取向的多元化。[①]

在哲学思想方面确实出现了一些启蒙主义思想家,如惠栋、戴震、汪中、阮元、龚自珍等,都有反对理学传统和提倡经世致用的思想。在文学方面出现了钱谦益、吴伟业、查慎行、沈德潜、郑燮、张问陶、黄景仁、袁枚、历鹗等,他们是在诗歌方面有贡献的学

---

① 李学勤、徐吉军主编:《长江文化史》,江西教育出版社,1995 年。

者,但清诗庞杂不精,少有脍炙人口的佳作传世。在散文方面,方苞、刘大櫆、姚鼐等创立"桐城派",恽敬等形成"阳湖派"。虽然明末清初出现了大量小说,但就整个清代前期来看,较有影响的小说并不是太多。相对而言,随着戏剧的发展,出现了一批较有影响的戏剧理论家,如李玉、李渔、洪昇等人。

总的来看,清代真正在人才上较有影响的还是在考据学与绘画方面。

在考据学方面,赵翼《廿二史札记》、王鸣盛《十七史考商榷》、钱大昕《廿二史考异》、戴震《声韵考》《声类表》《考工记图》、王念孙《广雅疏证》、段玉裁《说文解字注》、赵一清《水经注释》的影响很大,其他如洪亮吉、江永、王引之、毕沅的著述也有一定的影响。这些考据学家大多生活在长江流域。考据学的发展,对中国传统文化的整理有积极作用,但这种作用是以牺牲整个文化的活力和文化的致用功能为代价,这是我们应该清醒看到的。

在绘画方面,清初长江流域出现了"清初六大家",即王时敏、王鉴、王翚、王原祁、吴历、恽格。在清代的经济与文化背景下,画坛相对超然于时政,故更自然开放,出现了一批风格独特的画家,如清初的朱耷(八大山人)、石涛(清湘老人),后来扬州出现了"扬州八怪",即郑燮(郑板桥)、汪士慎、黄慎、高翔、金农、李鱓、李方膺、罗聘,而在南京还出现了"金陵八家"的龚贤、樊圻、高岑、邹喆、吴宏、叶欣、胡慥、谢荪。其他在长江中上游也还有些有影响的画家,他们多有建树,如四川的龚人融、龚有晖兄弟,先著、卓秉恬等,但其影响力和群体势力远不如江南地区画坛影响深刻。清代这些一流的画家云集江南地区,很有唐代四川画坛独有的风范,这是清代前期文化衰败暗淡中的一个亮点。

近代各具特色的上中下游文化

鸦片战争以后,西方文化对中国的影响加快,外国资本主义势力对中国东南沿海的政治经济文化侵略越来越深入,其中一个重要的侵略路线就是沿着长江而上。这使长江流域在中国更加深刻地受西方现代文化的影响,使长江流域的近代人才更加领导中国潮流,长江流域成为中国政治、经济、军事和文化的主体舞台。

在政治军事上,长江流域一大批政治军事家在近代中国政治舞台上叱咤风云,走在中国政治革命的前沿。不过,近代中国长江下游虽然染近代文化之先,但作为风花雪月之地的江南,更多成为士农工商的舞台,近代政治军事风云人物更多出现在长江中上游地区。

长江中游的湖湘之地,近代在农业文明发展的基础上,思想文化一度活跃万分。早在嘉道时期,湖南人贺长龄、陶澍、李星沅等就走出湖南,倡导致用之学,主张变革。湖南人魏源的《海国图志》不仅系统介绍了西方各国的政治、经济、文化,而且结合当时中国的危难境况,提出了一些震撼人心的思考,对中国传统文化务实功能的缺乏提出了批评,面对落后的中国提出"师夷之长技以制夷"的思想,影响深远。有的学者认为这种思想对日本明治维新也有较大的影响,故近代中国许多政治改革家都十分崇敬魏源。在魏源后不久,湖南人郭嵩焘更是提出仅仅师夷之长技以制夷是不够的,更重要的是要进行一场政治、经济、文化的全面改革才能摆脱中国落后的局面。这样的文化背景使湖南在近代教育、近代工商业、社会风尚等方面在长江流域十分超前。

古代的湖广人在文化上多有建树,荆楚文化曾经可与中原对峙抗衡,但在政治军事上荆楚地区并没有十分引人注目的人物和风云一时的时期。但在近代一方面紧邻江南,受近代文化的影响较大,一方面受中上游地区落后闭塞的影响,因此湖南人骁勇善战的同时有不拘一格改变时故的意识,使湖南人领导中国政治潮流的意识开始明显。

近代湖南人在政治军事上的发轫于曾国藩的湘军。在晚清政府政治军事十分危急之时,湘军依靠曾国藩的力量,使岌岌可危的清政府得以苟延残喘,出现了曾国藩、左宗棠、李鸿章、胡林翼、彭玉麟、郭嵩焘等风云中国的政治军事人物。19世纪末的维新变法运动,湖南更是成为变法的一个核心地区,出现了陈宝箴、黄遵宪、江标、徐仁铸、谭嗣同、唐才常、陈天华等风云人物,出现了南学会、时务学堂等维新变法政治会团。"我自横刀向天笑"的谭嗣同和蹈海身亡的陈天华成为近代改革杰出人物的代表。

从这以后,湖南人前赴后继,黄兴、蔡锷、宋教仁、焦达峰等英雄志士成为反封建传统的精英。在近代共产主义运动中,湖南人更是一马当先,李立三、毛泽东、刘少奇、彭德怀、贺龙、罗荣桓、蔡和森、林伯渠、李富春、邓中夏、何叔衡、陶铸、胡耀邦、左权、向警予、黄克诚、陈赓、萧劲光、许光达、王震等成为中流砥柱。

紧邻湖南的湖北同样为楚文化的地区,近代的发展与湖南有相似之处,出现了董必武、陈潭秋、林彪等政治军事人才,据统计湖北红安县出现了221位将军,成为有名的将军县。

这个时期长江上游的重庆和万州等地开埠后,一方面受近代西方现代文化的影响,一方面又受长江流域社会经济最落后的影响,两种状况形成的反差激发了一大批人士走向社会革命的道路,探索家乡走向文明的道路,使长江上游成为仅次于湖南的另一个革命地区,一改元明清以来长江上游地位消沉和影响乏力之状。在近代史上,邹容、杨锐、宋育仁、彭家珍、张澜、吴玉章、刘光弟、蒲殿俊、尹昌衡等风云政治舞台。在近代共产主义革命史上,朱德、刘伯承、邓小平、聂荣臻、陈毅、张爱萍等也更是叱咤风云,影响了中国革命的进程。

可以说在中国近代史上,长江中上游的仁人志士一直在领导着中国政治发展的方向,左右着中国发展的大势。从保路运动到武昌起义,从秋收起义到遵义会议,无不是触动着中国社会历史发展进程的关键。很有意思的是,康乾以来辣椒传进长江中上游,使其成为中国食辣最重的地区。也正是在这个时期以后的近代,辣出了长江上游一大批政治军事风云人物。在我看来,长江中上游地区的社会经济落后与近代外来先进文化的强烈反差才是长江中上游政治军事人物领导中国近代革命之先的根本原因。

近代长江下游的江南地区人才则是以另外一种文化氛围显现的。在现代西方文化教育的强烈冲击下,长江下游虽然也出了一些政治军事方面的英才,但更多的继承宋明以来"江南人文薮"的风范,受西方现代文化的影响,形成了海派文化,位于中国近代社会经济文化的前沿,形成一个近代最集中的文化人才群体。

这些海派文化人中有以天算闻名于世的海宁人李善兰,成为我国近代数学的重要发轫者;无锡人徐寿在近代物理化学和博物方面成就突出;无锡人华蘅芳对于西方数学、机械、地质等都十分了解;吴县人冯桂芬则精于历算几何之学;中国近代史第一个留学生容闳、医师黄胜等也是西学的倡导者和学习者。镇江人、客居上海的马建忠则建言学习西方不仅仅要学习先进的技术,更重要的是要学习西方的政治制度和商业传统。在这样的传统背景下,上海出现了李平书、王一亭、孙多森、夏粹芳、郁怀智、叶澄衷、朱葆敬、荣宗敬等一批近代企业家，也出现了张謇、史量才、姚文楠、马相伯、李登辉、黄炎培等一批新文明的传播者，出现了李伯元、吴趼人、曾朴、刘鹗、张春帆、徐枕亚、李定夷、郑正秋、吴昌硕、赵之谦、任颐等新式文化人，出现了《官场现形记》《二十年目睹之怪现状》《老残游记》《孽海花》等近代名著①。一时间，在以上海为核心区的江南地区，各种新式学校、工厂、现代新闻媒介和出版团体、现代西化社团不断亮相，而各种图书馆、博物馆、现代戏院等公共设施如雨后春笋，也出现在中国这块古老的土地上。同时，在生活方面，上海在饮食、服饰、娱乐等方面开始步西方文明后尘，一步一趋，走在中国时髦生活前沿。在文化上以情爱为核心的鸳鸯蝴蝶派小说风行一时，大量西方文化作品被翻译过来，出现了林纾、周桂笙、徐念慈等翻译家和推行近代西式音乐的沈心工、李叔同等文化人。同时，传统的中国学术和艺术也不断发展，历史学方面海宁王国维、上虞罗振玉对中国传统历史学的近代化影响重大，浙江德清人俞樾、他的弟子章太炎等的经学也影响甚大。近代长江下游出现的政治军事人才影响不多，但安徽人李鸿章对于近代中国现代化有重要影响，而周恩来以其文雅的政治风范在近代中国政治舞台上起了重要的作用。

　　总的来看，近代长江流域人才辈出，领导中国政治军事经济文化发展走势。长江呈现出长江中上游政治军事人才突出，下游经济文化人才耀眼的特色。从这种人才空间分布来看，"吴越出相，楚蜀出将"，好似古代"山东出相，山西出将"的特色一样明显。

---

① 参李学勤、徐吉军主编：《长江文化史》，江西教育出版社，1995年。

第五章　灯红酒绿
——长江流域的城市风情

成　都

　　长江流域的社会经济发展在唐宋之前总体上落后于黄河流域,城市的发展也是如此。相比之下,长江上游的成都平原由于受距离递减(增)规律影响,更早受到中原关中文化的影响,成为当时全国五大商业都市之一,是早期长江流域较为适宜人类生活的城市,城市经济十分发达。

　　成都平原很早就有人类居住,考古发现人类很早就在成都平原上创造了十分瞩目的青铜文明,如广汉三星堆、成都金沙村、新津宝墩、都江堰芒城、郫县古城村、温江鱼凫城、崇州双河村、紫竹村的众多文化遗址都可证明这一点。传说成都为古蜀人的重地。当中原在春秋战国之交时,古蜀人的先民氐羌系统就活动在岷江上游地区,后来不断向东南迁移进入成都平原,经过蚕丛、柏灌、鱼凫、杜宇和开明等王朝,汇纳众多民族,以成都平原为中心开始向外拓展范围。可能在开明王朝时,蜀人的活动中心就已经在今天的成都市区内了,所谓"一年成聚,二年成邑,三年成都"就是在这个时期,成都三星堆、郫县古城村、羊子山、十二桥等遗址也可证明这一点。

秦灭巴蜀后,张仪、张若仿秦都格局修筑成都城,形成了秦汉大城和少城。

秦汉的成都是全国有名的商业都市,西南地区最大的工商业城市,全国五大商业都市之一。由于以织锦著称于世,故有"锦城"的美称。城内设有锦官和车官,还有管理金银器制造的工官。当时成都城有 18 个门,7 万余户,人口仅比长安少数千人,城市商业繁荣,故《蜀都赋》称:

> 市廛所会,万商之渊。列隧百重,罗肆巨千。贿货山积,纤丽星繁。都人士女,袨服靓妆。贾贸墆鬻,舛错纵横。异物崛诡,奇于八方……阛阓之里,伎巧之家。百室离房,机杼相和。贝锦斐成,濯色江波。黄润比筒,籯金所过。侈侈隆富,卓郑埒名。公擅山川,货殖私庭。

左思的这段《蜀都赋》主要回忆汉代成都繁荣情形。同时,我们从汉代成都出土的一些画像石和画像砖来看,发现有大量杂戏图形;而在汉代殉葬陶器中发现大量说唱俑和抚琴俑,显现了当时歌舞升平的景象。而早在晋代成都人就有了"尚滋味,好辛香"的传统,这种传统基于成都平原气候温暖湿润,物产丰富。《华阳国志》称这个地区"盖亦地沃土丰,奢侈不期而至也",故饮食业十分发达,不仅从画像石或者砖中看到大量饮食宴会的场面,也可从大量冥器中厨子俑上看出这一点。

早在汉代扬雄的《蜀都赋》描述当时成都的宴饮是"调夫五味,甘甜之和,勺药之羹,江东鲐鲍,陇西牛羊,籴米肥猪"和野味中的"五肉七菜",原料来自全国各地,风味品种众多。而左思《蜀都赋》则描绘成都"合樽促席,引满相罚。乐饮合夕,一醉累月"的境况。可以想见这个时期的成都作为全国五大商业都市之一,其饮食和娱乐业都是十分发达的。

到了唐代成都城的繁华更是天下有名,所谓"扬一益二"便是形容这种繁华之貌。唐代卢求《成都记序》对此作了生动的描述:

> (成都)人物繁盛,悉皆土著。江山之秀,罗锦之丽,管弦歌舞之多,技巧百工之富;其人通且让,其地腴以善熟。较其要妙,扬不足侔其半。

古代成都是一个水码头。早在战国秦汉时期人们就在成都登舟东下长江中下游。唐代扩建的罗城,仅比清代成都城略小,构成了成都城唐宋元明清的基本规模。当时有十门,可通行的仅七门。万里桥门城外万里桥一带热闹万分,唐代诗人张籍曾发出"万里桥边多酒家,游人爱向谁家宿"的感叹,可见当时成都的商业繁荣。在这样的状况下,成都城中人是"士多自闲,聚会宴饮",[1]连城郊也是"弦管歌声,合筵社会,昼夜相接"[2]。当时成都城内的散花楼、云锦楼、丹霞楼等是风花雪月之地,难怪李白《蜀道难》中称"锦城虽云乐,不如早还家"。唐末,南诏攻破成都城,入城后就到处找美女和工巧之匠带回南诏,故才有陶雍的三哭三别故事。唐末王建攻成都,为了鼓励士气,鼓动将士称:"那成都城中的生活繁盛如花如锦、金帛如山、美女如云,一朝攻下我与大家一起做一天节度使,金帛和美女任兄弟们取用。"这一招果然奏效,久攻不下的成都城一下被攻破了。可见当时成都城繁华的诱惑力!

经过五代王、孟两个地方政权的经营,成都城市繁荣,园林花木繁多,商贾云集,学术文化教育发达,为宋代成都城市的繁盛奠

---

① 《隋书》卷 29《地理志》。
② 张唐英:《蜀梼杌》卷下。

定了基础。

宋代长江上游的社会经济文化地位在全国举足轻重,成都城更加繁华,名声在外。宋代张咏《悼蜀诗》称:

> 蜀国富且庶,风俗矜浮薄。
>
> 奢僭极珠贝,狂佚务娱乐。
>
> 虹桥吐飞泉,烟柳闭朱阁。
>
> 烛影逐星沉,歌声和月落。
>
> 斗鸡破百万,呼卢纵大噱。
>
> 游女白玉珰,骄马黄金络。
>
> 酒肆夜不扃,花市春惭怍。
>
> 禾稼暮云连,纨绣淑气错。
>
> 熙熙三十年,光景倏如昨。

此诗将宋代成都城的繁华描绘得活灵活现。在宋代"蜀风奢侈""蜀风尚侈"的记载不绝于史书,主要是指成都一带的人游玩成性,所谓"蜀人好游乐无时""蜀人游乐不知还"等说法,便是对这个时期成都城市风情的概括。据记载,当时成都人玩耍"自上元至四月十八日,游赏几无虚辰"①。在这样的游乐背景下,据说当时一贯喜欢游玩的宋祁将到成都任太守,结果宰相等朝野许多人出来反对,认为成都人游乐之风已经太侈了,让这样一个喜欢玩乐的人来成都任太守,这不助长成都人的游乐之风吗?但是宋祁还是当了成都太守,将成都的玩乐之风演绎得更加明显。

《方舆胜览》卷51记载:

> 成都游赏之盛,甲于西蜀。俗号娱乐,凡太守岁时宴集,

----

① 庄绰:《鸡肋编》卷上。

骑从杂沓,车服鲜华,倡优鼓吹,出入拥导,四方奇技,幻怪百
变,序进于前。以从民乐,岁率有期,谓之故事。及期则士女
闻道嬉游,以坐具列于广庭,谓之床,谓太守为遨头。

这里谈到的"遨头"即《成都记》所谓"太守出游,士女则于床观之,
谓之遨床,故太守谓遨头",正是如此,宋代成都有"西南大都会"
之称。

南宋末年,宋军在与蒙古军队的征战中,四川的社会经济文
化遭受严重创伤,大量文化名人东下长江下游。特别是明末清
初,四川再次经过战乱的摧残,经济凋敝,城市荒芜,这使得成都
城市的社会经济文化教育地位在全国大大下降,成都在全国城市
中的地位已经没有昔日的辉煌。但是作为西南地区一个传统的
商业文化城市,成都城市的饮食娱乐业仍是西南首屈一指的。

明代成都平原仍有"尚滋味,乐嬉游"之称。① 清代成都则号
"名都乐园",饮食文化发达,"肴馔之精实甲通省",②人们生活悠
闲,重口福,喜游玩,乐习文,是一个典型的消费性城市。清代成
都花会仍是"自二月中旬起,至三月下旬止,日日倾城出游,重研
摩肩,有时路为之塞",重游乐之风仍然流行。清代以湖广为主体
的移民进入四川后,形成了现代意义的川菜,成都成为四川菜的
核心地,饮食文化十分发达。游乐的风尚培养了成都的茶馆文
化,明清时期成都茶馆之多在全国城市中是罕见的,民国时期最
大的茶馆可容纳上千人同时饮茶,形成了茶博士、茶船、加班茶等
少见的风俗。顿顿吃馆饭,从朝到晚坐茶馆成为成都人生活中重
要的事项,养成了成都人悠闲的慢节奏生活。

---

① 正德《四川志》卷9。
② 周询:《芙蓉话旧录》卷2。

同时，早在隋代成都人就有"尤足意钱之戏"，就是喜欢赌博。民国时期黄炎培曾经称"成都人腰无半文将麻将编"的场面，展现了成都爱好游乐小赌的风尚。至今成都人的麻将普及率堪称世界第一，而私家车拥有率居全国前列也与麻将游乐文化密切相关。可以说，今天，成都城市在全国的地位远非昔日可比，没有昔日的风采，但曾经川菜、川酒、美女、小麻将、农家乐、奥拓车、茶馆七项全能构成的成都这座悠闲的城市风景，仍有昔日灯红酒绿的遗韵，令人们可以去回忆昔日的风采。成都是中国农家乐的发源地。今天，成都的饮食和娱乐业红火，农家乐规模日益扩大，每年一度的龙泉山桃花节仿佛是花的海洋、麻将的海洋、私车的海洋，一个有2000年悠久历史的休闲游乐成都风情依然，难怪成都打出了建立"东方伊甸园"的口号。但成都曾经没有一个像样的博物馆，也没有一个标致性的图书馆和电影院，更谈不上一个富有特色的歌剧院，成都的娱乐一度显得那样的小市民化，缺乏大都市的大气势和高品位。一度没有地铁，也没有索道，没有轻轨，也没有豪华游船，一切都显得那样传统和平淡，金沙遗址、望江楼、合江亭、万里桥、武侯祠、杜甫草堂、宽窄巷子、锦里——都市之间的片砖片瓦都显得那样厚重和久远。不过，近十多年来成都的城市面貌出现蝶变，文化积淀深厚的成都人将城市最中心的区域天府广场留下建立了一流的博物馆、图书馆、美术馆。现代成都城市地铁与城市高架一体，宽长的天府大道边摩天大楼林立，亚洲第一单体建筑新世纪环球中心矗立于旁，成都平原周边的城市公园遍布，使成都城市在深厚的传统文化积淀上又叠加上大量现代文明的烙印。不管怎样，成都仍是一个让人充满回忆、小资情怀享受人生的城市。

重　庆

重庆城市的发展却正好与成都相反,繁华和兴盛仅是近几百年的故事,而这种繁华和兴盛正愈演愈烈。

重庆的城市历史是十分悠久的,早在战国时期张仪就筑江州城。不过,可能在南宋以前,重庆这个城市不要说在全国,就是在四川地区也是不足挂齿的,唐代渝州为下州,郭城巴县为中县;宋代重庆恭州为下州,巴县为中县,地位也不甚高;唐宋时期重庆还是中原许多官员被贬官流放之地,可以想见当时的重庆城市地位远不及成都。

南宋以来随着中国政治经济文化中心的东移南迁,中国政治经济文化核心的辐射变化,川东地区的社会经济地位上升,峡江和嘉陵江成为转运川米、布帛、马纲的重要漕运通道,重庆城市的地位开始变得越来越重要。特别是南宋末年,彭大雅知重庆府,为抗御蒙古军,"大兴筑城",城市范围扩展,形成"二江之商贩,舟楫旁午"之形势。

重庆城市的地位进一步上升是在明清时期。据统计,明代重庆府每县每年征田粮 13779 余石,而成都府每县征 5088 石,川东地区已成为四川的粮食生产基地。在这种情形下,成渝陆路干道东大路开通,水路上则是"来往舟如织"。据记载,明代重庆城内有 8 坊,城外有 2 厢,已经成为全国重要的商业城市之一了。明代重庆巴县拥有进士数居全川第三位,重庆府综合教育水平居全川第二。①

---

① 蓝勇:《西南历史文化地理》,西南师范大学出版社,1997 年。

　　清代重庆城市继续发展。在康熙年间,重庆城内有 29 坊,城外有 15 厢,后来江北厅又有 6 厢。研究表明重庆城市人口中从事商业的人口达 60％以上。道光时期,重庆府城城围有 12 里 6 分,有常住人口 65286 人,成为长江上游以转口贸易为主的商业城市。清代中前期,重庆是川米出口的大码头,每年沿江而下的大米达 150 万石左右,出口的生丝、桐油、药材、夏布、山货多在此集散转运,进口的布帛、原棉、手工业制品也由此贩往四川各地。据记载,乾隆时重庆已经达 240 条街道,其中商帮 25 个,牙行 150 余家,"酒肆楼舍与市阓铺坊,鳞次绣错,攘攘者肩摩接踵"[1],又有"商贾云集,百物萃聚"之称,形成"九门舟集如蚁,陆则受廛,水则结舫"[2]。不过,在重庆开埠通商以前,重庆的城市经济文化并不比成都突出,这不论从人口规模、还是城市繁华程度来看都是如此。

　　重庆城市的真正发展是在近代开埠以后。研究表明,清光绪三十四年(1908 年)左右,成都城有人口 30 万左右,而重庆城只有 25 万左右,但由于成都城为 22 里,而重庆城仅 12 里,故重庆城区当时的人口密度已经明显比成都大。[3] 在重庆开埠后,重庆商业经济地位在长江上游乃至中国西部都处于独领风骚的地位。据记载,1891 年重庆城的对外贸易总值为 285 万海关两,1892 年则达 840 万海关两,1911 年达 2900 万海关两,1935 年则达 5960 万海关两,仅次于上海和汉口,居全国第三,故有四川第一商埠之称。20 世纪二三十年代,有人认为当时如果仅从建筑上来看,重

---

① 乾隆《巴县志》卷 3。
② 乾隆《巴县志》卷 2。
③ 以上人口数据参考张学君:《成都城市史》,成都出版社,1993 年;张荣祥:《20 世纪上半叶重庆城市人口述论》,《巴渝文化》第四辑,重庆出版社,1999 年。

庆至少比成都先进 20 年之久,而有的学者记载二三十年代的重庆人十分开放,男女青年在外追逐奔跑十分常见,传统的那种男女授受不亲少见,可见当时成都与重庆在接受近现代文明上的差距。

抗日战争时期重庆作为陪都以后,大量下游工厂、学校、机关迁入重庆,奠定了近代重庆工商业的基础,重庆地区的经济文化地位更是上升。八方杂处,文化汇杂,现代的电影、戏剧、博物、图书、歌厅、运动场与传统的川菜、川茶融合在一起,美女云集,海内外政客大商齐聚,营造了一个后方大乐园。重庆的经济和商业繁华已经远远超过了成都。

中华人民共和国成立以后,由于四川建省会于成都,重庆降为省辖市,一度影响了重庆城市的政治经济文化地位,重庆城市娱乐和饮食业地位下降。重庆一度只是作为一个快节奏的工业城市出现的,后来却向一个死气沉沉的老工业基地城市演变。直到重庆直辖以后,重庆的城市地位再次提升,城市经济文化发展较快,饮食和娱乐业发展迅猛,重庆开始走向一个以近代工业与现代饮食娱乐业为主的新城市,近代开埠以后形成的大重庆开始重新显现。南滨路的饮食繁荣与万里长江边的现代高密度高层建筑的“小香港”有机结合,随后的北滨路、嘉滨路开发,两江四岸的城市建设将重庆的饮食文化建立在一个新的景观背景之下。一方面是重庆火锅连锁在全国的迅猛发展,一方面是各种江湖菜的冲击、扩张与嬗变。重庆这个城市没有像成都那样有太多久远的让我们回忆的景观胜迹,却多了一座座横跨长江、嘉陵江的大桥。据我所知,重庆是长江上跨江大桥最多的城市。一座座跨江大桥让重庆这座城市更显夸张和豪气,显现跨越与速度。而轻轨和过江索道更使这座城市充满现代的气韵和山城特色。新建成的中国三峡博物馆、重庆图书馆、来福士广场与解放碑和重庆人民大会堂相互映衬,使现代都市文化与重庆特有的近代文化融为一体。

这是一座让人充满想象而又享受快乐激扬人生的城市。

武　汉

武汉的古代历史并不比它西边的宜昌、荆州更显辉煌,但处于九省通衢的地理位置,使武汉在近代中国城市史上有着十分重要的地位。

我国的新石器时代存在满天星斗的局面,在并不是最适宜人类生存发展的江汉湖叉型平原地区也有许多古人类遗迹,故早在新石器时代人们就开始在今武汉一带繁衍生存。战国时期今武汉一带为楚国控制地域,秦汉先后为南郡和江夏郡管辖,东汉正式筑月城,设沙羡县,三国于今武昌筑夏口城,于今汉阳筑鲁山城,并将江夏郡设于鲁山城。西晋移沙羡县于夏口城,刘宋改设郢州,并为江夏郡治。唐在长江南岸武昌设江夏县,为鄂州治,在长江北设汉阳县,为沔州治。元代改鄂州为武昌路,为湖广行中书省治所。明清武昌均为府,为湖广布政使司治和湖北省治。明万历年间汉江改道,形成武昌、汉阳、汉口三镇分离局面,到北伐战争结束后,才形成统一的武汉市政府。

唐宋以前,今武汉不论是城市或是交通位置,在长江上并不十分重要而引人注目。在唐宋时期武汉的地位才开始显现出来,商业贸易也开始繁荣发展起来。唐广德年间,鄂州大火,焚烧舟船三千多艘,殃及岸上二千多家,仅烧死就达四五千人,[①]可见当时城市人口之多。汉阳南门一带与鹦鹉洲附近,商业十分繁荣,唐代罗隐有诗句"汉阳渡口为兰舟,汉阳城下多酒楼",与张籍描绘成都的"万里桥边多酒家"如出一辙。

宋代陆游和范成大对当时武汉的商业繁荣之状描绘甚多。如陆游《入蜀记》:

> 贾船客舫,不可胜计,衔尾不绝者数里,自京口以西皆不及……虽钱塘、建康不能过,隐然一大都会也……盖四方商贾所集,而蜀人为多……楼阁重复,灯火歌呼,夜分乃已。

范成大《吴船录》:

> 沿江数万家,廛闬甚盛,列肆如栉,酒垆楼栏尤为壮丽,外郡未见其比。盖川、广、荆、襄、淮、浙贸迁之会。

元明时期,武汉的商贸区一直在武昌南市、鹦鹉洲、汉阳南门、金沙洲之间发展,明代汉阳刘家塥曾一度为商贸重区,清代塘角一度成为一个重要的商务区。总的来看,唐宋商贸主要在南市,元在汉阳,明又转江南,主要在汉阳与武昌南北之间发展,到清代才开始转向汉口。[②]

作为一个在全国有影响的城市,武汉是明清时期随着汉口的兴起而形成的。明代初年今汉口一带还是一片芦苇洲,没有人居住,以后虽有人居住,但仍十分少。明末汉水一改主流从龟山南入江,开始从龟山北入江,处两江之口的汉口地位越来越重要,到明末形成"万舰千艘——衔尾络绎,被岸几里许",[③]所谓"商船四

---

① 《旧唐书》卷 37《五行志》。
② 梅莉等:《两湖平原开发探源》,江西教育出版社,1995 年。
③ 王葆心:《续汉口丛谈》,参梅莉等:《两湖平原开发探源》。

集,货物纷华,风景颇称繁庶"①。

清代汉口发展成为全国的四大商业都市,称为"天下四聚"之一。康熙年间刘献廷《广阳杂记》载:

> 汉口不特为楚省咽喉,而云贵、四川、湖南、广西、陕西、河西、江西之货,皆于此焉转输,虽欲不雄于天下,而不可得也。天下四聚,北则京师,南则佛山,东则苏州,西则汉口。

同时,汉口与广东佛山、江西景德镇、河南朱仙镇齐名,又是四大名镇之一。以后有关汉口商业繁荣的记载不绝于史籍,所谓"五方杂处""商帆估舶,千万成群""繁盛极矣"之类的记载举不胜举。② 商品贸易中盐、米、木、花布、药材等贸易十分有影响,特别是汉口是当时全国最大的米市,同时也是淮盐和川盐的重要贸易地,商帮也特别多。③

汉口商业贸易的发展,使武汉整个城市的发展加快。特别是在近代,武汉汉口在1861年开埠通商为口岸,商业贸易紧随上海之后,所谓"廛舍栉比,民事货殖。盖天下之中,贸迁有无,互相交易,故四方商贾辐臻于斯"。④ 研究表明,清末民初武汉三镇的人口就在100多万人以上,有"人烟辐辏,烟火百万家"之称,这在当时长江流域乃至全国都是排在前列的。⑤ 特别是京汉铁路和后湖长堤修好后,武汉三镇将九省通衢的地理位置演绎得更加突出。娱乐与饮食业十分发达,所谓"上下社会,群耽于酒色游惰,故供此等娱乐所需之店铺日见繁盛,首饰店、茶酒楼、绸缎号,其

---

① 乾隆《汉阳府志》卷12。
② 梅莉等:《两湖平原开发探源》,江西教育出版社,1995年。
③ 梅莉等:《两湖平原开发探源》,江西教育出版社,1995年。
④ 范情、白舫:《汉口丛谈》卷3。
⑤ 张仲礼主编:《长江沿江城市与中国近代化》,上海人民出版社,2002年。

最著者"。① 发达的商业贸易与传统湖北人的精明结合,故人们对以武汉为核心的湖北人有了"天上九头鸟,地下湖北佬"的说法。

近代开埠以后,武汉在接受近代西方文明方面十分深入。武汉对新生文化的接受很大程度上是以张之洞在武汉"中学为体,西学为用"的近代化实践为基础。张之洞作为地方大员,在武汉办汉阳铁厂、湖北枪炮厂、汉冶萍公司,建立新式武装军队,修建成了芦汉铁路,开办自强学堂等新式学堂,聘请外国技术人员,传播新思想新文化,故武汉被有的学者称为"百年以前的特区"。②在这样的背景下,武汉三镇的社会经济文化在繁荣的基础上尽染近代西方文化的洋气,现代西式高楼建筑与现代的铁路、现代轮船的出现,再加上中英文报刊、法国汽车与人力车、外籍教习和传教士的点缀,武汉成为中国中部最有影响的一个繁华大都市。据记载民国初年武汉就拥有世界上最先进的消防车,江汉海关大楼、汉口南洋大楼等现代西式建筑,装修紧跟世界潮流。武汉"高师"首开风气之先,招收女生形成男女同校,也是武汉近代史上的亮点。

武汉的娱乐远比成都洋气,也比重庆大气。早在 19 世纪 20 年代就有了像汉口新市场这样规模的娱乐场所,集剧场、书店、商场、陈列所、中西餐厅、弹子房、游戏场等于一体,同时拥有明德饭店这样一些现代饭店。但是商业文化的发达,渗透在大量普通市民的血液中,故有人认为武汉是一个市民化的城市,这可以从汉正街的商贩、武汉小街的市民化、以前夏天满街的凉板中得到印

---

① 王葆心:《汉口小志》之《风俗志》。
② 池莉:《老武汉》,江苏美术出版社,2000 年。

证。武汉在我看来是一个平民化与现代化交错在一起的内陆城市。

武汉本地饮食特色并不明显,八大菜系中也没有鄂菜,各地所开餐馆中川菜馆、粤菜馆、湘菜馆、东北大菜等较多,也很少听说有湖北菜馆,除了武昌鱼、胡辣汤外,外省很少听说有哪道湖北名菜在外有影响。武汉人将聪明才智都用在经商上了,可能没有太多的心思放在研究饮食文化上。所以,武汉给人们印象更深的是长江大桥、黄鹤楼、汉口海关、龟山、珞珈山等山色胜迹。

南 京

南京在长江流域是与成都一样拥有悠久历史的城市。

据研究早在春秋时吴王就在今南京一带建立"冶城",公元前473年,越王勾践灭吴后,大臣范蠡就在秦淮河畔修建了"越城"。这些修建奠定了南京城的基础。

公元前333年,楚灭越国后,建立金陵邑。从公元220年孙吴将国都建于南京开始,历经东晋、宋、齐、梁、陈共六个王朝,故有"六朝古都"之称。

孙权建的建业城周长20里,规模与当时的成都城相当。城内形成了秦淮河为主的居民区。东晋改建业为建康。到梁武帝时,南京城围达40里,人口在100多万左右,城市相当繁华。侯景之乱后,南京城的繁华受到影响。到明代初年设立南京为应天府,成为中国统一王朝的国都时,已建成了一座规模巨大的古城。外廓城达120里之大,规模为世界第一,其中应天府城围达67里,有13个城门楼,比巴黎城还大。府城内部还有皇城。明代的南京城修筑后为清代所沿用。

虽然在唐以前,南京多次作为都城,但在全国的影响和地位并不是太高。唐宋时期长江下游的扬州、杭州、苏州等城市的地位和影响远远在南京之上,只是到了明清时期南京的政治经济文化地位才显现出来。

据研究表明,南京城明代初年人口仅 47 万,但随后达 119 万之多,商业和手工业繁盛,城内店铺达 100 多种。手工业方面的丝绸业、造船业、印刷业居全国领先地位。以丝织业为例,乾嘉年间南京有缎机 5 万余张,匠户 20 余万,一度超过苏杭二州。① 历史上南京"百货聚焉""人烟稠集"的记载不绝于书。吴敬梓《儒林外史》记载南京"城里九十条大路、四百条小巷都是人烟稠集,金粉楼台",可以想见当时的繁华。

南京城在历史上有影响的还有秦淮烟花。江南地区出美人,南京又为六朝古都,加上明初和后来民国作为都城,实际上是八朝旧都了。学术界又将南唐、太平天国算上,就有十朝都会之称。作为都城,官人墨客云集,自然对美女有一种吸引力,纤弱的江南美女配上吴越软语,在商业文化无处不溢的秦淮水面的滋润下,对世人的影响自然可想而知。

秦淮河上是历史上著名的娼妓文化发生地,明清时出了许多名妓,所谓秦淮八艳,像李香君、柳如是、马湘兰、寇白门、陈圆圆、卞玉京、顾眉生、董小宛等,多有爱国之心,使历史上名声自来不佳的妓女们多了一分正气和才气。清代民国时南京对娼妓的政策是时禁时开,但事实上一直是开放的。不仅是妓女,小说中的金陵十二钗将南京的脂粉气渲染得更是经典。

在城市的饮食上,南京相对显得就不是那样显眼了。我们只

① 叶书宗等主编:《长江文明史》,上海教育出版社,2001 年。

知道夫子庙的小吃名声在外,有盐水鸭、鸭血粉丝等较为有名,但未能形成光芒四射的饮食文化影响海内外。

明清以来的辉煌给南京留下无数的胜迹让我们探幽访古,南京明故宫、九龙桥、鼓楼、江宁织造府、六朝陵墓、明孝陵、鸡鸣寺、中山陵、总统府、雨花台、侵华日军南京大屠杀遇难同胞纪念馆、王安石故居等声名很大。今天南京的近代政治遗迹也早将昔日的秦淮烟花掩去。

扬　州

扬州在历史上的地位远比现代重要。

春秋时期扬州一带为邗国所在,楚怀王十年在邗城故址上修建广陵城,以后多有设置,有江都、青州、吴州等名,到隋统一中国后改称扬州。

扬州的繁荣与交通密不可分。隋以前的邗沟就是一条重要的人工运河,东晋以来,扬州也充当北方人口南迁的一个重要枢纽。

由于隋代杨广伐陈时曾从扬州兴师,后又任扬州总管,对扬州的风光春色情有独钟。做皇帝后,仍然念念不忘淮扬的秀色美味,成为他后来开通大运河,风流下扬州的一个重要原因。

隋唐以来,由于扬州是大运河与长江的汇合口,特别是唐刘晏改革漕运,以扬州为漕运中转站,同时,扬州又是淮盐的集散地,盐铁转运使也在扬州兼理漕运和盐运,扬州成为一个重要的经济枢纽城市。同时,在当时长江航道和海岸冲积的状况下,扬州成为长江下游最重要的出海港口,是一个国际贸易码头,造船业也十分发达。同时,因铜矿资源较多,扬州的铜镜盛名在外,丝织业、酿酒业和制糖业也较发达。隋唐时期扬州的城市地位在全国名列前茅,有"扬一益二"之称。宋代洪迈《容斋随笔》卷9记载:"唐世盐铁转运使在扬州,尽斡利权,判官多至数十人,商贾如织,故谚云'扬一益二',谓天下之盛,扬为一蜀次之也。"研究表明,唐代扬州城围达40里,城中人口众多,有"十万人家如洞天"之称,为隋唐时期江南地区最为繁华奢侈之地。萧梁时就流传有"腰缠十万贯,骑鹤下扬州"的故事,指扬州是有钱人奢侈享乐的乐园。据说外国人当时将扬州与广州、泉州和明州并称四大商港,扬州的阿拉伯和波斯商人达7000多人。至今还有一个波斯庄,另外还有纪念波斯义士的波斯碑亭。①

对于唐代扬州城的繁荣,时人的诗中多有咏叹。杜牧《赠别二首》有"春风十里扬州路,卷上珠帘总不如"之句,张祜《纵游淮南》诗云:"十里长街市井连,月明桥上看神仙。人生只合扬州死,禅智山光好墓田",王建《夜看扬州市》诗云:"夜市千灯照碧云,高楼红袖客纷纷。如今不似时平日,犹自笙歌彻晓闻",徐凝《忆扬州》诗云:"天下三分明月夜,二分无赖是扬州。"

这样的繁华之地,难怪隋炀帝下江南,留有风流的江都之梦。李白、高适、杜牧、骆宾王、孟浩然、王昌龄、刘禹锡、白居易等一大批外来文化人都驻足扬州,而扬州也出现了张若虚、李邕等文化人,著名的鉴真和尚也由此东渡日本。

传统时代的文人政客多是风流之士,而那个时代寻花问柳、嫖娼养妓、一夜风流往往被看作墨客骚人的风流雅事。扬州是有名的花柳风流之地,《太平广记》记载:"扬州胜地也,每重城向夕,倡楼之上,常有绛纱灯万数,辉罗耀列空中。九里十三步中,珠翠

---

① 王鸿:《老扬州》,江苏美术出版社,2001年。

填咽,貌仙境。"难怪文人不是"烟花三月下扬州",就是"人生只合扬州死",或是"高楼红袖客纷纷",连忧国忧民的杜甫也想"老夫乘兴欲东游",杜牧则留下"十年一觉扬州梦,赢得青楼薄幸名"的诗句。

宋代以来,扬州仍然繁华。宋行"转般法",扬州为重要的转运中枢站,故北宋沈括云:"扬州常节制淮南十二郡之地,自淮南之西,大江之东南,至五岭蜀汉十一路,百州迁徙贸易之人,往还皆出其下,舟车南北日夜灌输京师者居天下之七。"①直至道光五年(1825年),扬州一直为运河漕运重要枢纽,清代的漕运总督就设在扬州。同时,自古以来扬州一直是淮盐的一个重要经营城市,盐商云集,更增加扬州城市的繁荣。

不过,从道光年间漕运主要改由海运和盐法变革以后,扬州城的繁荣大减,城市地位越来越低下。但厚重繁华的历史给扬州城留下无数珍贵的文化遗产。扬州有名列中国四大菜系的淮扬菜,三套鸭、醋溜鳜鱼,加上"扬州三头"的清炖狮子头、拆烩鲢鱼头和扒烧整猪头,扬州炒饭更是名扬天下。与成都一样,扬州也是一个娱乐消费性城市,扬州人有所谓"早上皮包水,晚上水包皮"。所谓"皮包水",是指扬州人的茶馆文化发达,这一点与成都相似。至于"水包皮"则指扬州的浴室文化十分发达,"扬州三把刀"之一的修脚刀和"扬州擦背师"就是浴室文化的杰作。而其他两把刀的"厨刀"和"剪头刀",也正是扬州饮食文化和休闲文化的杰作。也可能是商业发达,城市繁荣,历代大商墨客风流非凡,加上江南美色文化的影响,为美妾文化的产生创造了基础,所以出现了"扬州瘦马"。扬州昔日繁荣留给我们的追梦太多,不仅有留

---

① 沈括:《长兴集存》卷21《扬州重修平山堂记》。

下的瓜洲渡、瘦西湖、个园、何园、大明寺、盂城驿等,更有对昔日
烟花三月扬州高楼红袖和当下四大菜系之一的淮扬美食的不尽
的追忆。

上　海

近代以来,真正领导长江,乃至领导全国现代城市风光的是
年轻的上海市。

上海的城市历史并不太长。3000 年前,今浦东一带还是一
片汪洋大海,而到近 2000 年左右,今上海的老城区才成陆。唐宋
以来,由于不断修筑海塘,使塘内土地免于涨潮侵蚀,农业经济因
此发展起来,户口日增。唐宋时吴淞江通畅,江边青龙港为"海商
之所凑集也"。北宋末设立市舶提举司和榷货场。据明嘉靖《上
海县志》记载,宋代末年上海一带已经有"人烟浩穰,海舶辐辏"之
称,大陆上修建了 7 个城镇。宋代末年由于吴淞江淤塞,海船难
入青龙镇,故在今上海城区设立上海镇。元代上海镇一带成为海
路漕运要地,城镇经济发展较快。明清时期,由于上海一带棉纺
业和海盐业发达,上海成为重要的海陆运输的港口城市,据弘治
《上海县志》记载"人物之盛,财赋之伙,盖可当江北数郡,蔚然为
江南名邑",而周边兴起了 84 个城镇,城市的经济辐射能力已经
显现,但就其重要性和名气来说在中国还不值一提。所以,上海
城市在明清以来还有"小杭州""小苏州""小广东"的城市俗号,说
明在这些时期上海还不如以上城市。

上海城市的繁荣和兴起,开始于近代西方文化影响的 150 多
年间。早在乾隆十七年(1752 年),东印度公司向英国政府建议,
将上海作为北方通商的枢纽。鸦片战争后,上海开为通商口岸,

英法美日等国在上海设立租界,随即大量在上海开办工厂、银行,倾销商品,开发娱乐服务项目,上海在受到帝国主义经济侵略的同时,开始了工业化、近代化的过程。到 20 世纪,上海已经成为远东金融中心和经济中心,开始有了"大上海"之称。

可以说,近代上海领导中国现代文化潮流。在近代工厂兴起的同时,西洋建筑、西洋饮食、西洋服饰、西洋车船、西洋歌舞充溢城内,自来水、电灯泡、机械钟、电话机、自来风扇、玻璃器皿、风琴,新奇古怪,斑驳陆离,跑马、报子、油画、舞会、律师、显微镜、电话、电报涌现。我们也因此有了"海派文化"的说法。在大上海里面,餐馆、商场、茶馆、烟馆、赌馆、妓院、戏院、书馆、花园、照相馆、游乐场、展览馆林立,张园、愚园、徐园、西园大名在外。招商局、同文馆、巡捕房、礼拜堂——灯红酒绿为一片西洋气氛所笼罩,各色人种云集,百业丛生,纸醉金迷。上海好似一个世界博物苑,被称为东方巴黎、海上乐园、极乐世界、不夜城、销金窟、醉梦乡、东方乐园、冒险家乐园等,有世界五大、六大城市的美称。[1]

熊月之《近代上海形象的历史变迁》一文称:"乡下人看上海,看到的是繁华。道德家看上海,看到的是罪恶。文化人看上海,却每每看到的是文明。"从历史长河角度来看,上海确实率近代中国现代文明之先,难怪近代重要的新型知识分子多与上海有缘,康有为、梁启超、章太炎、刘光第、蔡元培、刘师培、张元济、严复、于右任、陈独秀、章士钊、马君武、鲁迅、郭沫若、傅斯年、沈从文等,使上海开中国新文化风气之先。这里出现了叶澄衷、朱葆三、虞洽卿、方液仙、刘鸿生、杨斯盛、荣宗敬、荣德生、盛宣怀等一大批近代企业家。同时,上海的灯红酒绿下又是藏污纳垢之地,租

---

① 熊月之:《近代上海形象的历史变迁》,《万川集》,上海辞书出版社,2004 年。

界林立,黑帮黑幕黑社会,杜月笙、黄金荣、张啸林——使上海成为西方人的天堂和流氓势力的天下。所以四川富顺人刘光第《南旋记》称:"不到上海,是生人大恨事;然不到上海,又是学人大幸。"其实上海这样的社会,不论外国人中国人,都是有钱人的天堂。①

上海城市只有近200年的繁荣史,是一个典型的移民城市,特别是江苏、安徽、浙江、福建、山东、广东、湖北、四川等地的移民尤多。

近代上海随着移民不断涌入,城市范围在不断扩大,城市人口也在不断增加。1827年上海的常住人口达到64万,1900年为100万,1915年为200万,1930年达300万,而1949年则达506万之多,外籍侨民达15万之多,流动人口更是难以计数。②

在这个近代东方乐园中,娱乐和饮食往往都是中西合璧。西方饮食文化中的白兰地、香槟、啤酒、食糖、冰棒、汽水涌现,玻璃制品、洋碱(肥皂)、洋火、西药、化妆品充溢市场;在服饰上面,上海在近代领导时装潮流,从宁波籍的"奉邦裁缝"到"海派戏装",上海兼收并蓄,自成一体。上海是近代电影娱乐的圣地,近代著名的电影人物和重要的电影作品大都产生于上海,电影的"上海制造"已经形成。如果说南京秦淮风月、扬州瘦马、杭州名妓更多有中国传统娼妓文化的影子,那么上海的娼妓文化则少一些古代娼妓的书卷气,多了一些近代文化的色彩。据调查,旧中国上海仅统计妓女就有10多万之多。上海的菜系本身没有太大特色,但它汇纳百川,融入了中国各菜系,使上海菜显得精细万分。中

① 熊月之:《近代上海形象的历史变迁》,《万川集》,上海辞书出版社,2004年。
② 张仲礼主编:《长江沿江城市与中国近代化》,上海人民出版社,2002年。

国的近代城市旅行也是发源于上海,最早的旅行指南《中国旅行指南》出版于上海,最早的城市指南也是《上海指南》,这是与上海近代城市现代文明中心地位相关连的。

在中华人民共和国成立后的 30 多年间,上海一直为中国工业、商业经济中心,上海知青、上海服装、上海汽车、上海自行车、海派文化等"上海制造"对中国经济文化的影响可谓广泛和深刻,"上海制造"一度是中国商品精品的代表。改革开放后的一段时期,由于东南沿海的整体崛起,特别是珠江三角洲的兴起,一度使上海文化的影响相对下降。但近几年上海依靠 200 年的文化积累,在政策的支持下,重新显现出了东方第一城的风貌。

杭　州

从理论上讲,杭州处于钱塘江流域,并不在长江流域之内,但从文化上来看,江南都是梦人乡。与南京不远的杭州和扬州的历史同样曾是笼罩在一片烟花水色之中,文化上的共性明显,长江文化对杭州的影响也是明显的,只是比另两个城市还更多一种关于饮食的牵挂与梦念。

杭州的历史十分悠久,新石器文化就很有影响,附近的河姆渡文化、良渚文化影响巨大。传说是大禹治水在会稽山登陆,有"舍杭"登陆之意。"杭"为一种复合舟船,即两船并扎相并,像今天的双体船。这就成了今天"杭州"的最早出处。杭州在秦汉时称钱塘,曾一度为会稽郡治址,东晋时属吴郡,南朝时曾为钱塘郡治,隋正式设立杭州。隋唐以前杭州历史远没有长江上的成都、武汉等城市光芒耀眼。只是从隋开凿大运河以后,杭州的位置和地位才被世人看重,为唐以后杭州的繁华奠定了基础。

唐代李泌任杭州刺史,开凿井泉,引西湖水入城;后来白居易任刺史后,又筑长堤,将西湖水拦蓄起来,作为农业灌溉之用,以致人们在西湖将白沙堤改称白堤。据研究,杭州当时有 10 万户人口,有"开肆三万室"之称,商业十分发达,南北两大集市"骈檐二十里",每年上缴利税达 50 万之多。钱塘观潮已经是一个重要的游乐项目,唐代许多诗人都到过杭州。[①] 特别是五代吴国以杭州为国都,国王钱镠筑子城,周长 50 余里,以后又在外围筑罗城,周长 70 余里,杭州城的规模大大扩展。

北宋时期随着中国政治经济文化东移南迁,杭州城市的地位越来越重要,北宋苏轼等官员对西湖和六井进一步进行了整治,使西湖的生态环境更加良好,为杭州城市发展增加光彩。城市地位上升,超过当时的苏州城,开始有了"天上天堂,地下苏杭"的民谚。[②]

南宋以临安为都城,大量移民进入杭州,使杭州的社会经济文化发展。南宋杭州城面积约 14 万平方公里,人口 130 万,人口密度十分大。在手工业方面,丝织业、酿酒业、印刷业、造船业都有十分重要的地位。杭州城市商业发达是城市一个重要特色。据称杭州的天街两边"店铺林立",城内街市"居民屋宇高森,接栋连檐,尺寸无空",《都城纪胜》称"客贩往来,旁午于道,曾无虚日",《梦粱录》称"买卖昼夜不绝",城外郊区也是"市井坊陌,铺席骈陌"。大量专业特色的市场出现,有所谓"东门菜,西门水,南门柴,北门米"之称。

宋代杭州城市发展上一个最大特点是饮食娱乐业发达,茶楼

---

① 阙维民:《杭州城池暨西湖历史图说》,浙江人民出版社,2000 年。
② 范成大:《吴郡志》卷 50《杂志》。

酒舍青楼栉比,还有专门的男娼"巢穴"场所。特别是很有特色的勾栏瓦舍,成为平民消费的主要场所。运河两岸,西湖四周,水色春光,灯红酒绿,半壁河山的南宋临安面对国家的危机,更多的人寄情怀于山光水色、酒色歌栏之中,以致时人感叹:"山外青山楼外楼,西湖歌舞几时休?暖风吹得游人醉,直把杭州作汴州。"直到元代马可·波罗仍然称赞杭州是"世界上最名贵富丽之城"。明清以后杭州城的政治经济地位下降,但明清江南地区手工业的发展为城市商业经济提供了条件,而传统的娱乐业发达的风气依旧。

现在杭州的饮食业汇纳百川,而本地杭州(邦)菜虽然不如川菜、粤菜、湘菜风光全国,但特色鲜明,如东坡肉、叫花鸡、西湖醋鱼、龙井虾仁、宋嫂鱼羹、莼菜汤等声名在外,楼外楼、西湖春色使食色更添诗情,以致作家施蛰存称"吃酒似乎等于吃茶"仍是旅游杭州的一个特色。[①] 杭州的娱乐场所往往大气华丽,无数江南春色点缀,仍有南宋遗韵。而这种饮食娱乐和西湖春色与《白蛇传》、济公和尚、西泠印社、雷峰塔融在一起,更增加了杭州饮食娱乐的文化品位。

---

① 李杭育:《老杭州》,江苏美术出版社,2000 年。

第六章 食色长江
——长江流域的饮食文化与美女文化

古人言,食色性也。长江流域食色文化近 2000 年来在中国居领导潮流的地位。从历史上来看,长江流域特殊的地理环境和山川秀美的养育,使长江人和长江城市都显露出灵气和秀气,城市也更能增加食色之趣,故饮食文化和美色文化都十分发达。川菜和淮扬菜都在长江流域,影响非常大的湘菜也居其中。历史上长江流域的成都、扬州、杭州、南京这些城市都是著名的风花雪月和饮食饕餮的食色之地。

美食长江

饮食文化是以生产力为基础的,与资源物产和自然环境相关。唐以来长江流域自然条件对于人类生息总体上是十分优越的,生物资源多样性十分明显,所谓"衣食不期而至",人类的基本生存十分容易,有更多的时间研究饮食文化,为烹饪文化的发展创造了条件。

《史记·货殖列传》载:"楚越之地,地广人希,饭稻羹鱼……果隋蠃蛤,不待贾而足""食无饥馑之患"。而《汉书·地理志》记载成都平原一带"民食稻鱼,亡凶年忧",有所谓"山林泽鱼,园囿瓜果,四节代熟,靡不有焉"的记载。① 在历史上长江流域一方面生物多样明显,森林密布,水域面积大,野生动物繁多,野生植物瓜果丰富,不仅有黄河流域的粟、黍、菽等农作物,还较早广泛种植水稻,使长江流域自一开始饮食文化的物质资源就比黄河流域丰富。

《楚辞·招魂》中记载"室家遂宗,食多方些",有的学者认为就是对饮食品种和制作技术精美的概括。早期楚人喜欢将几种杂米混合在一起为饭,而肉食上则十分复杂,有煮、烧、烤、煎、卤、汤、蒸、羹等烹饪方式,用料有鳖、羊、鹌鹑、猪、天鹅、鸡、狗、雁等。楚人还特别喜欢喝羹汤,除了植物汤菜外,鱼汤、龟汤都是很有特色的。在用料上,楚人注意用桂、姜、椒、葱等,特别讲求五味,即大苦(豆豉)、咸、辛、酸、甘。在特色上,喜欢用植物叶、花等来薰衬食物,称为"籍",如今天松针垫底、荷 叶包裹的粉蒸肉。② 吴越之地邻近海滨,常用鱼作为原料,形成了丰富的鱼类饮食文化,在菜品上,则以莼菜羹最为有名。而巴蜀之地,已经形成了"尚滋味,好辛香"的传统,巴蜀人以姜、茱萸、花椒为三香,其中尤以花椒在饮食中的地位重要,所以花椒是"人家种之"。在饮食上,出现了食酱、魔芋、蹲鸱的食俗,而且形成了喜欢宴聚的传统。③ 在饮酒上,下游的绍酒、上游的清酒都很有特色。

唐宋以来,随着中国政治经济文化重心的东移南迁,长江流域的社会经济地位上升,人口大增,经济实力为饮食文化的发展创造了条件,长江流域的饮食文化深厚远胜北方地区。

---

① 《华阳国志》卷 3。
② 李光灿等:《楚文化丛谈》,长江文艺出版社,1992 年。
③ 蓝勇:《西南历史文化地理》,西南师范大学出版社,1997 年。

以吴越地区为例,《宋史·吴越世家》记载:"南之蝤蛑,北之红羊,东之虾鱼,西之粟米,无不毕备。"南宋临安城酒楼林立,食店、点心店遍布,出现了"玉鲋丝莼""鲈鱼""玲珑牡丹""百味羹""笋焙鹁子""银鱼炒鳝""五味炸鸭""酒蒸鸭""酒炙青虾""酒烧香螺""酸熘鱼""南肉"等饮食品名。在《梦粱录》和《武林旧事》中,记载了大量的杭州饮食店名,特别是许多小吃,如煎白肠、烧饼、蒸饼、糍糕、五味粥、肉合粥、血脏羹、羊鱼、粉羹、鹌鹑儿、羊脂韭饼、澄沙团子、鸡肉面、鱼桐皮面之类,数目达100多种。杭州人还特别喜欢吃蟹,而且方法众多。[①]

唐宋时期的长江上游由于地位的重要,饮食文化也是特色鲜明。一是在富庶的经济基础上,饮食上奢华备至,一则由于阴湿多雨的气候造就了长江上游民间"虽蓬室柴门,食必兼肉"的风俗。汉晋以来游宴的传统风俗仍然不减,出现了一些较有名气的菜品,据统计主食类有15种,肉食类有26种,蔬菜类有15种,副食类有14种,野味类有4种。[②] 许多菜品都与文化名人有关,如诸葛菜、元修菜、棕笋、若竹笋等与诸葛亮、苏轼、陆游、黄庭坚结缘。研究表明,唐宋时期的川菜以麻甜见长,"川饭"的话语已经出现。[③]

明清以前,长江流域经过南北大移民的文化重树后,南北移民的比例大大下降,长江流域在明清主要显现为东西向的移民运动。明清时期长江流域战争酷烈,人口损伤严重,中古传统文化,包括饮食文化多有失传。随之而来的"江西填湖广"和"湖广填四川"移民运动,五方杂处,各地移民的饮食文化在长江流域来了一

① 董楚平、金永平:《吴越文化志》,上海人民出版社,1998年。
② 蓝勇:《西南历史文化地理》,西南师范大学出版社,1997年。
③ 蓝勇:《西南历史文化地理》,西南师范大学出版社,1997年。

个大融合。同时,明清时期许多境外的饮食用料进入中国长江流域,如胡萝卜、丝瓜、马铃薯、甘薯、玉米、辣椒等,特别是辣椒在长江中上游的生根,为长江流域饮食文化的发展奠定了基础。近代中国的菜系也是在此基础上产生发展的。

今天中国的鲁、川、粤、苏、闽、浙、湘、徽八大菜系,其中川、苏、浙、湘、徽五大菜系都在长江流域,可以想见长江饮食文化的魅力。

湖南菜依托湘江丘陵、洞庭湖平原、湘西山地,形成了三种流派的特色风味。湖南菜的特色是依托多种地形的自然资源,野味、腊味、辣味三味并行,其中吃辣的水平是中国其他地区无法望其项背的。

湘江流域菜以长沙、衡阳、湘潭为中心,平原丘陵相间,物种丰富,是湖南菜的主要代表,主要以油重味辣,煨、炖、炒、蒸为主,腊味菜在菜品中比例较大,代表菜有"海参盆蒸""腊味合蒸""走油豆豉扣肉""麻辣子鸡"等。而湘西菜多以山区野味为原料,同时烟熏的各种腊肉,与城市的腊肉风味不同。口味以酸辣著称,如"红烧酸辣""板栗烧菜心""湘西酸肉""炒血鸭"等。洞庭湖区鱼类资源丰富,以烹制各种河鲜、家畜、家禽著称,口味咸辣香软,其中火锅炖菜特别多,著名的菜有"洞庭金龟""网油叉烧洞庭鳜鱼""蝴蝶飘海"等。今天,湘菜"剁椒鱼头""湘式小炒肉"等在外影响很大,剁椒为许多菜系烹饪沿用。

安徽菜地跨长江南北,北过淮河,地貌多样,形成了皖南、沿江和沿淮三大体系,但尤以皖南菜为代表。皖南菜以烹饪山珍海味见长,擅长炖、烧,以保持食物的原汁原味,而沿江菜则以芜湖、安庆为代表,长于烹制河鲜、家禽,用糖比例相对较大,烟熏技术一流。沿淮菜则处南北交界之处,有北方菜系咸味重的特点。至今安徽菜的"臭鳜鱼"在外影响甚大。

江苏菜所依托的地理环境较复杂,其东邻海滨,境内运河南北纵横、湖泊众多,早在宋代就有"苏湖熟,天下足"之称,素有江南鱼米之乡的称法,饮食文化发达。

江苏菜可分成淮扬、金陵、苏锡、徐海四大流派。其中淮扬菜是苏菜的代表,以扬州与淮安一线为区域,江河鱼类丰富,口味清淡,做工精细,刀工尤精,镇江三鱼(鲥鱼、刀鱼、鮰鱼)闻名天下。金陵风味则融江南八方自成一体,发明了许多影响较大的菜品,如松鼠鱼、蛋烧卖、美人肝、凤尾虾四大名菜,成为南京饮食的一道文化品牌,同时还有盐水鸭、鸭血汤等。苏锡菜原以咸甜兼蓄为特点,显现浓油赤酱。近代苏锡菜受淮扬菜的影响向清淡发展。著名的菜有松鼠鳜鱼、碧螺虾、鸡茸蛋、常熟叫花鸡等。徐海菜受北方菜,特别是鲁菜的影响明显,以鲜咸口味为特色,菜品纯朴。总的来看,江苏菜以寻求本味,口味清淡,注重刀工、火候为特色。

四川菜历史悠久,由于四川地形地貌复杂多样,平原、丘陵、山地兼有,气候垂直多样,物产也是多种多样,饮食自然背景相差较大,造就了四川菜品味独特而流派众多的特色。

一般认为近代四川菜分成都、重庆、大河、小河、自内五大流派,现在各自的有自己的一些特色。成都菜一般做工精细,用料讲究,长于麻味的烹饪,小吃较多,菜品文化底蕴浓,而重庆菜由于陪都汇集八方风味,与川菜融合,创新能力强,特点是用料凶猛,大刀阔斧,江湖菜多,以火锅见长。其他大河味(帮)以江津、合江、泸州、宜宾、乐山菜品为主,主要以烹制河鲜菜为主,用料较粗野,味觉厚重,生辣与甜酸结合。小河味(帮)主要指嘉陵江流域的绵阳、遂宁、南充、广元、达川、巴中等地菜品,长于传统菜,三蒸九扣等十大碗、九大碗等民间田席影响较大。自内味(帮)主要指自贡、内江、威远、资中等地,辛辣程度最高,善于用姜,火爆小炒类见长。

川菜总体上以麻、辣、鲜、香、复合重油为特色,以味多、味广、味厚、油重为特色,百菜百味,长于中庸收敛,尤以炒、煎、烧、煸方式见长。著名的川菜以回锅肉、鱼香肉丝、麻婆豆腐、夫妻肺片、宫保肉丁、水煮牛肉、蒜泥白肉、合川肉片、江津肉片等为代表,重庆毛肚火锅名气十分大,江湖菜也是新潮不断。

浙江面临东海,北部平原水道纵横,南部是丘陵山地,有海味与山珍并存的饮食资源,历史上形成杭州、宁波、绍兴三大流派。其中以杭州菜影响较大,杭州菜做工精细,用料考究,以爆、炒、烩、炸为主,宁波菜则以蒸、烤、炖为主,求原汁原味而鲜嫩软滑。绍兴菜则以河鲜为主,以鲜浓香酥为特色。总体上浙江菜讲究用料,酒、葱、姜、糖、醋等皆可入菜,做工精细,文化底蕴强,代表菜有"西湖醋鱼""东坡肉""干炸响铃""雪菜黄鱼""清汤越鸡""叫花鸡""龙井虾仁"等。

长江流域处亚热带地区,生物多样性明显,饮食赖以生存的资源丰富,为烹饪饮食文化的丰富创造了物质基础。这种基础显然是黄河流域不能相比的。在传统时代,中原地区受儒教伦理道德影响,饮食往往在宣传上多受制约,如汉代画像砖和画像石里,中原山东一带的画像砖石充满了对儒家说教和帝王将相的歌功颂德,而四川的画像砖石里却多是宴饮歌舞的场面。在这样的氛围里,长江人更少受儒学礼教的拘束,更多的精力和时间放在烹饪上,享受人生口感之乐。

中国历史上许多名菜都与文化名人有关系,或菜品本身有寄托人们的情感意愿,如诸葛菜、东坡肘子、宫保鸡丁、元修菜、油炸桧（秦桧）、戚公饼、宋嫂鱼等，这使长江流域的饮食文化蕴含有丰富的文化底蕴。

今天，长江流域的菜品在口味上还是以麻辣在全国的影响最大。这是与长江中上游地区注重辛香的传统口味相关的。在中国古代，辛辣的调料十分多，花椒、姜、茱萸、扶留藤、桂、胡椒、芥辣、辣椒等。在明末辣椒传入中国以前，花椒、姜、茱萸使用最多，是中国民间三大辛辣调料。

花椒在中国古代的辛辣用料中地位十分重要，历史上有川椒、汉椒、巴椒、秦椒、蜀椒等名，在中国种植和使用都曾十分普遍。早在《诗经》中便多处提到花椒。特别是中国古代普遍有煮茶加姜、桂、椒的传统。历史上的"五味"之中花椒居其二，而三香中花椒居其一，而过去的五香中也有花椒一席。

清代以前，花椒在中国长江流域上中游、黄河流域中下游都有大量种植，在中国的东中西部都有大量分布。这种花椒出产的分布格局，与汉代至明代全国饮食品种中较多用花椒可以互为证明。历史上民间菜系中普遍使用川椒的风气，现在显然是不存在的，因为现在除四川人外，他省人士几乎都是谈"麻"色变。

中国古代平均四分之一的食品中都要加花椒，与今天菜品中的比例相较，这个比例是十分大了。从北魏开始到明代，使用花椒的比例逐渐增大，最高的唐代达五分之二，明代达三分之一。但从清代开始，花椒在食谱中的比例大大下降，下降到五分之一。这可能与蕃椒（辣椒）传入中国侵占辛辣调料有关。同时清代胡椒的大量使用，也侵夺了花椒在饮食中的份额。于是清代以前在全国十分流行的花椒麻味逐渐被挤到四川一角，使川菜形成麻辣兼备的风韵，中原地区唯有山东等地还有一定的食麻传统。①

辣椒是在明代末年从美洲传入中国的,但最初只是作为观赏作物和药物,进入中国菜的时间并不太长。进入中国后,辣椒才有了蕃椒、地胡椒、斑椒、狗椒、黔椒、辣枚、海椒、辣子、茄椒、辣角、辣、秦椒等名称。

现在最新的研究表明,辣椒可能最先传入中国江浙、两广、湖南、贵州等地,然后才传入西南地区的。

清初,最先食用辣椒的是贵州及其相邻地区。在盐缺乏的贵州,早在康熙年间,"土苗用以代盐",就开始用辣椒代替食盐,可见其与生活的密切程度。从乾隆开始贵州地区已经开始大量食用辣椒了。乾隆年间与贵州相邻的湖南辰州府和云南镇雄府也开始食用辣椒。嘉庆年间,贵州、湖南、四川、江西等省才开始普遍种植。道光年间,贵州北部地区已经是"顿顿之食每物必蕃椒","四时以食"海椒。清代末年贵州地区盛行包谷饭,其菜多用豆花,便是用水泡盐块加海椒,用作蘸水。

湖南一些地区在嘉庆年间食辣并不普遍,但到道光、咸丰、同治、光绪年间,湖南人食用辣椒已经较普遍。据《清稗类钞》记载:"滇、黔、湘、蜀人嗜辣品""(湘鄂人)喜辛辣品","无椒芥不下箸,汤则多有之",说明清代末年湖南、湖北人食辣已经成性。

四川地区食用辣椒的记载较晚,雍正《四川通志》、嘉庆《四川通志》都没有食用辣椒的记载,目前见于记载最早的可能是在乾隆年间。从四川种植和食用辣椒地区来看,主要分布在成都平原,川南、川西南和川、鄂、陕交界的大巴山区。道光、咸丰、同治

---

① 蓝勇:《中国古代辛辣用料的嬗变、流布与农业社会发展》,《中国社会经济史研究》,2000 年第 4 期。

以后,四川食用辣椒开始普遍起来,以至辣椒在四川"山野遍种之"。光绪以后,四川食用辣椒更为普遍,除了民间食用外,经典的川菜食谱中已经大量使用辣椒。清代末年傅崇矩《成都通览》中记载了1300多种菜谱,辣椒已经成为川菜中主要的用料之一,徐心余《蜀游闻见录》记载:"唯川人食辣,须择其极辣者,且每饭每菜,非辣不可。"

据《植物名实图考》记载,当时的江西已经开始食用辣椒,光绪年间江西地区食辣椒已经较为普遍,至今江西南康辣椒酱油仍十分出名。①

辣椒传入中国不过400多年的历史,很快将传统的花椒、茱萸、姜等辛香用料的地位代替,花椒退缩在四川盆地,茱萸几乎退出历史舞台,姜的用途范围也逐渐缩小。经过历史的沉淀,中国食辛辣的地区集中在长江流域的中上游地区,成为中国食辣重区。

中国俗话称:"湖南人不怕辣,贵州人辣不怕,四川人怕不辣,湖北人不辣怕。"实际上从研究来看,现在中国饮食上形成了三个辛辣口味层次区:即长江中上游辛辣重区,包括四川、重庆、湖南、湖北、贵州、陕南等地,辛辣指数在25—151左右;北方微辣区,东及朝鲜半岛,包括北京、山东等地,西经山西、陕北关中及以北的甘肃大部、青海到新疆,是另一个相对辛辣区,辛辣指数在15—26。东南沿海淡味区,在山东以南东南沿海的江苏、上海、浙江、福建、广东为忌辛辣的淡味区,辛辣指数在17以下,其趋势是越往南辛辣指数越低,人们越吃得清淡。②

---

① 蓝勇:《中国古代辛辣用料的嬗变、流布与农业社会发展》,《中国社会经济史研究》,2000年第4期。
② 蓝勇:《中国饮食辛辣口味的地理分布与其成因研究》,《地理研究》2001年第2期。

在长江流域的中上游地区虽然都吃辣椒,但吃的风格却各有特色。

四川地区很早就有好辛香的传统,是一个麻了两千多年的地方。四川人接受辣椒的历史并不太久,但将其发挥得淋漓尽致。论吃辣椒的精细,湖南人实难望其项背。川菜中有辣椒粉、辣椒油、辣椒酱、渣辣椒、干辣椒、糊辣椒、泡辣椒、滋粑辣椒等。将辣椒与其他调味品配合,可制成红油味、麻辣味、酸辣味、糊辣味、陈皮味、鱼香味、怪味、家常味、荔枝味、酱香味等,吃辣之精细,世界一流。再者四川人食辣讲求收敛中庸,将其炸香或者放糖,收敛辣味而有余味,做到辣中含甜,辣而不燥,辣得有层次、辣得舒服。

湖南贵州人吃辣椒从感性上讲一点不比四川人差。湖南人与辣椒的关系和情感可谓密不可分,嗜辣成性,无辣不香,故民间有“糖菜半年粮,海椒当衣裳”之称。湖南人吃辣从不吹牛,绝不硬装,房前房后往往挂上一串串鲜红的辣椒。他们吃辣椒远比四川人吃得干脆,可以白口吃干辣椒面、干辣椒、油炸辣椒,饭店桌上往往都放上一碗或一盅辣子,而不是一小碟油辣子,自由取用,而不像四川人饭店里的油辣子往往放在厨房里,使用时要开尊口。贵州人食辣也是了得,首先食辣在长江流域可以说最早。吃辣椒在百姓生活中根深蒂固,现在许多居民用餐时必备辣子碗,民间的遵义羊肉粉、肠旺面、恋爱豆腐果如果没有辣椒,味道就不值得一提了。

研究表明,长江中上游地区冬季日照指数低、湿润而寒冷而食辣可以驱湿祛寒,这就成为吃辣椒的主要环境成因,所以,长江中游形成重辣区,而下游却属于淡味区。[1]

---

[1] 蓝勇:《中国饮食辛辣口味的地理分布与其成因研究》,《地理研究》2001年第2期。

很有意思的是,辣椒因为环境而具有生命力,而辣椒又赋予了食辣者以革命情怀。辣椒传入中国在长江中上游流域生根发芽,也仅200年左右,也就是这200年间,沉默的长江中上游地区辣出了一大批中国近现代史上的风云人物,如刘光第、邹容、杨锐、宋育仁、向楚、张澜、鼓家珍、蒲殿俊、吴虞、郭沫若、邓小平、朱德、陈毅、刘伯承、聂荣臻、张爱萍、陈独秀、魏源、曾国藩、左宗棠、胡翼林、陈宝琛、黄兴、蔡锷、宋教仁、陈天华、焦达峰、毛泽东、彭德怀、罗荣桓、任弼时、林伯渠、李富春、邓中夏、何叔衡、李立三、陶铸、胡耀邦等。毛泽东曾经说过,不吃辣子不革命。看来,革命还真与吃辣椒有关系了!①

今天中国的八大菜系中在中国和世界影响最大的是川菜、粤菜和湘菜,尤以川菜和湘菜的发展趋势最猛,民间普及率最高。全国各地城乡几乎普遍受到以辛辣革命为核心的川菜、湘菜的冲击,特别是川菜,风行全国,走向世界。长江流域的饮食文化成为中国饮食文化的主流。

在饮食文化中酒文化的影响也十分大,长江流域的酒文化也是地位独特。古代越酒影响很大,绍酒成为贡酒,巴乡清酒成为绝品,为酒品中最高的一种。唐宋以来,长江上游的酒业发达,出现了汉州鹅黄、眉州玻璃、郫筒酒、荣州琥珀、云安曲米、戎州荔枝绿、重碧酒、江阳酒、剑南烧春酒、青城乳酒、嘉州香酒、绵竹蜜酒、阆中斋酒、临邛饷酒、成都生春酒、长宁兵厨酒、巴州竹根酒、忠州引藤酒等酒。唐诗中的"万里桥边多酒家""益州宦楼酒如海",道出了当地酒文化的发达。② 而《武林旧事》记载杭州市场上的酒

① 蓝勇:《中国辛辣文化与辛辣革命》,《南方周末》2002年1月24日。
② 蓝勇:《西南历史文化地理》,西南师范大学出版社,1997年。

名达 58 种,酒品相当丰富。

明代长江上游仍有许多名酒,如郫筒酒、潼川府粟米酒、遂宁火米酒、成都酚醾花酒、重府酒、麻柳酒、峨嵋玻璃酒、汉州鹅黄酒、荣州琥珀酒。清代,长江上游的酒名更是繁多,举不胜举。特别是大量移民进入后,带来许多新的酿造技术,与四川水土资源融合,酿造出了经典名酒,使长江上游成了中国白酒名酒中心。近代五粮液、茅台酒、剑南春、郎酒、泸州老窖、习酒、沱牌舍得、全兴大曲、文君酒、酒鬼酒等中国重要的名酒都是长江上游的水土发酵酿造的,与辛辣文化大都重叠在一起。

一般认为,蒸馏酒产生在宋代。蒸馏酒对粮食的需求较大,宋以后社会经济发达,特别是水稻的大量种植和早熟品种的推广,使长江流域可用于酿酒的粮食基础雄厚,为蒸馏酒的发展创造了条件。明以后,美洲高产粮食作物红薯、玉米的传入,长江流域成为重要的种植地区,高产和多种杂粮作物的构成,也为蒸馏酒的发展创造了条件。同时,长江流域地处亚热带气候带,日照低而湿度大,微生物丰富,土质、水质优良,这也为长江中上游成为我国最重要的蒸馏酒生产地区创造了物质条件。

同时,长江流域也是重要的茶叶生产基地。在唐以前,长江流域一些地方还有原生的茶树,两人合抱,高大古老。《华阳国志》中记载了四川许多地区产好茶,王褒《僮约》记载僮每天"烹茶"和"武阳买茶"。刘琨《购茶书》记载安州(湖南安陆)产茶,而《桐君录》记载了西阳(湖北黄冈东)、武昌、晋陵(常州)产茶,《荆州土地记》则记载武陵产茶,说明茶在长江流域的地位自古已然。唐代蜀茶的地位首屈一指,有所谓"唯蜀茶南走百越,北临五湖,皆自固其茗香,滋味不变"①,同时也有"唐茶口是多,亦以蜀茶为重"之称②。唐代长江下游的浙茶也有了较大的影响,湖州、杭州、晓州、越州、明州、婺州、台州的茶影响尤为明显。③ 宋以后,长江下游和东南丘陵地区茶业总体发展起来,建茶成为中国重要的茶业品牌,为茶中上品,其中北苑茶号称天下第一,四川茶的质量不高,地位相对下降。④

明清以来,长江下游的东南丘陵地区的茶品仍然在中国影响最大,建茶仍为茶中上品。

今天,中国十大名茶虽然排列差异较大,但长江流域茶仍独占鳌头,如西湖龙井、黄山毛峰、君山银针、祁门红茶、碧螺春、蒙顶山茶、恩施玉露、庐山云雾等都是传统的名茶。

茶业在长江流域社会生活中地位重要,浙江的茶文化传入日本,形成了有世界影响的日本茶道,而中国民间茶馆文化成为百姓生活中的一个重要内容。据《梦粱录》和《武林旧事》记载,南宋的临安茶坊林立,既有一般下层社会的茶坊,也有上层士人的茶坊,还有流动卖茶水的。近代以来,长江下游的苏州和长江上游的成都都是茶馆文化十分发达的地区,茶馆成为日常交流信息、买卖交易的重要场所,同时也成为休闲娱乐的重要场所。

从茶馆文化来看,中国城市中北京、苏州、广州、杭州、成都的茶馆文化最为丰富,也较有特色。这些城市在古代有一个共同的特色,就是传统文化的色彩较浓,消费性城市色彩较明显,人们生活和生产节奏相对较慢。其中长江流域的苏州、杭州和成都的茶

---

① 杨华:《膳夫经手录》。
② 胡仔:《苕溪渔隐丛话》卷46。
③ 童楚平、金永平:《吴越文化志》,上海人民出版社,1998年。
④ 程民生:《宋代地域经济》,河南大学出版社,1992年。

馆往往与自然融合在一起,苏州和杭州的园林、湖水、小溪、假山与茶园一体,成都的茶馆则与竹林、河水相依。

成都人休闲的传统与茶馆结合在一起,很多时间都是在茶馆度过。许多人是从早到晚都泡在茶馆中,还有专门喝加班茶的。民国时期,成都的华华茶园,可同时容上千人喝茶,所以以前成都可谓茶馆无街无之。茶馆的市民化也最明显,茶馆里一般还有川剧和四川评书表演。今天,川渝等地城乡的茶馆林立,但茶馆多是一个自我娱乐、交友的载体,茶馆中摆龙门阵、交流信息、洽谈生意、搓麻将、斗地主等娱乐才是主题。

苏州的茶馆在历史上也是特色鲜明,一般茶馆往往与书场结合在一起。20世纪二三十年代,苏州城市人口只有20万左右,茶馆与书场一体的却有150多家,单纯的茶馆更多。苏式茶馆强调热食热饮,还有糕点佐茶,与今天的高档茶楼相仿。

杭州的茶馆早在南宋时期已经很有名气,许多都挂名人字画来增加茶馆的文化色彩。以前的杭州茶馆多在湖边和河边,茶馆中也多有说杭州大书的,文化味较浓。据说今天杭州有几千家茶馆,而且老板80%是20多岁到40多岁的女性,这陡增了杭州茶馆的文化柔性。杭州的许多茶馆还有茶道表演,可听江南丝竹、古筝,也可听流行音乐、下围棋。

可以说苏州、杭州的茶馆文化文化底蕴更深,而成都、重庆的茶馆市民化程度更高,这显现了近代长江首尾的文化差异。

美色长江

谁都愿生在花丛中,以美女为伴。可是除了皇帝身边,不是所有地方都是美女如云的。对于一般百姓来说,找一个美女更多的地区安居生活,倒是一个十分近捷的方式,找到美女的概率就会大得多。这样,即使不能以美女伴随终身,也可一饱眼福,求得平安。

中国的美女在何方?正是在我们的母亲河——长江。

长江下游自古出美女。春秋时期,越王勾践"十年生聚,十年教训",在诸暨县进行了中国第一次选美,选出了千古美女西施和郑旦。

西施的故事我们并不陌生。西施,又名夷光,是春秋时越国的美人,出生在浙江诸暨兰萝村,丽质天生,美貌出众。春秋时吴越两国虽都居长江下游,但一南一北,自来双方争霸不断。越国的势力最初不如吴国强大,只有称臣于吴,屈辱有加。越王勾践立志摆脱国破的屈辱,卧薪尝胆,思考怎样才能将吴国打败。越王在范蠡等人的计谋下,玩起了美人计。将选出的美女西施和郑旦献给吴王夫差为妃子。真是英雄难过美人关,西施施展绝色,将吴王搞得神魂颠倒,众叛亲离,国事顿衰,为越王勾践复国奠定了基础。据说吴国灭亡后,西施与范蠡周游五湖,远离红尘,随情爱而去,留下千古疑云,令后人寻忆遐思不断。至今还留有西施殿、浣纱溪、浣纱石等胜迹为我们探幽访古,遐想西施的美貌。

从此以后,江南名妓不断涌现。相传南齐的钱塘苏小小,身材娇小,美色出众,诗文甚佳,常与文人墨客唱和。南朝则有歌妓出身的张丽华,秀发娟长,美色逼人,迷住了陈后主,留下了《玉树后庭花》:"丽宇芳林对高阁,新装艳质本倾城;映户凝娇乍不进,出帷含态笑相迎。妖姬脸似花含露,玉树流光照后庭;花开花落不长久,落红满地归寂中"这首千古艳丽的亡国之词。唐代江南美女杜秋娘更是以其美色和才华,左右唐宪宗。宋代则有苏东坡的相好歌女王朝云,不知触发苏东坡多少诗情文绪。

明清以来,江南富庶,更添风花雪月,历史上的"秦淮八艳"声名远播,李香君、柳如是、马湘兰、寇白门、陈圆圆、卞玉京、顾眉生、董小宛等,个个美貌出众。据记载寇白门是"娟娟静美,跌宕风流,能度曲,善画兰,相知拍韵,能吟诗"。卞玉京除美貌外,也是诗琴书画无所不长,在文史上也较有素养;顾眉生则"庄妍靓雅,风度超群;鬓发如云,桃花满面,弓弯纤小,腰肢轻亚。通文史,善画兰",也是才貌双全的才女。董小宛,据说是窈窕娟秀,美色动人,醉心于书法绘画,与众多文人墨客为伍,特别是长于烹饪,发明了董糖、董肉(虎皮肉)。柳如是也是美艳绝代,才气横溢,诗文书画音乐都十分擅长。名气最大的陈圆圆秀色花容,艳丽美白,能歌善舞,因参与明清政治而名声大振。马湘兰,也名马守真,才艺双全,聪明机灵,能书善画,尤长画兰,故得名马湘兰。李香君,也是美貌出众,尤以肤如白玉,娇小玲珑见长,能歌善舞,又通音律诗词,因参与晚明政治名声甚大,清初孔尚任著《桃花扇》流传至今,留有"媚香楼",使李香君与陈圆圆一起为秦淮八艳中名气最大的两位。在中国古代,文化人狎妓十分普遍,看来与当时妓女文化品味较高有一定的关系。

明清还流传有"扬州出美人"的说法,故俚语称扬州"瘦马"。所谓扬州"瘦马"指当时一些经纪人将江南一些农村贫困但清秀的小女孩从小养起,教以文化,授以歌舞,晓以礼节,长成年后出卖给官贵人家为妾(姨太太)、婢、娼等。一般这些小女孩都较为漂亮,据说是因为扬州话称老婆为"马马",故有"瘦马"之称。明代王士慎对扬州美人有详细的记载,有所谓"天下不少美妇人,而必于广陵者"的说法。沈德符则称:"今人买妾大抵广陵居多",扬州美女成为当时上层社会纳妾、买婢的对象,有所谓"要娶小,扬州讨"的民谣。当时扬州也专门有红灯区"瘦马巷",惹得秀才留有"骑鹤下扬州"的典故。

近代著名的名妓赛金花也是安徽人,早年就在秦淮河的花船上谋生。而名妓小凤仙也是浙江的旗人,最初也是在南京和上海卖艺。昔日,中国最出名的花柳之地当为秦淮河畔,粉黛婉约,烟花飞绕,脂艳扑面。今天,我们熟知苏杭二州出美女,更是令外地游客神往。

长江中游也出美女,早年就有美女娥皇、女英为舜而泪洒斑竹的传说。宋玉《登徒子好色赋》称"天下之佳人,莫若楚国"。至于高唐神女的云雨巫山唤起古今中外多少游客的向往。汉代王昭君的美色更是世人皆知,至今湘女多情更是一度使得人们向往"玫瑰之约"。

王嫱,字昭君,出生在今天湖北兴山县(汉属秭归县)宝坪村。王昭君本来"丰容靓饰",但长期不为汉元帝知晓而空守楼阁。王昭君自愿出嫁匈奴,本有寻求自然欢爱之意。当然远嫁异乡,难免产生离愁别绪。在传统时代,交通梗阻,通讯不便,也许离别之情的伤感远大于今朝。不过,历史上人们称赞昭君更多是对其出塞和亲,播下了民族团结友好的种子,这才是后人千古咏唱的原因。今天兴山县是落后的,大山莽莽的深处却给我们留下了香溪、妃台山、昭君村、楠木井、梳妆台、绣鞋洞、望乡滩等遗迹供后人访古探幽,去探究荒僻大山滋养出千古美人的秘密。我们还可从昭君纪念馆的昭君家族70多代孙女身上去追忆昔日昭君的风采。昭君故里兴山县和呼和浩特的昭君墓我都去过,两地的自然和人文色彩相差十分大。在传统的社会里,这种强烈的生存环境的反差使我们更能理解历史上许多文人对昭君出塞的凄苦描述,所谓"一去紫台连朔漠,独留青冢向黄昏"。我能理解到一个山村女子、失宠宫女远离故土的胆略和苦涩。

　　长江上游更是美女如云。汉代的卓文君,唐代武则天、杨贵妃、薛涛,五代的张窈窕、花蕊夫人都是著名的美人。而且长江上游的美女往往才貌双全,汉代的卓文君就是琴棋相兼,诗文出众,武则天则"素对智计,兼涉文史",杨贵妃也是能歌能舞,精通乐器,有"智算警颖"之称,女校书薛涛更是才艺过人,诗名远播,五代有一位张窈窕也是"下笔成章",至于两位花蕊夫人都是才气逼人,难怪《鉴诫录》称"蜀出才妇"。

　　作为中国古代四大美女的杨贵妃,历史上一般称蒲州永乐人(陕西华阴县),但杨贵妃早年随父杨玄琰为蜀州司马迁往四川,至今在四川还留有许多遗迹,如都江堰市有娘娘岭,还发掘出杨贵妃墓。由于家庭的影响,杨贵妃早年通晓音乐,能歌善舞。能从四川选入宫中为唐玄宗十八子寿王之妃,显现了她的美色。后唐玄宗发现她很有姿色,想将其纳入后宫,但囿于辈分,故先将她下贬为女道士,号太真。到天宝四年(745 年),才将杨贵妃转入宫中,大为得宠,封为贵妃。父兄也因此得利,权倾天下,众官争相献媚,留下快马转递蜀中荔枝入长安的故事。在中国古代美女中,杨贵妃是以丰满诱色出名,据说躺在凉席上,脂肉可从凉席中溢出,这倒是符合唐代那种崇尚丰满的时代特征。不过,红颜薄命,"安史之乱"中,杨贵妃的兄弟杨国忠有罪,堂妹也因此难免于祸,被缢死于马嵬驿,成为唐玄宗的替罪羊。

　　如果说杨贵妃是半个四川人的话,那么武则天则是一个十足的四川人。武则天本来也是美貌出众,只是她的政治风采已经将她的女性柔情抹去太多。武则天的祖籍在山西文水,虽然出身在长安城,但从小随在蜀当官的父亲生活,四川的山水风光滋养了武则天,使她美貌出众。唐朝贞观十一年(637 年),唐太宗闻武氏美貌出众,将其纳入宫中,成为级别十分低下的才人。当年武氏年仅 14 岁,从此开始了她曲折的政治生涯。成熟的武则天不仅貌美,而且工于心计,心黑手毒,不断谋得唐高宗欢心,大权在握,最后于载初元年(690 年)废掉睿宗李旦,自己建立周政权,自封为皇帝,成为中国历史上唯一的一位女皇。

不过,现代学者有人认为武则天就是生在四川广元。据李商隐《利州江潭作》诗自注、《太平御览》和胡震亨《唐音癸签》记载,传说是武则天父武士彟为利州都督时,其妻在江边感受与金龙相交而怀孕,生下武氏。1955 年,考古工作者在广元发现《利州都督府皇泽寺唐则天皇后武氏新庙记》碑,为五代孟蜀孟昶所撰,碑中有:"贞观时,父士彟为都督,于是□□□后焉。"有人补字为"州始生"。今天在广元还有则天坝、梳妆楼、皇泽寺等遗迹,还有农历正月二十三的女儿节,当地妇女以这一天为武则天生日而游河湾。

至今川渝两地出美女,在中国已经不是新闻,特别是重庆和四川泸州这两个江城,更是美女聚集,名声在外。常见一歪瓜裂枣的男人与美女为伴,惹得北方和南方的男士们心理不平衡,发出到了重庆才感结婚太早的感叹!

其实,美女多,一得于水土,一得于遗传。论水土,黄河流域风沙太大,日照太强,不利于美人们培养水色;岭南地区则湿热有余,蒙古利亚南亚人种的本质特征,自然不符合传统中国以协调中庸为美的传统审美取向。唯长江流域日照适中,风和日丽,气候湿润,浩浩长江汇万千元素,不知养育了千古多少佳人绝艳。长江流域北靠黄河,南通岭南,青山绿水,人种以蒙古利亚东亚型为主,面部轮廓适中,身高体态居中。再加南来北往,东西杂交,生物遗传优势明显得很,遗传距离规律优势明显,自然使长江流域成为美人的故乡。也许这样,我们终于会理解中国四大古典美人,其中西施、王昭君、杨贵妃都是在长江流域,而貂蝉不过是一个传说中的人物,始见于元代,或许也是长江流域的人。清代徐震的《美人谱》记载了 26 位中国古代美人,从可考籍贯来看,大都出生在长江流域。在长江流域的一些穷乡僻壤往往也是美女集中的地方,据记载清代贵州毕节一带女人"水色极佳",四川的许多富商和官员"欲求佳丽作姬妾者",都要到其地选择,就像下江人到扬州选美妾一样。

不过,不是中国其他地方就不出美女。历代都城都是美女集中之地,因为这个地方往往是美女资源能得到充分开发的地方。今天北京文艺界就有很多美女,不过多是地方支援北京的结果。北方有青岛、大连、哈尔滨多美女的说法。在北方历史上许多地方就以出美女闻名,如明代的"口外四绝""九边三绝"中便有大同婆娘,有所谓大同"妇女之美丽"是"皆边塞所无者"。而陕西也有"米脂的婆姨,绥德的汉"之说。不过,我到米脂并没有感受到美女氛围,也不明白为何将貂蝉认定为米脂人。

中国古代美女也算一种资源,不过更多是作为一种政治资源,作为和亲的工具,再者是为达官贵人们纳妻妾之用,有意识地将其作为一种经济资源,特别是作为一种旅游资源来看的甚少。长江流域这种美女资源自然是中国第一,这显然是万里长江馈赠给我们的一笔财富。

长江流域气候湿润,沃土水乡,物产丰富,衣食不期而至,美食、美人、美酒、美茶,配上万里长江的青山绿水,确实是一个适合人类基本生存的世界级流域。细想起来,自古以来,就没有几个建立在长江流域的王朝一统天下,成都、南京、杭州都不过是一些地方政权和偏安王朝之地。也难怪,在这样的地方建立起来的政权,不过是建立在一片灯红酒绿的诱惑之中的政权,不会有一种群体的政治冲动,也难以形成一种强悍的军事张力。近代的一些政治军事家也多出在长江流域的中游和成都平原以外的长江上游那些相对没有太多诱惑的贫瘠之地。不过,今天的长江流域,是一个令人们享受人生,颐养身心的福地。在山光水色与美人如云的背景下,尝美食,喝美酒,茗香茶,打麻将,斗地主,洗脚按摩,听书,摆龙门阵,享受人生食色,那可能是北方黄河流域所不能相比的了。

第七章　风土长江
——长江流域的民俗文化

《汉书·地理志》记载:

> 凡民函五常之性,而其刚柔缓急,音声不同,系水土之风气,故谓之风。好恶取舍,动静无常,随君上之情欲,故谓之俗。

十里不同俗,百里不同音。中国长江和黄河在历史上很长时间内都是南北文化的自然载体,文化的共性明显但差异也突出,在风俗上也是如此。

万里长江横亘在东亚大陆上,流域面积 180 多万平方公里,占全国国土的 18.8%,流经高原、盆地、丘陵、平原直入东海,东西跨过 32 个经度,南北涉及 11 个纬度,所经流域历史上民族众多,移民不断。虽然总体上长江文化一体性明显,但流域内千差万别、丰富多彩。

信仰与宗教

首先早期的自然崇拜和祖先崇拜丰富多彩,但都显现出地域的特色。荆楚一带因楚人的始祖祝融是炎帝之佐,故形成了拜日的传统,至今在湖北仍有农历十一月十九日或者六月六日为太阳做生日的传统。同时祝融曾任火正,民间又有崇拜火的风俗。研究表明,尚火又延伸出崇拜赤的"尚赤"传统。而日出东方,又形成尚东的风尚。由于出产苞茅,传统上荆楚地区又形成崇拜茅的风俗,而出产桃、棘,又有了崇拜桃的风尚。由于楚人先祖炎帝原为鸾的化身,而鸾即凤,故楚人以凤为祖先崇拜。[①] 在吴越地区,最明显的自然崇拜是鸟崇拜,不仅在河姆渡文化遗址中出土了有神鸟的象牙板和骨匙,还有良渚文化遗址中出土的玉鸟,还有羽人和鸟田的神话,都说明鸟崇拜在长江下游十分突出。[②] 长江上游的自然背景更为复杂,民族文化的多元性更加突出,这使得自然崇拜和祖先崇拜显得更为复杂。如大石崇拜,这是与长江上游的地理风貌紧密相关的。由于野生动物众多,对野生动物的崇拜就十分突出,如对虎、龙、蛇、狗、鸟、牛、鱼等动物的崇拜,十分流行。[③]

远古时代,长江流域森林密布,河汉纵横,人烟稀少,长江下中上游地区,许多崇拜都在信巫尚鬼的巫术下产生和发展。

吴越地区自古就好鬼神,信巫术,应劭《风俗通义》称"会稽俗多淫祀,好卜筮"。历代长江下游往往都有赛神会,以后演变成文化娱乐和经济贸易的庙会,信仰的成分开始下降。

早在《史记·封禅书》中就记载有"越人俗鬼,其祠皆见鬼"。《汉书·地理志》中记载荆楚"信巫鬼,重淫祀","吴楚之俗多淫祀",东汉王逸注《九歌》云:"昔楚南郢之邑,沅湘之间,其俗信鬼而好祀,其祀必使现作乐,歌舞以娱神。"相应的占卜、畜蛊、傩巫流行,也因此自古荆州多神祠。不过,在我看来,这些民间神祠多

---

① 张正明、刘玉堂:《荆楚文化志》,上海人民出版社,1998年。

② 董楚平、金永平:《吴越文化志》,上海人民出版社,1998年。

③ 蓝勇:《西南历史文化地理》,西南师范大学出版社,1997年。

是神化了的先贤。长江中游一带由于巫术盛行,形成了"俗尚巫鬼,不事医药"的传统。在巫术的发展过程中,往往与长江上游产生的道教融合在一起。至今在长江中上游的落后地区,跳端公仍然是十分重要的风俗。

长江下游魏晋南北朝时期以来,形成了对先贤的信仰传统,如对大禹、泰伯、季札、伍子胥的供奉风俗代代相传,往往多立祠以神相供。所以元人袁桷称南北朝以前"吴越旧俗,敬事鬼神"①。

长江上游也是巫术盛行,巴人就是"俱事鬼神",②滇东北一带也"俗妖巫,或禁忌,多神祠"。③ 直到宋代川陕地区仍然有杀人祀鬼的传统。长江上游的民间神祀往往也是以祀祭前贤为主,一直演变到明清时期这种信仰纷繁杂乱,其中川主信仰、孔明信仰特色十分鲜明。贵州地区的竹王信仰也颇具特色,特别是傩文化仍然有古代的巫术文化遗韵。

明清以来,经过"江西填湖广"和"湖广填四川"的移民过程,长江中上游的移民会馆林立,移民会馆各祀私神,供奉自己的乡土神祀,湖广移民会馆称禹王宫,一般奉供大禹;江西移民会馆称万寿宫,一般供奉许真君许逊;福建移民会馆称天后宫,一般供奉妈祖;广东移民会馆称南华宫,一般供奉六祖慧能;陕西移民会馆称西秦会馆或三元宫,主要供奉关羽;贵州移民会馆则主要供奉黑神。据统计清代仅四川地区就有移民会馆1400多个,遍布四川的城乡。在这样的背景下,长江中上游更是淫祀繁多,以至民国时期,国内对民间淫祀进行了清理,废除

①《清容居士集·陆氏舍田记》。
②《后汉书》卷86。
③《华阳国志》卷4。

了许多神祇。①

　　长江流域是我国传统道教的发源地。道教思想的创始人老子和庄子都出生或主要生活在长江流域,道家作为学术流派早在春秋战国时期就流行了。而作为宗教出现,是在东汉时期。北方的太平道,因为黄巾起义而衰败,而在长江流域兴起了的五斗米道,后称天师道,即后来的正一道派。金代出现全真道派。到明清时形成正一道又称符箓派,全真道则成为丹鼎派。

　　在历史上长江流域许多地区道教的影响远比佛教大,这在宋以前十分明显。

　　以四川为例,汉晋南北朝时期,四川地区道教的影响远在佛教之上。唐代全国佛教势力比道教更大,唯在四川道教的影响远远大于佛教,神仙人物众多,当时峨眉山道观已经有 100 多个。这种道盛佛衰现象到了宋元时期才得以改变。宋以来四川地区的佛教影响开始超过道教,峨眉山的道观也日渐衰落,佛教寺庙逐渐成了主体,成为著名的佛教名山。②

　　早在汉晋南北朝时,道教在长江下游就有较大的影响,魏晋时期出现了改造道教的重要人物葛洪。葛洪为晋丹阳句容人,对神仙之术尤为钟情,长于炼丹之术,曾撰《抱朴子》一书,创金丹派新道教。而南朝时陆修静则改革道教的斋仪式,创立南天师道,而陶弘景则创茅山宗。隋唐五代时杜光庭等入天台山修道,曾撰《道教真经广圣义》等著作,对道教的经典、思想源流、道家教规等多有研究。而在宋代吴越地区的张伯端在天台山传道授业,撰

----

① 蓝勇:《西南历史文化地理》附录一,西南师范大学出版社,1997 年;张国雄:《明清时期两湖移民》,陕西人民教育出版社,1995 年。
② 蓝勇:《西南历史文化地理》,西南师范大学出版社,1997 年。

《悟真篇》一书,创立南宗。[1]

荆楚地区远古虽然重巫信鬼,但作为宗教的道教势力的影响在宋以前并不十分突出。从宋代开始荆楚地区出现了一些新教派,道教的势力开始上升。八仙的传说一般兴起于唐宋,八仙中何仙姑是荆楚人氏,而吕洞宾也是主要活动在长江中游地区。明清以来,长江中游的武当山、龙虎山、阁皂山、南昌西山等都是重要的道教重地。如武当山,早在元代开始就成为道教名山,有宫观七十多座,道士数以千计。"太岳朝香"已经成为许多地区的重要宗教文化现象。龙虎山则早在南唐时期就建成有天师庙,宋徽宗改其名为演法观,影响甚大。而阁皂山为道教七十二福地之一,历史上曾有崇真观,为宋徽宗所赐名。[2]

今天,道教的72福地,36洞天,其中绝大多数都是在长江流域,五斗米教的二十四治则主要在长江上游地区。今天,长江上游的青城山、鹤鸣山、丰都名山、长江中游的武当山、龙虎山、阁皂山,长江下游的茅山、天台山等都是重要的道教圣地。长江是中国道教文化的母亲河,而道教强调人与自然协调发展的柔性文化正是长江文化有别于黄河的刚性文化之处。

一般认为佛教是从中国西北地区先传入中国北方地区,后才传入长江流域的。但是近来的研究表明,佛教传入中国可能存在不同的途径。近几十年,在长江上游的乐山、绵阳、彭山、忠县、宜宾、芦山、雅安、西昌和云南的保山、大理等地和长江下游的一些地区出土了一些怀疑是东汉时期的早期佛教文物。有的专家断言,存在一个南传的佛教系统,早于从西北传入我国的佛教,可能

---

① 董楚平、金永平:《吴越文化志》,上海人民出版社,1998 年。
② 张正明、刘玉堂:《荆楚文化志》,上海人民出版社,1998 年;张伟然:《湖北历史文化地理》,湖北教育出版社,2001 年。

是从缅甸、云南、四川经长江传入中国东部地区。目前因为存在
从西北传入四川再传入长江中下游的可能,故具体传入路线还难
完全有定论。但可以肯定的是,两晋南北朝隋唐时期,大量僧人
从缅甸、云南到长江上游地区,不仅众多的史籍有记载,而且至今
还有许多传说和古迹可供我们寻访。岁月流逝,人们将许多玄奘
取经的事迹附会在滇缅南方丝绸之路上,历史上四川汉源县白马
护经堡、晒经山晒经石、三藏梨、梵音水、元谋火焰山西游记石像
龛、大理晒经坡等可为证。①

根据史料记载来看,早在东汉时期佛教已经影响到江南吴越
地区,东汉桓、灵帝时期,安息国僧侣安世高就到过丹阳、会稽等
地传播佛法,《三国志·刘繇传》就记载了丹阳人笮融大搞法事,
聚众多达万人以上。从考古发现来看,也证明了这一点,即汉代
佛教南传系统的秣菟罗式遗迹在江苏、安徽、江西等地也有
发现。②

三国时期,吴都建业成为江南最重要的佛教文化之地,大量
高僧到此讲学、译经,并建立佛寺大市寺。魏晋时期,玄学与佛学
融杂在一起,都得到政府的重视。特别是东晋时期,僧人法显到
印度取经从海道回国,在建康道场寺与僧人宝云、觉贤等共同翻
译经书,后又写成著名的《佛国记》流传千古。南朝时期梁武帝将
佛教定为国教,建康当时佛寺达 700 多所,僧尼多达 10 余万。就
是到了唐代,诗人的诗句中也有"南朝四百八十寺,多少楼台烟雨
中"的咏叹。特别是南北朝梁出现了著名的佛学家慧皎,写成了
我国第一部僧人传《高僧传》,对中国佛教文化的流传影响十

---

① 蓝勇:《西南历史文化地理》,西南师范大学出版社,1997 年。
② 阮荣春:《早期佛教造像南传系统资料》,《东南文化》1990 年第 5 期。

分大。①

　　五代以来,长江下游的佛教仍然兴盛,扬州大云寺、升州功德寺、天台山国清寺、牛首山仙窟寺都是著名的名寺,而杭州的寺庙更是众多,苏东坡有"西湖三百六十寺"的诗句来形容杭州寺庙之多。

　　今天看来,江南佛教在历史上最有影响的还是天台宗。南北朝末期,智顗以天台山为根据地,创立天台宗。后来,天台宗广泛传播,特别是传播到朝鲜、日本等地,天台山、天台寺(国清寺)也成为中国佛教四大丛林之一。而禅宗的曹洞、云门、法眼派为吴越人所创,流传也主要在吴越地区。其他如律宗、华严宗、净土宗等在江南地区也有较大的影响。

　　长江中游地区佛教在历史上影响也较大,最早的佛寺可追溯到传言的三国时期武昌的(鄂州)昌乐寺和慧宝寺。东晋南朝时期长江中游佛寺林立,襄阳白马寺、檀溪寺、松滋上明寺、庐山东林寺、江陵辛寺都十分有名。据道宣《释迦方志》记载,荆州就有佛寺 108 座,僧尼超过 3200 人。

　　隋唐以来,长江中游出现襄阳龙泉寺、当阳玉泉寺、度门寺、潭州(长沙)岳麓寺、衡州湖东寺、洪州开元寺、庐山大林寺,以及黄梅东山寺等名寺。但据研究表明长江中游在唐宋以来,除南禅宗有所影响外,其他天台宗、净土宗、三论宗、法相宗、华严宗、律宗等虽都有一定的影响,但势力都十分弱小,没有较大的名寺和著名的高僧出现。② 值得一提的是,禅宗的起源与长江中游关系十分密切,禅宗的四祖道信就是定居在湖北黄梅双峰山,五祖弘

---

① 董楚平、金永平:《吴越文化志》,上海人民出版社,1998 年。
② 张正明、刘玉堂:《荆楚文化志》,上海人民出版社,1998 年。

忍在黄梅冯茂山东山寺（今真慧寺）。而禅宗的南北分流就是在东山寺展开的。慧能开创南宗禅虽然是在韶州（广东韶关西），但在长江中游十分流行。而神秀开创北宗禅，主要是依靠湖北当阳的玉泉山玉泉寺，虽然在北方地区较为流行，但神秀的弟子神会南行师从慧能，将南禅宗在长江中游一带推广。[①]

长江上游与长江中游正好相反，作为道教的发源地之一，早期道教势力十分大，今天著名的佛教圣地峨眉山在宋以前主要是道教的圣山。从文献上统计，这个时期也是道教人物多于佛教人物。唐代，长江上游民间信仰繁杂，神仙人物众多，鬼怪神仙云集。但宋以后佛教势力大增，不仅峨眉山变成了一个佛教圣山，而且在民间佛教的普及率也在大大上升，据文献统计的佛教人物大大增多。特别是唐末五代宋以来的四川地区佛教石刻造像运动，更是将四川地区佛教的影响扩大。而长江中游则是早期佛教势力大，宋以后道教势力才增大，显现了道教文化的东传。这是否与中国文化的东移南迁有关系，还有待研究。

不过可以肯定的是，中国历史上的宗教信仰具有十分明显的功利和世俗特色，这是中国传统文化的政教分离，宗教文化的民间性强所决定的。佛教在传入中国后，经历了一个中国化的过程，这个过程包含十分明显的世俗化。就中国南北来看，长江流域的佛教比黄河流域的佛教更具世俗化，如同南禅宗的顿悟的随心修行与北禅宗渐悟的时时刻意死板区别一样。从长江上游的佛教造像来看，完全是一种世俗生活的客观反映，如我们熟知的大足石刻，与北方黄河流域石刻的佛教经典化、传统化风格迥异。

同时，中国传统信仰的功利性决定了世人对教义本身的轻薄

---

① 张正明、刘玉堂：《荆楚文化志》，上海人民出版社，1998 年。

而显现宗教目的的现实追求,所以在中国历史上的宗教信仰中,往往是儒佛道和民间信仰混合一体,难分你我。从历史上来看,长江流域开发相对较晚,受中原传统儒家文化的影响相对较弱,特别是复杂的地形地貌和气候条件决定了民间信仰的更复杂更多元。同时,元代以前长江流域主要接纳黄河流域的移民,以后则主要是长江流域内部东西向移民,移民文化对长江流域文化的影响比北方黄河流域更大,这就使得长江流域的宗教信仰复杂多元。明清以来,长江流域的佛寺、道观、移民会馆、土地庙、城隍庙及其他民间信仰庙宇、祠堂尤为纷繁,故时称淫祀众多,才有民国初期的整理运动。

节气文化传播

如果说信仰更具有风俗中风的内涵,节气则明显更突出风俗中俗的精华。在上古的文化圈内,长江实际上分成两个文化地理单元,一个是江南,包括吴越和荆楚,一个是巴蜀,分界线就是长江三峡。东面的江南文化更有江河海洋文化的气息,而西部的巴蜀显现内陆文化与江河文化共同的因素。

中国主要的传统节气共性十分明显,如元旦、元宵节、端午节、中秋节等,但由于地域文化的因素,各地的节气的具体氛围往往有许多差异。

长江中游地区是我国许多传统节日产生的地区。

比如《荆楚岁时记》记载的社日活动,农历二月初二的春社主要是向土地祈求丰收,而八月初二的秋社则是收获后向土地的酬谢,展现了中国农业社会对土地的依赖。有意思的是,在长江上游,唐宋时期二月初二正好是踏青节,可能也与春社活动有渊源关系。

正月初七人日风俗来源于荆楚地区,研究表明湖北民间有女娲七日造人的神话,可能女娲也是楚人。[1] 据《荆楚岁时记》记载:"正月七日为人日,以七种菜为羹。剪彩为人,或镂金箔为人,以贴屏风,亦戴之头鬓。又造华胜以相遗,登高赋诗。"历史上人日的风俗不断简化,但登高游春的风俗一直不断,对长江上游和下游都有较大的影响。三峡地区就形成人日踏迹的风俗,历代文人为此咏叹不已。

端午节的说法很多,有屈原说、伍子胥说、越王勾践说、晋国大夫介子推说、龙图腾说、镇服晋日说、夏至演变说,[2]但流传最广、影响最深远的当属纪念屈原之说。在众多的说法中,大多数都与长江流域相关。今天端午节虽然在全国都流行,但节气隆重程度和典型程度都是以长江流域为最,特别是长江中游最为突出。荆楚地区传统的端午节往往有龙舟竞渡、制作角黍(粽子)、采药悬艾、饮菖蒲酒、饮雄黄酒等风俗。端午节历史上长江下游和上游都十分流行。今天,龙舟竞渡、吃粽子和挂艾草的风俗仍然明显。在荆楚地区及许多与荆楚地区为邻的地区,端午节往往不止一个,分成大端午、中端午、小端午,分别在农历五月初五、十五、二十五过,显现了端午节气的隆重。

七夕节,专家认为来源于荆楚,主要依据是牛郎织女的传说最早起源于荆楚,而至今荆楚地区的七夕节也最为隆重。[3] 当然长江下游的七夕节也很有特色,长江上游受这种节气的影响相对较弱。

---

① 张正明、刘玉堂:《荆楚文化志》,上海人民出版社,1998年。
② 张正明、刘玉堂:《荆楚文化志》,上海人民出版社,1998年。
③ 张正明、刘玉堂:《荆楚文化志》,上海人民出版社,1998年。

历史上长江上游民族众多,少数民族节气与汉族节气往往相互影响,这也是长江流域节气文化的一个重要特色。如民间传统以六月二十四日为川主节,主要祭祀李冰父子等人。但也就是六月二十四,则是彝族的火把节,其他许多少数民族也有在六月二十四左右为民族节气的传统。我们发现,这是与长江流域民族文化与汉族文化有许多共同的天文自然认同、人口流动一体和官方认同一致相关。[1]

从总体上看,中国的传统节日都产生于春秋战国秦汉时期,而这个时期长江流域文化最发达的是楚文化,这可能是目前中国传统节气中荆楚地区占有十分重要的地位的一个重要原因。

民性与风土

我们所说的民风,主要是指对一个地区居民个性特征的总体描述,这种"风"往往是一个区域文化特征的体现。

中国古代有许多关于民风民俗的记载,早在《史记·货殖列传》《汉书·地理志》《隋书·地理志》等史籍中便有精辟的论述。其中不乏对地域居民个性特征的总体描述,涉及长江流域与其他地区的差异。

如《汉书·地理志》认为秦地天水陇西居民"民性质木",巴蜀广汉之民"柔弱褊",魏地居民"俗刚强",赵地邯郸居民"大率精急,高气势",燕地蓟地居民"愚悍少虑",卫地居民"俗刚强,上力气",吴地居民"好勇"。

---

[1] 蓝勇、杨四梅:《中国民间节会中"六月二十四"时间节点考》,《民俗研究》2021 年 2 期。

《隋书·地理志》也记载:秦地居民"质直","多尚武节",认为梁州居民因区域不同呈现"质朴无文,不甚趋利""人尤劲悍,性多质直""敏慧轻急"等不同性格,兖州居民"质直怀义",冀州居民"多敦厚""伤于迟重",徐州居民"颇劲悍轻剽"。

再如《通典·州郡》称"巴蜀之人少愁苦而轻淫佚"、扬州人"性轻扬而尚鬼好祀","荆楚风俗略同扬州,杂以蛮獠,率多劲悍"等。

许多私家著述也对此有记载。

唐代李筌的《太白阴经》称:

> 秦人劲,晋人刚,吴人怯,蜀人懦,楚人轻,齐人多诈,越人浇薄,海岱之人壮,崆峒之人武,燕越之人锐,凉陇之人勇,韩魏之人厚。

宋代庄绰《鸡肋篇》卷上:

> 西北多山,故其人重厚朴鲁。荆扬多水,其人亦明慧文巧,而患在清浅。

明代谢肇淛《五杂俎》卷4:

> 天下推纤啬者,必推新安与江右,然新安多富而江右多贫者,其地瘠也。新安之人近雅而稍轻薄,江右人近俗而多意气。齐人钝而不机,楚人机而不浮,吴越浮矣而喜近名,闽广质矣而多首鼠,蜀人巧而尚礼,秦人鸷而不贪,晋陋而实,洛浅而愿,粤轻而犷,滇夷而华,要其醇疵美恶,大约相当。

清代李淦《燕冀篇·性气》:

> 北地多陆少水,人性质直,习于骑射,惮于乘舟,其俗俭朴而近于好义。其失也鄙,或愚而暴悍。东南多水少陆,人

性敏气弱,工于文,狎波涛,苦鞍马,其俗繁华,而近于好礼。其失也浮,抑轻薄而侈靡。西南多水而多陆,人性精巧,气柔脆,与瑶、僮、蛮、黎、蜒等类杂处,其俗尚鬼,好斗,而近于智。其失也狡,或诡谲而善变。

由于地理背景和文化传统等因素,各地人文特色鲜明,如历史上的"关东出相,关西出将""巴有将,蜀有相"等都是如此。

长江流域在先秦时期被人视作蛮荒之地,吴、越、荆楚、巴蜀被视为少数民族之列。秦汉以后,随着汉文化的深入,长江流域逐渐被纳入中原文化的大范围之中,但在历史时期其特色仍然十分鲜明。

研究表明,三国两晋南北朝以来,长江流域士人虽然以中原文化为中国核心文化,洛阳话成为普通话,洛阳腔风行一时,但同时长江流域的士人自恃山川秀美,物产丰富,视北方人为"伧人",意为"鄙野不文之人"。[①] 这实际显现了长江流域文化发展中海纳兼融与个性张扬的双重趋势。到北宋时期,南北更是相对,北方人称南方为"下国",而南方人视北方人为"伧夫",[②]这显现了长江流域已经可与黄河流域分庭对抗的格局。

北宋时期长江流域的士人对中国政治经济文化的影响可以说举足轻重,特别是楚人和蜀人。故司马光对宋神宗称"闽人狡险,楚人轻易",而且江西路的饶州以出神童闻名天下,饶人在朝政中的影响可谓巨大。[③] 至于四川人,由于宋代四川的社会经济地位在全国十分显要,蜀学成为全国都有影响的学派,四川的进

① 邹逸麟主编:《中国历史人文地理》,科学出版社,2001 年。
② 邹逸麟主编:《中国历史人文地理》,科学出版社,2001 年。
③ 邹逸麟主编:《中国历史人文地理》,科学出版社,2001 年。

士数居全国前列,出现了苏东坡等一批有影响的学者,[1]而且蜀人往往不拘规矩,放诞不羁,被中原人称为"川蠢直",意为洒脱而不拘常理之人。[2]

由于江西、四川人在宋朝的影响,江西饶州五显信仰成为江南地区最有影响的民间信仰,而且在全国也有重要影响,而四川的梓潼神张亚子信仰更是演绎成为历史时期的文昌庙神,成为传统文化人心中的文化神祇,在全国都有重大影响。[3]

古代中国是一个农业社会,农业民族存在安土重迁、稳重憨实的普遍特征,显现的早期农业文化的共性可能十分明显。但随着农业经济发展,手工业和商业经济也发展起来,居民的分化形成各类职业群体。再加上由于各地经济文化发展水平差异和地理环境带来的生产和生活方式的差异,就使得各地区人文风土更是纷繁多彩,千差万别。

就长江流域来看,历史上记载的"苏州状元""绍兴刀笔""江西剃头师""句容剔脚匠""徽州朝奉""扬州瘦马""扬州尚书"都是人文风土特色显现出的代表人群。

明清以来,长江流域的风土更表现出商业经济和发达文化结合的区域特色。以扬州为例,明清扬州的发达得益于大运河与长江汇合口的地理位置,淮盐的转运中心,历史上记载的"维扬之盐""香山之番舶""广陵之姬"都与此有关。而"扬州三把刀"的厨师、理发师、剔脚匠显现了服务行业的发达。明清扬州进士数也居前列,文化教育也因此发达,而所谓"苏州出状元,扬州出尚

① 蓝勇:《西南历史文化地理》,西南师范大学出版社,1997年。
② 黄庭坚:《山谷集·别集》卷6。
③ 邹逸麟主编:《中国历史人文地理》,科学出版社,2001年;蓝勇:《西南历史文化地理》,西南师范大学出版社,1997年。

书",显现了在经济发达的同时文化教育的繁荣。

苏州文化对中国近代文化的影响可谓深远。明清时期的苏州是江南经济文化发达的象征。"苏州出状元",是以明清出了大量进士为基础的。据研究表明,明清所出的状元四分之一在苏州。在这样的文化背景下,明代出现"山人",清代则出现"清客",成为影响一方的文化掮客。据说民国初年,仅江苏吴县的教育经费就达贵州省的一倍之多。在物质文化方面,苏州发达的建筑、手工工艺、纺织和服饰业影响到全国,"吴器""吴服"成为全国时尚物品,连宫中的后妃们也以苏州服饰为"苏样",而苏州香山木匠成为吴器的重要创造者。"苏气"一词直到今天在全国许多地方还在使用,已经演绎成物品大方雅观之意了。也正是由于商业市场的影响,苏州人精明而善于言辞但虚薄,故留有"苏空头"之说。①

在长江流域,江西的社会经济发展水平历史上并不算高,但文化上一度发展很好,特色也很鲜明。明代江西的进士十分多,有"吉水山高进士多"之称。江西人在历史上有"好讼"的传统,而江西人在明清以来以长于开拓经商获利在全国著称,有所谓"无江西不成买卖"之说。特别是在长江中上游和云贵高原地区,江西人经商足迹遍及各地,有"遍地江西"之称。在这些地区由于商业移民多,移民修建的移民会馆万寿宫也十分多,一时间供奉许真君、萧公、晏公的信仰遍及全国,弋阳腔更是广泛流唱,影响和造就许多地方戏剧的形成和发展。不过,江西人经商以小商小贩居多,形成木匠、占卜、银钱铺、剃头师等有影响但又难以巨富的

---

① 邹逸麟主编,《中国历史人文地理》,科学出版社,2001 年。另见《笑林广记》卷 12《谬误部》。

产业。①

安徽地跨江淮,长江以南的皖南丘陵低山在历史上文化的一体性十分明显。这个地区地处长江以南,丘陵低山,气候湿润,物产丰富,经济开发较早,人口较多,但土地资源并不优厚,这可能是形成大量人口外出经商的一个重要原因。这样"徽商""徽州朝奉"成为安徽在全国历史上最有影响的文化现象。

不过,徽州商人与江西商人相比从事的职业更易形成富商大贾,徽商主要以盐商、木商、茶商、典当商出名,"徽州盐商""无徽不成典""婺源木商"成为一方商业形象的代表话语。同时,徽商主要活动的地区是以江南地区为主,以杭州、扬州、苏州等经济发达地区为主,不像江西商人主要在长江中上游和云贵高原等相对落后地区。在明清时期,"徽商遍天下""无徽不成商"等民谚广泛流传。这样,徽州的衣食住行在全国许多地方都有较大的影响。在一些地区典当用语中,多有"徽语"成分,饮食上徽面、徽饼、徽包等在江南很有影响,特别是徽面馆特色鲜明。而"徽式新屋"也风行一时。徽式建筑不仅在江南地区十分流行,而且对长江上游和云南贵州等地建筑都有一定影响。在民间信仰方面,五通(显)信仰、土地神信仰、汪公信仰、都天神信仰都是徽州十分有特色的地方,而且在江南地区都有较大影响,以至"湖广填四川"和"征南调北"大移民时,江南籍移民进入长江中上游和云南、贵州后,这些地区五显信仰也较多。②

浙江地区为古越国之地,明清以来随着中国经济文化中心的

---

① 邹逸麟主编:《中国历史人文地理》,科学出版社,2001年;蓝勇:《西南历史文化地理》,西南师范大学出版社,1997年。
② 邹逸麟主编:《中国历史人文地理》,科学出版社,2001年;蓝勇:《西南历史文化地理》,西南师范大学出版社,1997年。

东移南迁,浙江地区社会经济文化的地位都居全国前列。据研究表明,明清时期,徽商、苏州洞庭商人、浙江龙游商人在江南地区影响都十分大,故有"钻天龙游,遍地徽州"之称。近代以来宁波商人更是名声在外。改革开放后,浙江温州人在商业方面的才华,以其吃苦精神遍游中国南北,"温州商品""温州模式""温州发廊""温州炒房团"名声大振。

同时,由于发达文化与发达商业的结合,绍兴一带出现了"绍兴师爷"现象。所谓"绍兴师爷"是指清代绍兴文化人多外出为官府幕僚,形成一股势力,影响十分大。这些从事幕僚的人多是年事已高久居官场的老吏,精于谋算,长于刀笔,故有"绍兴刀笔"之称,有所谓"无绍不成衙,无湘不成军"。由于这个因素,使绍兴酒、绍兴方言在许多地方流行甚广。同时,浙江余姚的余姚腔流行很广,与弋阳腔、昆山腔、海盐腔为中国四大声腔。① 至于浙江的堕民(丐户),也相当出名,这正是江南地区城市商品经济发达,地区人口较多而流动人口较多的重要结果。

荆楚地区在战国时期声名远播,在长江流域中独抗中原。汉晋南北朝以来,襄阳当南北交通之枢纽,区域地位显赫,人才辈出,宋玉、王逸、诸葛亮、庞统等人影响巨大。但长江中游地区在唐宋地位不显,荆楚文化在全国没有太多的影响。不过,这个地区的士人自始至终过得十分逍遥自在,无拘无束,形成"江汉好游"的风俗。② 明清以来长江中游的湖南、湖北地位已经远非汉唐宋元时的地位可比,"湖广熟,天下足"显现出来的经济地位和城市发展,使湖南、湖北的文化在全国的影响加大。清代以来湘

---

① 邹逸麟主编:《中国历史人文地理》,科学出版社,2001年。
② 张伟然:《湖北历史文化地理》,湖北人民出版社,2001年。

军以善战著称,这一点倒有楚人犷悍尚武的传统。所以历史上有"无湘不成军""绍兴师爷湖南将"之说。以后,湖南军官穿的长马褂,广泛流传,被称为"湖南褂"。近代湖南、湖北以出政治军事人才著称于世,也正是这种文化的延续。这一点正如张伟然先生谈到的"劲直的士气与滞后的文风"①。其实近代由于张之洞等人对新学新风的推崇,随着长江中游政治经济文化中心从荆襄东南向夏口一带迁移,武汉、长沙等地近代文化地位影响很大,特别是开埠以来,汉口的文化和影响加大,商业的发达,使"天上九头鸟,地下湖北佬"的民谚演绎得更加生动。承传此风,以至汉口汉正街在改革开放初期曾成为中国改革开放的亮点之一。

近代以来,上海成为中国,乃至远东的经济金融文化中心,也是远东最有影响的娱乐中心,各种近代西方的奇技淫巧和时尚娱乐都能在上海见到踪影。上海城市的发展对长江下游的人文格局产生了较大的影响,相对而言,周边扬州、杭州、苏州、绍兴和江西、安徽等地的文化影响下降。上海文化是在西方文化与江南文化融合,兼收并蓄全国大量移民文化的基础上形成的,呈现为西式洋气与小商业结合、商业精明与时尚文化结合。上海由于在全国独有的地位,在近代形成了一种上海人的文化认同,一种文化优越感。在改革开放以前,上海的地位更是全国独特,"上海制造"代表了中国的最高水平。改革开放以后,由于东南广东、福建地区的社会经济发展,一度使上海文化地位相对下降。

同时,上海以北的苏北地区由于明清以来一直水灾不断,而近邻的南方社会经济相对发达,这种环境背景使苏北一带南下逃荒者甚多,纷纷涌入城市,上海这座近代化程度最高的城市就是

---

① 张伟然:《湖南历史文化地理研究》,复旦大学出版社,1995 年。

首选。一时间,苏北人(又称江北人)在上海等地成为一个巨大的下层群体。苏北男性普遍从事人力车夫、理发、澡堂、码头工等行业,而妇女多从事纺织、娼妓等行业,特别是著名的娼妓扬帮名声在外。①

长江上游明清时期的社会经济文化地位在全国已经下降,经过元末明初和明末清初的战乱的影响,中古时期的传统文化多有丧失,而在全国各地移民的融合下形成了新的四川文化。一方面传统民间信仰与宗教和政治势力结合,形成了四川民间的"袍哥文化",对于辛亥革命在四川的发生和发展都影响很大。同时,成都文化的休闲性得以继续,成都以龙门阵为核心的茶馆文化使成都休闲文化更加世俗化。但这些文化对全国的影响实难与长江下游的诸多文化相比。只是到了近代,四川的近代革命家辈出,在全国影响很大,但可能又弱之于湖南;不过近代川菜的发展很快,传统川菜的平民化特征使川菜文化风靡全国,影响海外,掀起一股辛辣革命,却是湖南的湘菜所不能相比的。

四川人(含今四川、重庆人)在历史上一方面有"蜀人蔑陋"记载,指四川人又小又丑,而且四川人"食必兼肉",再穷也要吃猪肉。历史上还留有"蜀人懦""蜀兵懦"的记载,而且还有"盆地意识"陋习,有"少从宦之士,或至耆年白首,不离乡邑"的记载。不过,研究表明,所谓"盆地意识"只在一定时期出现,那就是四川在全国地位不高时,而且也主要在成都平原较明显。早在抗日战争时"川军"的名声就将"蜀兵懦"的历史抹去。看来,明清以来四川的移民大换血,特别是近代重庆开埠、抗日战争、三线建设等因素,移民混杂,四川人的体质特征变化很快,虽然

① 邹逸麟主编:《中国历史人文地理》,科学出版社,2001 年。

平均身高仍在后列,但丑陋之名可能已经不复存在。同时,休闲文化的传统仍然有增无减,茶馆文化、麻将文化、农家乐文化影响巨大,麻将的普及率成都可称世界第一,休闲文化的民间性平民性也突出。"蜀人善玩""蜀人喜玩""蜀人闲适"可以说是近现代四川文化的一大特点。

文艺与歌舞

长江的自然风貌与黄河相比,显得秀气柔情,但长江自身的东西差异也是很大的。东部长江下游多为一片平原,四面开阔,稻田纵横,沃土千里,留给我们更多一些温情的梦想,少一些神秘的疑问。而长江中游江汉泽国与丘陵山地相间,错落有致,也令人浅吟低唱不断。而长江上游多为丘陵、山地,高谷深切,神秘无边,交通梗阻,人们更多通过言语来互通声息,自我抒怀,感动近邻。这一切都使得长江人善于抒怀,传统文艺十分发达。

长江下游在远古也是一个歌的海洋。两晋南北朝时期,"吴声歌曲"在苏南浙北开始流行。宋代郭茂倩编的《吴声歌曲》共有424首,歌曲多为男女之间的情歌,专家们认为是"绮靡而不淫荡"。吴声歌曲最初往往五言四句,但到唐朝主要是七言句式。明代吴歌兴盛,所以明人叶盛称:"吴人耕作或舟行之劳,多作讴歌以自遣,名唱山歌。"明以后,可能由于传统封建礼教的影响,吴歌由于内容多为男女私情,被视为淫词小调而禁止,[1]再加江南地区农业耕作在社会经济中的地位下降,商业文化,特别是西方

---

① 董楚平、金永平:《吴越文化志》,上海人民出版社,1998年。

文化影响的侵夺,民间流行的吴歌相对少了。

长江中游自古以来有歌咏舞蹈的传统。春秋战国时期的"楚音"就影响很大,有名的《下里》《巴人》《阳春》《白雪》便是代表。秦汉时期我们熟知的成语"四面楚歌",显现出楚歌在民间、军队中的普及程度。从此以后,"楚声""楚音""楚汉旧声""楚歌"在明以前都有影响。有的时代不仅在民间流行,而且成为上流社会的时尚之音。在民间,唐代流行于三峡地区的竹枝词经过刘禹锡的整理传播,在全国乃至海外都有影响。不过,清以来,传统的伴唱伴舞挥动竹枝的竹枝歌舞的舞和曲已经失传。今天在民间流传的七言四句曲是否是传统的竹枝词曲还有待研究。

荆楚民歌中特色鲜明的是和声唱法,即一人领唱,众人相和。但这种唱法现在主要保留在田歌和号子中,田歌中的薅草歌、插秧歌都有一定的和声相伴。在种种号子中,川江号子也有一定的和声。今天,荆楚地区的民歌中像"龙船调"之类的名声相当大。

长江上游地区东部的巴渝舞历史悠久,《华阳国志》记载:"周武王伐纣,实得巴蜀之师,著乎尚书,歌舞以凌,殷人前徒倒戈。故世称武王伐纣,前歌后舞也。"而在汉高祖平定三秦时,巴人为前锋,"锐气歌舞",因此后来巴渝舞成为正式的宫廷乐曲了。但民间巴渝人长于歌舞的传统依然如故。后竹枝词在唐代以后广泛流传,四川地区为重要的竹枝词流行区,田歌中的薅草歌、插秧歌也十分流行。长江上游的农业居民主要是以山地丘陵农作为特色,社会经济的落后得以保留了更原始的农耕文化,区域内的传统山歌也是丰富多彩,如著名的《槐花几时开》《黄杨扁担》等。特别是三峡地区的船工号子和抬工号子,丰富多彩,浓郁的下层社会生活气息,表现了人与自然的抗争情怀。相对于田歌和山歌,船工号子更有张扬的力度和世俗的粗野,显现了长江高山深谷的跌宕与起落。

民族与文化

长江中上游许多地区明清以来仍是少数民族聚居区,长江上游的区域文化往往染上少数民族的传统与特色。

按现代研究来看,长江上游西部是所谓的横断山纵列河谷,是一个南北民族大走廊,历史上氐羌系统民族沿长江上游的金沙江、雅砻江、大渡河等江河南下,而百越系统民族和苗瑶系统民族更是纷纷西进,使长江上游成为我国一个重要的民族聚居区,羌族、彝族、纳西族、部分藏族、部分苗族、土家族等民族都是主要在长江流域生存的。

彝族古代为"隽""昆明",汉晋时期称为"叟",南朝为"爨",唐宋时为"乌蛮",元明清称"罗罗"。今天全国有彝族人口480多万,主要分布在今天的四川、云南、贵州、广西等省区,是一个称谓众多的民族。从体质特征来看,彝族人一定程度上有蒙古利亚人种北亚型的特征,古代文献上记载罗罗"高鼻深目",有一些欧罗巴人种的体质特征。历史上彝族形成白彝和黑彝,其中黑彝为彝族的主体部分。彝族有自己的语言,但25%为汉语借词,显现出汉彝两族在历史上的融合关系。彝族服饰"擦尔瓦"成为典型的披毡样式;流行火葬;巫师"毕摩文化"很有特色;彝族的火把节影响也较大;彝族聚居的楚雄是中国铜鼓文化的发源地。近来有的学者提出彝族中心论,认为中华民族发源于长江上游金沙江流域的彝族,文化上富有特色的二进制、太阳历、向天坟等为其特征。① 虽然可能有失偏颇,但长江上游众多民族在中华文明发展过程中的作用应该引起我们的充分重视。

今天川西康藏地区的藏族自称康巴,藏族学术界一般认为源于西北的古代羌人,与"发羌""唐羌"有渊源关系。这些"发羌""唐羌"之民后来从西南迁到青藏高原地区,成为现代藏族的先民。所以遗传距离研究表明,藏族人的遗传位置在中国的西北地区,体质人类学也表明藏族人与西北维吾尔、蒙古人接近一些。②藏族服饰很有特色,肥腰、长袖、大襟,女性的"帮垫"特色鲜明。饮食上藏族的酥油茶也很有特色。藏族实行火葬和天葬,其中以天葬特色鲜明。藏族信佛教,藏传佛教世界闻名。

羌族是一个古老的民族,远古时期主要居住在我国西北甘青地区。学术界有人认为,古代羌人向西南迁移形成藏族,向南迁移形成今天西南其他氐羌系统民族。可能迁到今天岷江上游地区的一批保留原始羌人文化最多,故形成今天的羌族。羌族今有人口 8 万多,语言为汉藏语系藏缅语族,但已经没有文字,文化上汉化相对彝族更多一些,但羌式碉房、碉楼影响很大。

学术界普遍认为苗瑶民族的根在长江中游地区,苗族历史上进入西南地区主要也是沿长江流域向西南迁移的。现代苗族有人口 390 多万人,其中长江流域是一个主要聚居区。苗族分支众多,服饰斑斓多彩,复杂多样,尤以银饰影响很大。苗族的酸食文化突出,吃辣椒也是一流。

纳西族是古代氐羌系统民族的一支,古代为牦牛夷,后称摩沙夷、麽些等,现有人口 23 万,语言上为汉藏语系藏彝语族,很早

---

① 刘尧汉:《中国文明源头新探》,云南人民出版社,1985 年。
② 蓝勇:《西南历史文化地理》,西南师范大学出版社,1997 年。

就存在一种象形文字。纳西族服饰汉化较为严重,特别是男性尤其突出,但妇女服饰的"七星披肩"很有特色。饮食上丽江糍粑影响很大。纳西族的民居"三方一照壁,四合五天井"的特色明显,在中国民居建筑史上有重要地位。丽江城市也因纳西族风情而成为重要的旅游城市。泸沽湖母系氏族遗留的阿注婚姻不仅在国际学术界有很大影响,同时已经成为重要的旅游资源。纳西族在文化上创造了东巴文化,东巴教、东巴象形文字、东巴洞经音乐在中国文化史上有重要地位。从洞经音乐来看,保留了许多汉民族已经遗失了的中古时期音乐成分,值得研究。

长江中上游还有土家族,一般认为土家族的族源来自古代的巴人。今天,土家族自称"毕滋卡",主要分布在重庆、湖南、湖北、贵州等地,人口 570 万左右。在长江上游的众多少数民族中,土家族是一个汉化比较严重的民族,这主要是其居住的地理位置离汉族中心区更接近的缘故。在文化上土家族的白虎崇拜、土家歌舞有一定的影响。

在长江流域,历史上一方面西北氐羌系统民族南下,一方面百越、苗瑶系统民族西进,对长江流域的社会经济发展格局产生了重大的影响。少数民族聚居在长江中上游的山区,如武陵山区、乌蒙山区、大娄山区、大小凉山、岷江龙门山系,对于长江上游山区的开发产生了重要影响。这样,在长江中上游地区形成平坝、浅丘多为汉人聚居,而山地多为少数民族聚居的格局。历史时期以来,汉民族文化与少数民族文化在不断融合之中,上面谈到的诸多少数民族,受汉族的影响很大。长江流域各个民族普遍过汉族的节,彝族的火把节的时间也与汉族的川主祭日相近。东巴洞经音乐很大程度上有中古时期汉族音乐的影子。现在许多少数民族都能讲汉语。在民族服饰上,特别是少数民族男性的服饰汉化程度越来越明显,只与汉族发达地区存在一定的时间差。这种少数民族文化特征的丧失,以至于我曾将土家族聚居区称为"亚民族地区",现在看来,这是要引起我们注意的。同时,也应该看到,少数民族的一些特色文化也多多少少影响了我们汉族,如苗族的蜡染服装、土家族的吊脚楼、羌族的碉式建筑文化等对汉族文化也有一定的影响。

长江从源头,经 6300 多公里,跨越 11 个省区,支流跨 8 个省区,流域涵盖 19 个省区市,流经地域人口 5 亿,经过高原、盆地、山地、平原,东西跨越 30 个经度,南北翼带 11 个纬度,30 多个民族靠长江水养育。历史上长江人主体属于蒙古利亚人种东亚型,从体质人类学角度看,长江人有着天然的遗传共性。这在很大程度上得益于长江交通移民的融合作用。从中国血型分布来看,长江流域的中下游与西南地区 A 型血的分布最高;同时,四川、湖北、湖南、安徽、浙江、江西、贵州、云南的体质遗传距离也相对接近,显现近代长江人的遗传共性。[1] 这体现了历史时期长江水对人类体质发展的影响,自然也会影响到长江文化风土的整体认同。

长江风土千差万别,繁杂多彩,江南显现温柔情色,风花雪月,江南人精明尚文,富商和文人辈出。江汉人则尚鬼信巫,历史上往往在文气与尚武之间交替起伏,精明与尚武往往交融在一起。巴蜀人幽默乐达,休闲喜游,不拘礼教,文采四溢。

长江文化的一体性在于比黄河文化更有强烈的"水"性,更富柔情,有着更精细文化元素的滋生,缺少了黄河流域的刚性和粗犷。长江虽然有高山大川,但往往被一片绿色笼罩,掩饰了山谷

---

[1] 蓝勇:《西南历史文化地理》,西南师范大学出版社,1997 年。

的粗野。虽然有急流成灾,但也只是与宽阔的长江增加对比。虽然历史上有巴蔓子的刚武、湘军的勇猛,但长江流域历史上很少能成为一个统一王朝根据地。长江上的英雄们的铁胆钢心不是被江南的风花雪月和沉鱼落雁消磨,就是被巴蜀富庶的温馨所融化,那一个个冲动的英雄梦多被长江的春色风光和灯红酒绿所打断,而一个个政治的愿望也往往被寄托在春光秀色之中。

第八章　舻舸东西
——长江流域的水上交通文化

舟楫制造历史

长江是中国东西交通的大动脉，这在中国古代显得尤为突出。在中国交通史上，水路交通的地位在一定时期远比陆上交通重要，这是由传统时期人类生产力条件所决定了的。

人类早期普遍流行独木舟，世界最早的独木舟发现于荷兰，距今已经有 6250 年的历史。以前学术界认为我国最早的独木舟发现于青海乐都，距今已有 4000 多年的历史。但我们在长江流域的河姆渡文化遗址中发现了距今有七八千年左右的木桨，另在萧山跨湖桥文化遗址中发现距今 8000 年的独木舟残片，说明我国的独木舟时期可能至少有八千多年的历史。1958 年，考古工作者曾在江苏武进县淹城发掘出战国时期的独木舟，1965 年又在武进县淹城发掘出西周时期的独木舟。在四川春秋战国时期的墓葬中出土了大量的独木船棺，这些都展现了当时独木舟文化的发达。虽然以后有复合木板船，乃至现代汽船出现，但这种独木舟文化一直被长江流域个别民族沿用，如明清以来在金沙江上的槽船、现代纳西族的独木舟等。

早期人类也利用各种筏子来交通。《华阳国志》卷 4《南中志》载:"至世祖建武二十三年,王扈栗遣兵乘箪船南攻鹿茤……箪船沉没,溺死者数千人。"这里的"箪船"就是竹筏。宋代泸南夷人就用竹筏运输商品到泸州贸易。明清时期的皇木采办,许多都是采用木筏来运输的。据陆游《入蜀记》记载当时长江上有的木筏宽10多丈,长50多丈,可在上面养鸡狗,还有石碓、石臼、神祠等生活设施。

长江上游最有特色的是皮筏,皮筏分成船式、独筏式(皮葫芦、皮馄饨)、编筏式,唐代诗人白居易的"泛皮船兮渡绳桥,来自巂州道路遥",说明川滇河道中使用皮筏时间十分早,而历史上有名的典故"元跨革囊",就是用皮筏在川滇交通的典型事例。

进入复合木板船时代后,长江上的交通航运通达,地位十分重要。《禹贡》中叙述了梁州贡道、荆州贡道、扬州贡道,涉及了长江流域干道和许多支流。

先秦时期,汉水、长江、湘江已经成为南北交通的重要通道。周昭王南征班师时,曾发生著名的"胶船事件"。据记载周昭王南征讨伐楚国,汉水船工献胶船给昭王坐,结果在江中胶液溶解,船散架,周昭王被淹死汉水中。从这一事件可以看到当时长江流域造船技术的水平。而1957年发现的楚怀王赐给鄂君启的铜节,其中的舟节十分重要,显现了当时交通制度的规范。[①]

现在看来,当时长江上游,特别是川江流域滩险众多,但东西交通仍然通畅。

《华阳国志》卷3:"司马错率巴蜀众十万,大舶舡万艘,米六百万斛,浮江伐楚,取商於之地为黔中郡。"又《战国策》卷14:"秦西有巴蜀,方船积粟,起于汶山,循江而下,至郢三千余里。舫船

---

① 长江流域规划办公室:《长江水利史略》,水利电力出版社,1979年。

载卒,一舫载五十人与三月粮,下水而浮,一日行三百余里,里数虽多,不费马汗之劳,不至十日南距捍关。"又《战国策》卷 30 苏代游说燕国称:"蜀地之甲,轻舟浮于汶,乘夏水而下江,五日而至郢。汉中之甲,乘舟出于巴,乘夏水而下汉,四日而至五渚。"我们知道,近代川江木船航运十分艰难。先秦时期川江航道应当说更加原始,人们的生产力更低,航运之险更明显。所以,以上这些材料完全是纵横家的激辩,并没有将当时长江上游航行隐含的困难和艰辛展现给我们。

早在先秦时期长江人就开凿了许多人工运河。《史记·河渠书》记载:"于楚,西方则通渠汉水、云梦之野,东方则通鸿沟江淮之间,于吴,则通渠三江五湖。"现在专家研究表明,这分别是连接长江与汉水的运河、连接长江与淮河的运河、连接长江与太湖诸水域的运河。①

秦汉以来,中国的大统一为东西更为通畅的长江水道运输创造了条件。在长江中游,秦代为征服南岭地区,开通了连接湘江和漓江的兴安运河——灵渠,将长江流域与珠江流域完全连接了起来,促进了中国南北交通的发展。

秦汉三国两晋时期,长江水运是长江流域社会经济发展的命脉,这个时期重大的历史事件几乎都是发生在长江两岸。当时成都还是一个十分重要的水码头,从成都可以乘船直航到长江下游地区。据传说三国时诸葛亮送费祎出使吴国,在成都江桥(成都南门大桥以西)登舟,诸葛亮对费祎说"万里之行,始于此矣",故才留有成都万里桥之说。也有人认为是诸葛亮送吴国使节张温到了江桥,称"此水下扬州万里",故才有万里桥之称。孰是孰非,

---

① 长江流域规划办公室:《长江水利史略》,水利电力出版社,1979 年。

我们不必考证,但反映出当时成都水运通达的地位!

汉晋南北朝时期,许多重要的战争也与长江交通有关,如公孙述据蜀、猇亭之战、赤壁之战、王濬伐吴、卢循起义等都以长江为背景。

汉晋时期长江流域的造船技术和航运技术十分发达。公孙述曾造 10 层赤帛楼阑船,十分高大。特别是王濬在蜀打造的伐吴船,更是大得令人不可思议。

《晋书》卷 42 记载:

> 武帝谋伐吴,诏濬修舟舰。濬乃作大船连舫,方百二十步,受二千余人,以木为城,起楼橹,开四出门,其上皆得驰马来往。又画鹢首怪兽于船首,以惧江神。舟楫之盛,自古未有。濬造船于蜀,其木柿蔽江而下。

这就是著名的"王濬楼船下益州"的历史典故。不过古代就有人怀疑,长江三峡能过得了这样大的船吗?

宋代《邵氏见闻后录》卷 8:

> 予谓古八尺为步,一百二十步为九十丈。江山无今昔之异,今蜀江曲折,山峡不一,虽盛夏水暴至,亦岂能回泊九十丈之船? 及冬水浅,势若可涉,寻常之船,一经滩碛,尚累日不能进。而王濬以咸宁五年十一月自益州浮江而下,决不可信。

如果我们单纯从尺寸上来看,我们完全可以怀疑王濬的楼船大小规格,但我们从中也可以看出当时造船技术的水平。据《资治通鉴》记载晋代卢循起义军进攻建康(今江苏南京),其水军的楼船高 12 丈,上下 4 层,这在今天的船中也算很高大的了,可能这种船在长江下游航行是不成问题的。

隋代杨素曾在长江三峡打造五牙楼船,据《隋书·杨素传》记载:"素居永安,造大舰名曰五牙,上起楼五层,高百余尺,左右前后置六拍竿,并高五十尺,容战士八百,旗帜加于上。次曰黄龙,置兵百人。"这里的五牙、黄龙船从记载来看,规格已经是相当大的了。

唐宋以来,随着中国政治经济文化中心的东移南迁,长江流域的社会经济地位越来越重要,长江流域东西之间交通也越来越重要。唐代虽定都长安,但东都洛阳的地理位置也很重要,东部中原地区战火不断,襄阳一带常因战火影响而阻隔交通,有时许多政令都通过长江上游走水路传达到长江中下游。同时,由于岭南社会经济发展,长江承载了黄河、珠江流域南北沟通的使命。长江以北隋代开凿加宽加深的古邗沟形成山阳渎与淮河相连,南下将传统的运河修治为江南运河,连接江浙。在长江中游取湘江水路经灵渠与漓江相连,将长江与珠江流域连接起来,这条通道在唐宋时期又得到修治。

唐宋时期长江流域造船业更加发达。长江上游森林密布,造船用的大楠木、柏木、杉木较多,自然成为长江上最重要的造船地区,成都、眉州、嘉州、叙州、泸州、黔州、夔州、合州、利州、阆州等地都设立了造船厂。宋代在叙州、泸州、眉州、嘉州打造的马船共有 170 多只,泸、嘉、叙等地还制造米船。①

长江中下游许多地方也是造船基地,如长江下游的虔州、吉州、温州、明州、台州、越州、严州、衢州、婺州、杭州、湖州、秀州、苏州、镇江、江阴、建康、池州、徽州、太平、赣州、洪州、抚州、江州、楚州、真州、扬州、无为等地,而在长江中游也有鄂州、江陵、鼎州、永

---

① 蓝勇:《西南历史文化地理》,西南师范大学出版社,1997 年。

州、潭州、衡州、金州等地制造,①唐代扬州为长江下游江船的制造中心,盐铁转运使刘晏曾在扬州设立 10 个造船工厂,造船业在扬州经济中地位显要。宋代,在长江下游已经形成临安、建康、平江三个造船中心。②

考古工作者曾在江苏如皋县(今如皋市)发现唐代木船,显现了造船技术的高超。在扬州也发现了唐代木船,由大楠木制成,全长 24 米,中宽 4.3 米,是一个十分大的长江木船。③

唐宋时期,长江水运经济贸易物品流向明显。唐代和北宋时期南方江浙地区的粮草大量北运中原,巴蜀贡赋有时就是沿长江而下到中游地区才北上中原。两宋时期,长江中上游的粮米、马纲、木材、麻布转运长江下游,运回淮盐、海货,长江成为重要的漕运之道。诗人杜甫的"蜀麻吴盐自古通,万斛之舟行若风""蜀麻久不来,吴盐拥荆门""风烟望吴蜀,舟楫通盐麻"等诗句记载了这段贸易的发展史。

唐宋时期成都还是一片水码头的景观,号称"水向金陵"。唐代剑南西川节度使韦皋在今成都南河口建有合江亭,以两江合流处得名。宋代吕大防则将其变成一个官驿船办理处,从成都到吴越者,均在此登舟。合江亭居合江园之中,园内花竹相间,园外"门泊东吴万里船""江平偏见竹筏多"。当时成都人出川都从合江亭登舟,便有"万里船一发,行行三峡夜"之称。临行时,一般主人相送,在合江亭宴饮客人,成为一时风尚。从成都而下,唐宋时期已经设立了许多驿站,从成都水路到涪州只有 12 程,到夔州共17 程,到峡州(宜昌)23 程,但上水从峡州到成都则要 100 程,如

① 席龙飞:《中国造船史》,湖北教育出版社,2000 年。
② 长江流域规划办公室:《长江水利史略》,水利电力出版社,1979 年。
③ 长江流域规划办公室:《长江水利史略》,水利电力出版社,1979 年。

果从峡州到万州舍舟从陆则只要 20 程左右。

唐宋时期往来长江上的运输繁忙万分,所谓"吴帆蜀楫过如织",几乎所有宋代名人都在长江上乘舟往来过,大多数文化名人都出入过三峡,故三峡有"诗峡"之称。唐宋文人中游历过三峡的名人影响最大的有李白、杜甫、范成大、陆游四人,特别是范成大的《吴船录》、陆游的《入蜀记》是我们保存最早最完整的两部长江游记,我们从中可看到文人笔下的唐宋长江。至于军事征战、移民出入、商旅上下、漕运交通更使万里长江帆船点点,号声不断。

元明清时期,中国北方移民大规模迁移到长江流域的风潮相对减弱,而长江流域内部东西移民大增,这更促使长江交通地位重要性上升,交通上最重要的驿站制度越来越完善,如元代重庆到荆南府 2000 多里,共有 21 个水站,船户 2001 户,船 212 艘。而明代成都到重庆有水驿 36 个,成都到宜昌设立了 63 个驿站。清代驿站虽然有一定裁并,但仍然十分重要。清代长江成为转运滇铜、黔铅、川米、皇木等国家工程的重要漕运之道。[1] 在长江下游,元明清时期都承担了转漕京城的使命,所谓"南漕北运",转运的漕粮主要来自长江流域,主要通过长江和大运河来实现转运,尤以江南地区居多,明代江南地区转漕的粮食约在 400 万担左右,清代也在 400 万担左右。[2]

明清时期的主要官船制造厂在长江下游,明代三大造船厂龙江船厂、清江船厂、卫河船厂,其中龙江船厂在南京,清江船厂在江苏淮阴(今淮安市清江浦区)。龙江船厂主要打造战船、皇家与官府座船及差船,生产有 23 种船舶,既有海船,也有内河船。清

---

① 蓝勇:《四川古代交通路线史》,西南师范大学出版社,1989 年。
② 长江流域规划办公室:《长江水利史略》,水利电力出版社,1979 年。

江船厂主要打造各类运粮漕船,主要生产南京、南直隶、江西、湖广、浙江等地内河所需内河船,后也有打造海船的。①

清末民初以来,随着国外现代水上交通运输工具的进入,机动汽船驶入长江,传统木船交通受到影响,但木船直到 20 世纪 80 年代以前,在长江交通运输中仍占有相当大的比例。

今天,木船时代已经离我们而去,但留给我们的木船文化却永远不能忘怀。从图片资料上来看,我们能看到历史上著名的"舻舳""舫舟""楼阑船""连舫""五牙楼船""艨艟"等船形象,南宋夏圭《长江万里图》《江天楼阁图》中的江船的具体形象。从王周《志峡船具诗序》、宋应星《天工开物》、李昭祥《龙江船厂志》、沈啓《南船纪》、席书《漕船志》、陈明申《夔行纪程》《峡江救生船志》、谢鸣篁《川船记》《北新关志》中我们还能看到大量长江木船的记载和图片资料。《天工开物》中就记载有长江内河船如江汉课船、三吴浪船、四川八橹船等。《北新关志》中记载了长江下游的各种船型达 73 种之多。学术界称的中国古代三大船的沙船就主要在长江下游。中华人民共和国成立以后,我们仅在川江上调查就发现有木船形制 72 种之多,著名的有中元棒、南河船、舵笼子、滚筒子、安岳船、麻秧子等,繁不胜举。明代长江流域龙江船厂、清江船厂两大官船厂所造的船名众多,民间所造可能更多。清代长江下游的船名也是繁多,所谓头船、腰船、老堂船、太平船、信船、行运船、定粮船、珊瑚船、红船等 40 多种,特别是九江港的船型多达 50 多种。② 据《商贾便览》记载,清代江西就有粮船、鸦尾子、扁担

---

① 王冠倬:《中国古船图谱》,三联书店,2000 年。

② 蓝勇:《西南历史文化地理》,西南师范大学出版社,1997 年;王冠倬:《中国古船图谱》,三联书店,2000 年;彭德清主编:《中国船谱》,人民交通出版社,1988 年;席龙飞:《中国造船史》,湖北教育出版社,2000 年。

王、毛蓬子、三板、梭子船、赣河(三角、三眼)、官板子、吉安鱼船、套葫芦、坐吉子、新昌航船、袁州万载船、尖头子、圆旺子、巴斗子、艀船、浮艄、暖艄子、夜航船(倒划子)、刁子船、弋阳鱼船、提划子、小剥船、罗盪子、抚州建昌船(包括平头子、尖头子、横头子、塘船、抚刁)，江苏一带有车牌子、蒲江红、盐船、椒湖船、桐槽子、苏船、湖船，安徽两湖一带有婺源船、祁门剥船、摇划子、湖划子、鸦艄子、蒲圻艑子、一家楼、金牛船、兴国艑子、孟葫芦、双飞燕、孝感艑子、孝感划子、黄陂艑子、黄州宋埠艑子、龙口划子、襄划子、襄秋子、襄牌子、襄五仓、划子渡、辰条子、巴竿子、舽子船、吊勾子、倒划子、红绣鞋(吹火筒、内阳秋)等。[①]

在长江舟楫文化中，长江上游由于地理环境复杂多样，相应舟楫文化也更为繁富多彩，特色明显。同时，由于长江上游社会经济总体上比长江中下游地区落后，今天所存舟楫文化的原始性也更明显。

在长江上游的舟楫文化中，篙师、过滩、拉纤、救生红船、码头风情、川江号子等最有特色。

篙师、过滩与拉纤

早在唐宋时期川江交通便形成了许多独特的民俗。在川江民俗中，请篙师、过滩、拉纤等尤为引人瞩目。

唐代李肇《国史补》里面便谈到峡江过滩要请篙师点滩。宋《江邻几杂志》也谈到"峡江船，须土人晓水势行之"。陆游《剑南诗稿》卷 2《瞿塘行》谈到"篙工柂师心胆破"。这些记载都说明当

---

① 吴中孚：《商贾便览》卷 1，乾隆半舫轩藏版。

时过峡船普遍要请篙工过滩。清代滩师以宜昌最多,《川船记》称:"(滩师)唯宜昌最著,船主厚贤财聘之,客子盛礼貌款之,丰酒馔享之,有所使辄从命。"[1]到了近代仍以新滩的滩师(近代称为领江)最著名。

上水船过滩盘滩是出入峡船重要的关口。早在宋代"(新滩)两岸多居民,号滩子,专以盘滩为业"。[2] 明清时青滩的滩师最有名,到了青滩,"舟子亦皆不识水性,必另请本滩之居人,称之曰滩师,然后可,不然无不倾覆者"。[3]

对于整个搬滩的过程,陈祥裔《蜀都碎事》卷2记载:

> 凡舟至此(青滩),皆必搬空,行李沿江而走,其舡头以席封之,又必以绳周船扎紧,防颠碎也。

又谢鸣篁《川船记》载:

> 上水船亦先于下流将货物务使运尽,乃以空船倒曳而上,柁与梢不用也。夥掌分而为四,于本滩买纤夫二百余人,周船身系而牵之,始得稳登。

这两则史料详细记载了当时盘滩拉空船而上和货物沿江而行的情景。

上水船拉纤是川江航运中十分重要的环节。早在宋代嘉陵江上的拉纤运米便为一景观,郑刚中《思耕亭记》称:"(嘉陵江)米舟相衔,旦昼犯险,率破大竹为百丈,有力者十百为群,背负而引滩,怒水激号呼相应,却力不得前,有如竹断舟退,其遇石而碎与

---

① 谢鸣篁:《川船记》。
② 范成大:《吴船录》卷6。
③ 陈祥裔:《蜀都碎事》卷2。

汩俱人者,皆蜀人之脂膏也。"①明代连川滇交界处的小江河也"以竹笐为索,曰百丈,前二后十。每至一滩,客与行李皆出,谓之盘滩。止存人一把拖,五人拽百丈侧行滩石间。比出峡,经三十滩至叙州,与江相合"。② 历代川江拉纤多以锣鼓指挥,《石湖诗集》多首诗中谈到了打锣催航的场面,如《将至叙州》有"穷乡足荒怪,打鼓催我船"之句,而《峡州至喜亭》称:"时见出峡船,锐鼓噪中流。"

从明代开始对此记载就更为详细了。

王士性《广志绎》卷5:

> 蜀舟甚轻薄,不轻又难为旋转。谚云:纸船铁梢工。蜀江篙师,其点篙之妙,真百步穿杨不足以喻。舟船顺流,其速如飞,将至岩石处,若篙点去,稍失尺寸,则迟速之顷,转首为难,舟遂立碎。故百人之命,悬于一人。上者尤可牵船,篾缆名曰火仗,长者至百丈;人立船头,望山上牵船人不见,止以锣声相呼应而已。

另《夔行纪程》也记载:

> 船行江中,纤牵山顶,声息不能相闻,船上设锣鼓,以锣鼓声为行止。进退纤绳或挂树梢绊石上则锣鼓骤发,纤夫停足。另有管纤者名检挽,无论岩之陡峭、树之丛杂,扑身脱解,倾跌所不计。纤绳挂住,船即转折不定,危在呼吸。若纤断,更不待言。

这里谈到有"检挽"外,还有"夥掌头"和"纤头"两种人。谢鸣

---

① 顾炎武:《天下郡国利病书》卷65。
② 正德《四川志》卷23引《云南志略》。

篁《川船记》记载了专门为纤夫引道的"夥掌头",洪良品《巴船纪程》则记载了专门手执竹枝以抽挞拉纤偷懒者的"纤头"。从上面记载我们可以描绘出明清时期拉纤过滩的情景:前面拉纤的夥掌头在不时地高喊注意前方的道路,纤夫号子响成一片,纤头不时前后跑动抽挞不力者。一时锣鼓声急起,纤夫停拉,检挽者上下飞窜,而困在江中船上的篙工点篙不断,喊声四起!这种场面笔者儿时在金沙江、长江和沱江上还时常见到,只是已不像上面记载的那样规模大、人员齐了。

谢鸣篁《川船记》记载了下水船过滩的险状:

> 下水船先于上流泊定,视水之浅深以定运货之多寡。本滩有惯识滩性者,亦谓之滩师。即延放舟,才易时间取值,亦两许。其柁梢仍以旧工掌之,彼则独立船高处扬手掷足大声疾呼,若三军赴敌,惨恻动人。两岸小船无数,皆官设以救生者。一船将下,诸船皆张目远视,持篙伫立以俟必败之舟,见之各惴惴不能出一语。桡夫则一上流各预以绳布缠桡椿,惧其颠入浪也。甫至滩门,又皆蹲踞板上,以桡尾支翻向上,待船身得尽下石门,方敢起立。岸人只见层波叠浪中,飘然一叶,已杳莫得其影响,少顷冲喷而出,余沫犹淋淋在人头,面观者皆为色喜。否则直掩没之,而无可如何矣。

宋代范成大《吴船录》卷下便记载了川江下水船的险状,其称:"每一舟入峡数里,后舟方敢续发,水势怒急,恐猝相遇,不可解拆也。帅司遣卒执旗,次第立山之下,下一舟平安,则簸旗以招后船。"清代吴焘也记载了当时下水船过滩的险状,其称:"长年一人高坐船头,谓之太公,捩舵一人,或左或右悉听太公指使,每至一滩,太公桡夫无不大声疾呼。"①只是这种险状几十年前的川江上就已经不能见到了。

川江号子

川江滩水急,船工在与凶滩恶水搏斗中,为了协调用力而步伐一致,即高喊号子,一喊一应或一喊众应来鼓舞情绪,有时在顺流时用来消遣,从而形成川江号子。这种川江号子在长江、岷江、沱江、嘉陵江、涪江、金沙江、渠江、乌江等木船上有时配有专门的号子工来领唱,有时由桡夫兼任。川江船工号子无固定的格调和曲谱,只是根据江河两岸自然景色、水流情况和当时船本身的情况自然喊出来的。一般过急流险滩时的号子高亢短促而有力,在顺行松懈时则显得轻柔而诙谐。

川江号子分成:起桡号子、招架号子(又名交接号子)、抓抓号子、诉诉号子(又称倒板)、么二三号子(又称为连巴浪、烟泡号子)、斑鸠号子。

有的号工记性好,能背许多戏文、小说、故事,有的号工自夸能从资阳唱到重庆,800 多里的路程唱喊不重复。号子内容诙谐、生动,如称:"连手(船工爱人)好比贵妃姐,学生(自己)好比桡老爷""今天出门好光灵!看到么妹洗衣裳。手中拿根捶衣棒,活像一个孙二娘。打得鱼儿满河跑,打得虾子钻裤裆。唯独对我眯眯笑,惹得哥哥我心发慌⋯⋯"看到送亲的队伍,唱:"挣了一滩又一滩,转弯就是泥巴湾。湾湾里头好气派,吹吹打打闹翻天。轿儿抬的是新娘,滑竿坐的舅老伯。老子还是单身汉,无儿无女好

---

① 吴焘:《游蜀后记》,《小方壶斋舆地丛钞》本。

心酸。"

有一首咏唱物产的船工号子很有特色,特录于下:

一朵腊梅雪中红,二郎灌州降孽龙,三人结拜情义重,四海龙王在水中,伍子临潼斗过勇,六国苏秦把相封,七岁安安把米送,八仙过海显神通,九走江湖人称颂,十载寒窗苦读书。读书又怕打屁股,丢了书籍跑江湖,手提搭帕跑江湖,哪州哪河我不熟。成都皇城古迹有,武侯祠内三弟兄。杜甫草堂诗无数,宝光罗汉五百尊。隆昌出的白麻布,自流贡井花盐出。合州桃片遂宁蜡,金堂柳烟不马虎。峨嵋山上风景好,夹江白纸好书写。五通锅盐红底白口,嘉定曾把丝绸出。宜宾糟蛋豆腐卷,柏树溪潮糕油嘟嘟。牛屎瑞的砂糕当烛用,泥溪板姜辣呼呼。内江白糖中江面,资中豆瓣能下锅。南溪黄葱干豆腐,江安曾把竹簧出。安宁桥的糍粑搭鲜肉,吃起来味道硬安得。纳溪泡糖橘精酒,叙永硫磺船运出。泸州有名大曲酒,爱人堂的香花胜姑苏。永川豆豉蒸腊肉,荣昌纸扇有名目。合江猪儿粑和罐罐肉,古蔺冬笋上挖出。江津广柑多品种,太和斋米花糖猪油酥。綦江铁矿多无数,火烤牛肉南川出。好要要算重庆府,卖不出去能卖出。朝天门过船往下数,长寿进城爬陡坡。梁平柚子垫江米,涪陵榨菜露酒出。石柱黄莲遍山种,丰都出的豆腐乳。脆香元本是万县做,其名又叫口里酥。夔府柿饼甜如蜜,巫山雪梨比昭通。残言几句随风散,书归正传来扳船。奉节本来叫夔府,古迹白帝城托孤。臭盐碛武侯显威武,河下摆下八阵图。石板峡口水势猛,仁贵东征立桩拦匈奴。二十四珠船随拜,一点航向不要输。

救生红船

据考证,长江流域早在明代天启年间就出现了救生红船,清代初年以来,更是形成了一整套完整的内河水上救生制度。不仅用于水上临时抢险,而且也用于租用护航等事项。其中以长江上游的救生红船制最为完善和典型。

长江上游的救生红船制起于明代末年,兴盛于近代的清末民国时期,是一种官民共管的内河航运慈善救灾制度。历史上长江干流从岷江青神以下至宜昌、嘉陵江下游都有救生红船分布。红船制设立和运行的开支主要靠官府正项和民间捐资,救生红船制对中国内河海难救护起了十分积极的作用。据统计,清代和民国一度在长江上游上设置的救生红船一度有 100 多只,水手 500 多名。从分布上来看,可能长江干流从青神开始就有了救生红船。清初康熙年间就开始在夔州至夷陵州一线设立救生红船。以后川江一线都设有救生红船,但其间多有间断的地方,救生红船多集中在夔州至夷陵州一线。

研究表明,救生红船多用五板小船、大五板船和平底快船充当,但并不知具体的船形。我们发现清代救生红船主要有两种形制,即武汉成式和蜀中成式。据《峡江救生船志》记载,当时一是武汉成式,长 3 丈 8 尺,宽 8 尺 2 寸,适宜相对宽阔的江河救险;而蜀中成式,长 3 丈,宽 5 尺 3 寸,更适宜峡谷窄险处的救险。

据日本山川早水《巴蜀》中的清末图片资料显示,当时的救生红船有一根桅杆,有一根很长的后梢,船上有 2 名水手,这是比较小的一种救生红船。据民国时期的图片资料显示,当时的红船更大,有水手 7 名。一般一只红船配备水手梢夫数并不固定,从 2

名到 6 名不等。清初雍正年间规定为每船 6 名水手,而且救生红船水手是随着季节不断增减的,如《峡江救生船志》记载救生船夏秋之季每船 5 名水手,而春冬之季减为 4 人。

救生红船的经费除了靠官府正项调拨和民间捐献外,当时的救生机构往往有田产和房产用于租佃,收取的租佃金一般用于维持红船的开支。《峡江救生船志》记载了用长沙平银并生息、四川成绵道丁税并生息、宜昌盐厘并生息来维持红船运转,表明救生红船制经费来源的多样性,体现了传统慈善救济经费来源多样性的特点。据《峡江救生船志》记载,峡江的救生红船舵工每月 120文,头工 110 文,水手 100 文。

由于救生红船是官府所管,故官办红船的水手一般都穿上坎肩制服。光绪年间,丁宝桢经过三峡见救生红船水手寒冬救护,衣服单薄,出钱专门为水手购买了羊皮马褂,可见当时民间捐赠也是红船制运行的重要基础。

清末救生红船已经形成较为完整的救护体系。红船每救起一人赏银,捞尸一具也赏钱。而且救活一人,要发给路费,同时赏水手 200 文。还给用于买棺材 700 文,刻石碑 100 文。救生红船制体系下还专门买有义地来安埋淹死的过客,发给水手土布一匹用于裹尸安葬,并且还刻立石碑,对于救活的人给予回家的路费,有一整套救护、安葬和遣送制度。如光绪年间,救生红船管理机构在东湖、群归、巴东等地买义山八处,每处用钱八九十串文。今湖北佛归县新滩镇的白骨塔中的无名死者许多都是内河海难失吉的人员,这是救生红船救护的历史见证。

我们发现在 1927 年川鄂两省以经费不足废除了实行了 400多年的救生红船制,但并不知具体原因。据王健强谈到,民国时期救生红船实行分局管理制,经费从地方船捐和地捐中支出,正是因为地方两捐缺乏,成为民国中期救生红船制衰败的重要原因。同时,民国初年以来,由于川江航运机动船数量大增,危险系数相对减小,一些大船自己也配备了救生船,特别是现代信号台、竹浮标、桩标、绞滩机的运用,更使川江航运危险系数减小,救生红船的功用相对减弱,这也是救生红船制退出历史舞台的一个重要的外在因素。

从目前的史料来看,中国以往的海上和内河救难都是临时的,并没有形成一个事业机构。从海上救难制度来看,宋明时期都有一些救助事例,形成了救护惯例,但并没形成明确的制度。中国海难救灾慈善事业总的说来是在清代兴起的。研究表明中国海上救助抚恤制度化是在清代雍正、乾隆年间形成,到乾隆二年才正式成为制度的,但并没有专门的救助机构出现。到清同治十二年(1873 年),西方各国驻沪领事就准备在沿海一带设立"济命局",第二年,清政府与西方各国共同签订《中外救生船总会章程》,总部设于上海,通商口岸和香港设立分堂,配备红色的救生红船。如浙江玉环是在同治五年(1866 年)设立救生局,主要是用于救助海难,用冬钓捐钱 2000 文生息为开支。

但从目前的研究来看,长江上游的救生红船制早在明代末年就兴起了,至清代康乾时期更为完善,规模已十分大了。长江中下游的救护制度可能也是受长江上游救生红船制的影响而出现的。我们发现,清代设立有太湖救生局、上海救生局、武汉救生局、沙市救生局、南京救生局等,但时间都较晚,像上海的救生局是在咸丰年间才开始设立,而武汉的是在光绪年间。同时期,荆州府知府倪文蔚倡建"大小红船六只",清代岳州府巴陵县设有救生红船 8 只,时间也较晚。鄱阳湖的救生红船也是在清末由按察司高应瑞开办的同仁堂设立的。救生红船之所以在长江上游首先兴起而且最为发达，主要是与传统时代川江的滩多水险舟船失事较多有关。川江红船真正有意义也是在重庆以下的川江，特别是三峡地区。[①]

旧码头风情

由于长江流域特殊的地理风貌，使长江上的码头风情很有特色。长江流域地貌多种多样，特别是在传统时期，上游人口相对稀少，城镇经济并不太发达，码头往往就成为一个城镇商品贸易最发达的地区，往往是商家云集、八方杂处。

古代长江上的城镇一般城门面江，下临阶梯直通江面，江面上趸船边木帆船桅杆林立，蔽遮大片江面。码头上往往设置有专门锚固舟船的石鼻子、石桩子，后期也有用铁柱的，有的舟船则用带铁尖的篙杆插入船头锚孔直插江边沙土锚固舟船。大的码头往往有专门的客人休息等待的地方，近代开始出现专门的囤船，兼有停泊船只、休息客人的功能。通往码头的石梯两边往往草棚相连，商人在内叫卖不断。码头人头攒动，力夫、客人、商贩等往来穿梭。

传统时代木船航行时间长，而且风险大，生死往往一瞬间，船工和商人们的生理和心理都强烈需要情感的补充，故沿江码头往往是妓院、烟馆、戏院最多的地方。如奉节旧为夔州府治，为出入四川的咽喉之地，经济军事地位重要，码头热闹非凡，铜船、铅船、米船、会试船、官船云集。入夜，灯红酒绿，"唱灯儿"小船游弋江

---

① 蓝勇：《清代长江上游救生红船制初探》，《中国社会经济史研究》1995 年第 4 期。
　　蓝勇：《清代长江上游救生红船制续考》，《中国社会经济史研究》2005 年第 3 期。

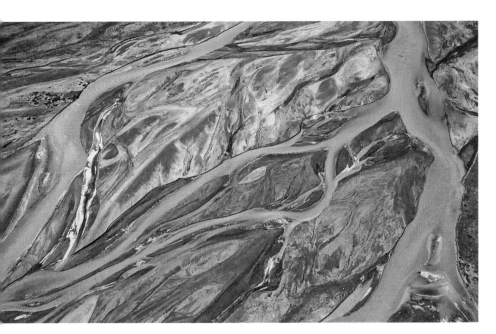

长江源辫状水系（图片来源：视觉中国）

戴金面罩青铜人头像，三星堆博物馆藏（图片来源：视觉中国）

【宋】李公麟《蜀川胜概图》（瞿塘峡段），弗利尔美术馆藏

按水經瞿唐廣溪灘
蓋三峽之巨三峽者巫
山與此黃牛也古歌云
巴東三峽巫峽長

夔府至歸州
三百二十五里

赤甲

東屯草堂

豬頭山

手中山

勝巳山

白鹽

聖毋泉

白鹽山

安樂寨

瞿唐峽

黃汗

白帝廟

趙公堂

白帝城

拌漣廟

高齋

激預

魚腹浦

獅子石

臥龍山

奉節縣

永安故宮

報恩寺

塩井

西市

天寧寺

卧龍寺

【宋】郭熙《蜀山栈道图》（局部），弗利尔美术馆藏

巨然《长江万里图》夔门段，弗利尔美术馆藏

巨然《长江万里图》九江庐山段，弗利尔美术馆藏

【宋】夏圭《长江万里图》（局部），台北故宫博物院藏

【清】《缂丝龙舟竞渡图》，纽约大都会博物馆藏

【元】夏永《岳阳楼图》，弗利尔美术馆藏

【清】佚名《大运河地图》（从扬州到长江），纽约大都会博物馆藏

急流中的三峡木船

民国时期重庆码头

救生红船，唐纳德·曼尼摄

清代三峡夔门

三峡盘滩纤夫

上叫卖唱艺,一时笙歌在江面回荡。据记载清末日本人山川早水就点唱过"唱灯儿",合川人丁治棠到夔州也谈到这种"唱灯儿","唱灯儿"成为清代夔州码头风情的一大景观。清代重庆城门往往与码头相连,往往每个城门都有门头,门头管控着码头的民间事务,如皇木采办过程中皇木运离重庆需要民夫,往往由门头负责召集。当时码头上多有饭铺,平日经营生意,但饭铺店主往往是码头上的地头蛇,但凡码头民间搬运事务也多由饭铺张罗。

长江中下游的码头上,由于地势平坦,各种畜力运输机械与人力搬运都存在,但在长江上游,由于坡度较大,人力搬运成为其最大的特色。现代重庆码头的棒棒、万州的扁担都是这种码头文化的具体遗存。

第九章　千古胜迹
——长江流域的新版《水经注》

　　长江流域横跨中国三大阶梯,地形地貌复杂多样,西部为青藏高原和横断山脉,海拔一般在 3000 米以上,中部为云贵高原、四川盆地及周边山地,东部为浅丘和平原地区。在世界大河中,长江流域地形地貌反差强烈,色彩鲜明,个性突出,留下许多世界自然遗产,令我们感受到大自然的博大与天工。

　　长江流域面积达 180 多万平方公里,约占全国陆地面积的五分之一,大部分都处于亚热带和暖温带地区,气候温暖湿润,无霜期长,降雨量充足,适合人类繁衍生息。几千年来,人类在长江流域生息劳作,创造了伟大的长江文明,留下无数景观胜迹,令我们访古探幽,遥思悠悠岁月留下的人类的苦难与辉煌。

金沙江

　　对于大多数人们来说,长江正源金沙江是令人向往且十分神秘的。金沙江全长 3481 多公里,流域面积达 50 多万平方公里,两岸多为高山深谷,森林密布,自古以来都是人烟稀少、民族众多、人类开发涉足较少较晚的地区,历史上人们对它的了解十分有限。也正是因为这样,历史上"岷江导江"的传统说法流行了1000 多年,鲜少有人怀疑。

在漫长的历史上,金沙江及其支流雅砻江、安宁河处于学术界称的"横断山民族大走廊"上,是氐羌系统民族南下的一个重要河谷。今天,两岸翼带有藏族、彝族、纳西族、白族、苗族等众多的民族。中国社会科学民族学与人类学研究所刘尧汉(彝族人)研究员曾提出了中华文明彝族中心论说法,金沙江流域是中华文明的一个重要发源地区,彝族的太阳历、二进制、向天坟等都是这种文化的代表。刘氏的这种说法我并不赞同,但金沙江古代人类文化的重要性并没引起我们足够的重视却是一个事实。

金沙江首先是自然的大峡谷,许多峡谷谷深在 1000 米—3000 米之间。金沙江从北向南流至云南石鼓,突出东北拐,形成万里长江第一湾。哈巴雪山与玉龙雪山间的虎跳峡,全长 16 公里,高差 3900 米左右,河流落差达 200 米,而最窄处仅 30 余米,堪称世界第一。

丽江以上的金沙江两岸为荒凉,虽然流经称多、玉树、德格、白玉、巴塘、得荣等县城附近,但没有一个县治是在金沙江边。丽江是金沙江上的一个人类文化与自然遗产有机结合的城市,城市附近石鼓的万里长江第一湾展示自然的冲击力量,而高达 5000 多米的哈巴雪山、玉龙雪山则体现自然地貌的错落与跌宕。丽江大研镇内小溪淙淙,小桥木屋瓦房,纳西文化的气息将这个城市演绎得既有中原古代文化的气韵,更有高原大江的少数民族风味。作为一个历史文化名城中没有城墙的城市,更显现了少数民族文化与中原传统文化的交融,凸现出现代城镇的开放。在我看来,作为中国"世界文化遗产",丽江古城不仅是一个少数民族文化古代城镇胜迹,也承传了中原中古文化的遗韵,如其洞经音乐往往多有中古时期中原汉族文化的因子,其文化遗产的价值更大。这样的古镇能够产生,得益于金沙江的天险交通枢纽地位,而其能保存下来没有被破坏则是由于金沙江的湍急、闭塞和历史上流域内社会经济的落后。

今天丽江成为中国著名的旅游城镇,但在历史上这座城市留给我们更多的是风烟战火和马帮铃声,这可从丽江附近的众多胜迹中看到这种历史的沉淀。丽江塔城的神川铁桥遗迹,是唐代南诏与吐蕃交通征战的重要交通桥梁,也是云南、西藏间茶马古道的一个重要关津。巨甸的巨津古渡则是这条茶马古道上的重要渡口。石鼓附近的石门关则是明清时期的一个重要军事要地,曾设石门关巡检司。丽江曾是忽必烈南征大理时西路军入云南的重要渡口,也许历史上的所谓"元跨革囊"就是在这里演绎。在丽江石鼓镇,我们能看到明代丽江土司木高在这里大破吐蕃后所立的石鼓碑碣。当然传说这块碑碣为诸葛亮所立,这与西南地区普遍存在孔明信仰有关。

在金沙江上在历史上的许多著名的古代渡口,最西边应该就是著名的雅砻江上的定笮渡口,以前曾误以为在金沙江上。据《华阳国志·蜀志》记载:"定笮县……县在郡西方,渡泸水,宾刚徼,曰摩沙夷。"定笮县一般认为在今盐源县盐井,只是这个渡口应在雅砻江边的某地,只是具体地点已经不是很清楚了,有可能在今盐源县金河渡口。

丽江以下沿金沙江下行,不久就到攀枝花,这是中国最年轻的城市之一。城市的核心区在40多年前还不过是云南永胜县的一个叫渡口的小地方,只因为地下有丰富的铁矿而成了厂矿,进而演变成为一个年轻的城市。由于城市的历史短暂,攀枝花是四川城镇最缺乏文化沉淀的城镇。作为一种城市形象,有人呼吁将攀枝花作为万里长江第一城。

金沙江丽江以下重要的人文胜迹,要算云南宁蒗县泸沽湖的母系氏族走婚遗留,湖边的摩梭人流行以母系为中心的阿注婚,不娶不嫁,自由交往,特别引人注目。而泸沽湖为四川三大自然湖泊之一,面积50多平方公里,没受任何污染,四周风光绮丽,空气清新,乘上摩梭女划的猪槽船,会感受到与现实隔绝的宁静和回归传统的自由纯真。环境的封闭是保留母系氏族婚姻形态的一个重要原因,但随着与外界交往增多,阿注婚已经开始向阿注同居婚、成家婚发展。实际上,在泸沽湖周围,历史上摩梭人还曾流行过一夫多妻、一妻多夫制度、一夫一妻制,与阿注婚姻共存,曾一度出现了多种婚姻制度并存的状况,显现了多元文化的相互影响与存异共生。

攀枝花市的东部三江为雅砻江与金沙江的汇合处,以前金沙江林区砍伐林木,大量木材漂放到这里,蔚为壮观。雅砻江流域较为荒凉,一千三百多公里的河段只有甘孜、新龙、雅江三个县城位于江边,但却有著名的二滩水电站。整个雅砻江流域广大,还翼带石渠、炉霍、道孚、理塘、九龙、木里、盐源等县。由雅砻江而上可到支流安宁河流域,这是川西南群山中的一个世外桃源,安宁河两岸冲积平原从南到北,延绵上百公里,很早就被人类开发利用,并成为古代巴蜀地区与云南、东南亚交通的一个南北通道。在安宁河平原上,早在上古时期就出现了"邛都夷",聚居在邛海边,创造了十分有特色的邛都文化。邛海风光、民族风情、卫星基地、西昌土林成为安宁河流域的重要看点。安宁河河谷还有一个特殊的气候资源,就是冬暖夏凉的气候特征使其地可以将避暑地和避寒地合在一地,在中国较为少见。

从攀枝花南下,流经一个叫拉鲊的地方,这是一个历史悠久的古渡口,即诸葛亮南征"五月渡泸,深入不毛"的地方,历代传说众多。考证起来,还是这个拉鲊渡口历史最为悠久,也正好在南北交通的大道上,才应是真正的"五月渡泸"处。早在《华阳国志·蜀志》记载:"三缝县,一曰小会无,音三播,道通宁州,渡泸得蜻蛉县。"这个渡口我们称为三缝渡口。在唐代这个渡口叫泸津关,是唐代成都与南诏交通官驿通道的重要渡口。元明清时期,由于云南政治经济文化中心东移昆明地区,四川通云南的官道从会理改到云南元谋江边渡口渡江,拉鲊渡口一度衰落,但仍不失为四川通云南大理的一条重要交通路线上的关渡。今天仍是川滇 108 国道要津,曾有公路车渡,现建有金沙江大桥横跨。

拉鲊以南,沿金沙江而下,我们不久就进入云南元谋了。元谋名气最大的是元谋猿人。在重庆巫山猿人发现以前,元谋猿人是中国最早的猿人文化遗址,写入大中学教科书,影响了几代人。

元明以后,中国政治经济文化东移南迁,云南地区的政治中心再次东移到滇池坝子,故元谋县江边渡口,又称龙街渡口,成为金沙江最重要的渡口。

从攀枝花开始,直到元谋、会理、会东、东川等地的金沙江为典型的干热河谷,主要指金沙江下游海拔在 1300—1600 米以下的河谷地带,年均温在 20—27 度,大于等于 10 的活动积温达 7000—8000 度,年降雨量在 600—800 毫米,年蒸发量为降雨量的 3—6 倍,干湿季节分明。金沙江干热河谷的这种气候条件使河谷两岸生态状况十分脆弱,森林植被条件非常差,映入眼帘的往往是一片片干涸的黄土,使人仿佛置身于夏日的新疆。很有意思的是在元谋县也有一个火焰山,传说是当年唐僧取经所经过的火焰山,在这座山上以前还有一个神龛,刻有唐僧师徒四人取经的场面。只是 2017 年我们再次考察时发现这个神龛已经不复存在了。红军长征时也曾经过这个火焰山,热得汗流浃背。在元谋附近的楚雄地区,是云南彝族的一个重要聚居地区,也是中国古代铜鼓的发源地。

从元谋以下金沙江上的另一个重镇就是历史上有名的铜都东川。不过,元明清时期的东川府路和东川府治在今云南会泽县治,位于今金沙江支流以礼河畔。中华人民共和国成立初成立东川矿区时,才迁到今东川汤丹,1961年东川市才迁到今小江流域的新村。在东川附近的小江流域是中国著名的泥石流典型多发地区,以前有的学者认为小江之所以成为中国泥石流典型地区,主要是冶铜对森林植被的破坏,实际上小江流域之所以成为泥石流的多发地区,可能主要还是当地的地质地貌和气候因素造成的,历史时期森林植被的破坏只是加重了这种地质现象。小江在会泽与巧家交界的蒙姑镇流入金沙江,由于长期水土冲刷,入口处异常狭窄,泥沙堆积严重。蒙姑镇以前当川滇交通之枢纽,镇上相当热闹,现在已经荒凉残破,但仍有一些老的民居存在。

从蒙姑沿金沙江顺流而下就到了云南巧家县城。巧家县有著名的堂狼渡口,据《华阳国志·蜀志》记载:"会无县,路通宁州,渡泸得堂狼县,故濮人邑也。"具体讲这个渡口就是今天巧家县的龙王庙渡口,在近代公路桥没有修通以前一直是金沙江联系川滇的重要渡口,可从此通今四川宁南、会东、会理、普格一带。

巧家县以下的金沙江,历史时期人类活动越来越多了。清代乾隆年间曾从小江口沿金沙江用船转运滇铜到京师,在金沙江沿岸开修纤道。后因水路险阻,改由永善县黄草坪上船转运。故我们在金沙江下游考察过程中发现大量不同时期的纤道遗迹,也有许多人类垦殖、生活的遗址。

从巧家再继续沿金沙江而下,经过的白鹤滩水电站为仅次于长江三峡水电站的第二大水电站。从电站再下就到了云南永善县城。其间有昭觉河(西溪河)、美姑河流入金沙江,这两条河流所流经的地区由于地形、地貌、土壤和水土流失等因素,曾为金沙江泥沙含量高和水体多呈黄色的重要原因。所经过的永善县黄坪镇曾是清代滇铜京运的一个重要起点,在金沙江沿岸一度较为繁华。以前还保留一段老街,但现在已经被淹没在水中。

永善县原在雍正六年设于今永善县米贴,后迁莲峰,再于光绪三十四年迁于今县城的井底之地。在金沙江边高地的云南永善县城,原不过是个十分简陋的小县城,自从在此修建溪洛渡电站后,一下热闹起来,县城八方杂聚,宾馆饭店相连。在永善县的团结乡,我们发现了昔日采办皇木留下来的三株大楠木,双人合抱,十分珍贵,显现了历史时期这些地方森林植被的状况与现在有很大的差异。

在今永善县城东面金沙江东岸的四川境内山地上就是雷波县。自雷波以下的金沙江,宋以来得到较为深入的开发,历史上称为马湖江。位于今雷波县黄琅镇的马湖,历史上又称天池、文池,是一个地震下陷湖,以前曾是马湖蛮王的居住地。在地图学史上有一个马湖现象,即古代地图往往将马湖绘成与金沙江连在一起的一个巨大的湖泊,甚至成为金沙江的源头,显现古代地理认知的缺陷。今天,马湖根本不与金沙江相连,是一个离金沙江较远,且海拔大大高于金沙江的山地淡水湖,面积 7.32 平方公里,湖中金龟岛上有海龙寺,有孟获殿,供奉着蛮王菩萨。读过《三国演义》的人都会知道,诸葛亮七擒七纵孟获,但是我们发现在西南一些少数民族中流传着孟获七擒七纵诸葛亮的传说。其实孟获真有其人,但他是中原汉族大姓迁入云南而形成的"夷化了的汉人",久之便被后人视为夷人。当然,《三国演义》中的"七擒七纵"不过是小说家的加工,历史上根本就不存在。

历史上,马湖一带交通条件十分差,也正因为此,马湖的水质保护得十分好,水质透明,连居民居住的湖边水也可立即掬来入口。周边曾是历史上采办皇木的地区,大楠木、大杉木众多。最大的楠木横卧可挡住骑在高马上的将士,可见楠木的巨大。北京的颐和园、故宫、天坛、地坛等建筑的立柱多在这些地区采办,说明了明清时期这些地区森林植被十分好。但现在马湖周边原始乔木林已少见,植被状态令人忧虑。

从雷波再顺流而下,来到三国时代的安上县,即今天的屏山县新市镇。新市镇宋称什葛村,元为蛮夷长官司,明称蛮夷驿。历史上新市镇是金沙江航运直航的终点,交通地理位置十分重要,也因此成为金沙江林区的一个木材集散地,贸易转运枢纽。在退耕还林政策以前,新市镇这个大山里仅一条街的小镇商贾云集,栈号栉比,饭店发廊相连,比附近县城还热闹。但退耕还林政策落实后,加上水路客运的地位下降,这个历史上有名的小镇衰落万分。后因向家坝电站成库以后,旧新市镇淹于水中,在附近新建了新市镇。以前新市镇附近的中都镇,宋称夷都村,曾是历史上采办皇木最有影响的一个地方,早在明代就曾建有神木山祠,并立神木山祠碑,而今已是祠毁碑残。2000 年,笔者率考察小组在中都镇考察,在老乡院内石坝中将断成四截的明代嘉靖神木山神碑找到,当时只有三截。2019 年我们再次考察中都镇,在楞严寺中发现将四块拼合成的此碑。

宋代以来,屏山新市镇就已经有官驿与叙州府(宜宾市)相连,可考明代设有蛮夷驿、大涡铺、平夷铺、荔枝铺、新滩溪铺、泥溪驿(屏山县城)、梅泥溪铺、罗东铺、黑岩铺、安边驿、汶川驿(宜宾市),证实人们对金沙江开发更深入了。[1]

---

[1] 蓝勇:《四川古代交通路线史》,西南师范大学出版社,1989 年。

从新市镇而下，经过云南绥江县城、四川屏山县城、福延、楼东、向家坝电站坝址等，不久就到四川宜宾安边镇。

从新市镇东沿金沙江而下，不久南岸为云南绥江县，原为马湖、安上旧地，元代马湖府治绥江县南岸村，清代乾隆元年永善县在副官村设分县管理，清末改为绥江县。绥江县北岸有为原屏山县新安镇，宋为平夷村，元明为平夷长官司治地，明清为平夷乡治地，但已经没有任何遗迹可寻。

屏山县以前为僰道、朱提县旧地，三国置马湖县，唐宋为羁縻州之地，又称黎溪村，元首置马湖路，为泥溪长官司治地，明置马湖府并屏山县，清雍正时裁马湖府后屏山归叙州府。作为明清时期的府治，以前屏山县留有许多历史的遗迹，如老城门、东关牌坊、八仙山大佛，但向家坝蓄水后，屏山县城完全被淹于水下，县城迁到岷江边的新发乡。

从旧屏山县城向东沿金沙江而行，不久就到福延镇，宋代称为胡盐村，又称会筵村，明清称梅泥溪铺，以前曾是金沙江上的一个重镇，二十多年前老街老屋、移民会馆保存较好，但向家坝电站成库以后，福延镇完全被淹没在水中了。同时再下的楼东镇，明代为罗东驿，清代书楼铺，也称楼东乡，以前老街老屋、移民会馆保存也较好，但向家坝电站成库以后，楼东镇也完全被淹没在水中了。

从楼东而下不久就到原宜宾县安边镇，安边镇是一个并不起眼的小镇，但其历史地位却十分重要。唐代中原诸多使节出使南诏都从开边县沿石门道入南诏，沿朱提江（宋又称石门江，清代称大关河，即今横江河）南下。在今云南盐津县豆沙关，有唐代袁滋出使南诏的摩崖石刻，为重要的民族关系史证，为全国重点文物保护单位。宋代今安边镇称安边寨、平夷，是历史上云南取水路进入四川盆地最重要的通道的重要关卡。明代为安边驿,清代为安边铺,以前在金沙江下游是最繁华的乡镇之一,老街分成上下两条,向西通马湖府,向南入云南昭通府,向东进入四川盆地,地理位置相当重要。安边以南的石门江边滩头营盘溪还留有明清采办大楠木到北京的石刻,但知道的人不多。清代以来,这一带多为土匪出没之地,清末民初有名的大刀会就主要活动在这一带。

安边镇对岸为今云南水富县城,紧邻横江河。横江河在唐代称朱提江,再经水富县城处入马湖江(金沙江)。水富县城为唐代开边县旧址,具体地点就是在今大滩附近。在大滩以上,有向家坝电站的大坝和西部大峡谷温泉,名声很大。清代以来今云南水富县曾为四川宜宾县安富镇,北靠玛瑙山,改属云南昭通市,有云南天然气化工厂、向家坝电站,故设立水富县,后升为县级市。

近二十年来,因金沙江下游先后修建了溪洛渡、向家坝、白鹤滩水电站,金沙江蒙姑以下河道均成库,以上谈到的大都数城镇、胜迹都淹在水下了。

从安边向东经窦坝、周坝、柏树溪到万里长江第一城宜宾。宜宾的历史可谓悠久,先秦时为僰侯国,秦汉设僰立道。秦汉县制,县有蛮夷曰“道”,有点像我们称“自治县”之类的称法。宜宾历代又有戎州、叙州、叙州府等称法。宜宾是下川南一个重要城镇,在历史上为川南、滇东北各民族的一个物资集散地,故这座城市历史上“夷夏”之风相兼。这一点在范成大《吴船录》中多有记载。元代在宜宾设立水递运站、叙州水站、纲运大站,明为汶川水驿。明清时期,由于张献忠等一系列战乱的影响,四川人口耗损严重,川南地区相对损耗轻一些,保留四川中古传统文化更多一些,故我们往往称川南为“老四川”,宜宾城的风情正是在这种背景下形成的。省内外客人如果想了解古代四川的风情,请到宜宾去。今天,川南宜宾仍有许多传统文化,如川南山歌、黄粑、猪儿粑、糟蛋、白酒、燃面等,其中白酒五粮液名声最大,故宜宾又有酒都的美名。在文化上宜宾哪吒文化较为深厚,有许多传说。宜宾城处岷江、金沙江汇合处,以前岷江与金沙江泾渭分明,岷江江水清绿,金沙江则浑黄。但由于金沙江梯级电站形成后,金沙江的江水反而比岷江更青绿了。由于这种环境,古代宜宾城靠两江汇合处的门就称"合江门",可称为万里长江第一门,川江航运的重要起点。同时,作为四川盆地与云贵高原的联系点,川滇商务一直较为繁忙,历史上有"搬不完的昭通,填不满的叙府"之称。至今,宜宾仍有许多值得一看的历史遗迹,如大观楼、滇南馆、冠英老街、流怀池、锁江亭、旧州塔、登高山和七星山风水塔、陈塘关等。

古代叙州所属六个州县,称叙南六属,即高县、庆符、筠连、兴文、琪县、长宁,这一带是古代僰人的故乡,至今在琪县、兴文等地还有众多的僰人悬棺,在兴文县有九丝王城等遗迹。经过唐宋明清的汉化,川南民族也有泸叙獠、都掌蛮等称呼,至今古朴的方言和淳厚的民风更是令人向往。今天这里只保留有苗族等少数民族。川南还有著名的兴文石林、长宁蜀南竹海等旅游之地。

岷　江

"岷山导江",岷江在古代很长时期内,都被视为长江的正源,有"大江""汶江"等名称。因岷江下游流经富庶的成都平原、川南丘陵,孕育出的文化远比金沙江流域更博大悠久。岷江发源于古代岷山南麓,我们看到的松潘县和九寨沟县交界的弓杠岭垭口海拔 3690 米,立有碑石之处是岷江的东源,另有西源郎架岭。另中国科学院遥感与数字地球研究所利用卫星遥感技术确定岷江的真正源头位于青海省达日县满掌乡境内莫坝东山脚下。岷江流经松潘、茂县、汶川、都江堰,散漫地流经成都平原,再经彭山、眉山、青神、乐山、犍为到宜宾,全长 735 公里,流域面积 13 万平方公里。

岷江在都江堰以上多为峡谷河段,山势高耸,河谷深切,河水湍急。但这条河谷却是古代氐羌系统民族南下成都平原的重要通道,远古蜀人沿这一条通道进入成都平原,至今在岷江上游还有许多新石器时代的文化遗址。

岷江上的第一座重要城镇就是古松潘城。早在汉代就设立湔氐道在县域内,唐武德年间正式设松州,宋为潘州,明设松潘卫,清设松潘厅。松潘修城墙可能始于唐代,但为土城。今天的松州古城始于明代,方圆 10 里,高 12.5 米,并有瓮城,有保存较为完好的古代城墙。

岷江上游与嘉陵江、白龙江之间的岷山,最有影响的是九寨沟。但如果从水系上讲,九寨沟是属于嘉陵江水系白龙江支流白水江的一条支沟。九寨沟的美在于自然美与原始美的结合,以高山湖泊、瀑布、森林、河流、雪峰为主体的九寨沟,与原始藏族风情融在一起,使九寨沟成为"人间仙境""童话世界"。

如果说九寨沟是嘉陵江流域的景观,那么黄龙寺则为岷江上游的景观。黄龙寺在松潘东南 56 公里处,也是一个以自然风光为特色的风景区。在岷江流域的小金县和汶川县交界处,还有海拔 6250 米的著名的四姑娘山,雪山陡岩,奇峰异树,瀑布草甸,成为岷江上游自然风光的典型代表。

岷江上游和涪江上游是国宝大熊猫的故乡之一,王朗、卧龙等自然保护区名声在外。

在松潘以南有自然界 70 多年前的杰作,叠溪海子。叠溪原为汉蚕陵县所在地,历代多有建制设置,在民国初年为茂县叠溪区。1933 年 8 月 25 日,叠溪发生大地震,岷江两岸许多山体陷落,将叠溪镇及周边诸多羌寨埋没,并同时形成了 11 个堰塞湖,其中最大的叠溪海子面积 350 万平方米。人的生命毕竟是最珍贵的,古城的埋没,全城 278 间民房没入水中,6800 多人死于地震。这是人类的一场苦难。叠溪海子形成后,后人将其开发为旅游地,可能这是我们先人们意想不到的,也是自然给予我们亡灵后人的一种补偿吧。

从松潘而下不久就到了茂县,茂县为古代著名的茂州治地,古代东可通过陇东道与涪江流域相连,交通位置相当重要,至今仍有古代城墙保留下来。历史上茂汶的苹果、花椒名气很大。从茂县南下就到了汶川县,汶川县威州镇在历史上可西沿杂谷脑河进入理县、马尔康、大小金川等地,理县的广柔县遗址、松坪寨较有影响。至今,汶川县威州镇的古城墙依然存在,另还有姜维城遗迹可供我们访古探幽。而汶川县南的绵虒镇,曾是古代汶川县的旧治,仍有昔日的辉煌。1980 年笔者考察经过时,发现古镇保存较好,但现在已经破坏严重了。

我们的祖先很早就在岷江上游留有遗迹。中国古代的大禹崇拜十分普及,但岷江上游的大禹崇拜十分早,扬雄《蜀王本纪》中就记载:"禹本汶山郡广柔县人,生于石纽,其地名刳儿坪。"《吴越地志》中也记载:"禹生于西羌,地名石纽。"《华阳国志》等也多有类似的记载。所谓汶川刳儿坪,就是在今汶川县南绵虒镇飞沙关上,以前曾有禹王宫,又称启圣祠,"文革"时已毁,唯存残垣断壁。今天汽车经过的飞沙关洞口上还有"石纽山"三个大字。无独有偶,在四川北川县禹里镇同样有一个石纽山,山上的"石纽"二字,相传为汉代扬雄所书,也传说为大禹的故乡,今天还专门建有大禹纪念馆。不过,有的学者考证提出大禹为山东莒县人,其治水也是在附近。有的学者则否定大禹生于石纽说,甚至否定大禹作为历史人物存在,认为仅是一个传说人物。

十分神奇的是,1992年在北川县大禹及夏文化研讨会上,出现了姓姒的大禹142代和143代后裔。这不过是旧时乡曲文人乡土历史重构中的杜撰,是人为附会高攀的结果。

实际上,今天全国各地都有关于大禹的遗迹和传说,特别是在河南、山西、山东、陕西、四川、贵州、湖南、湖北、安徽、江苏、浙江等省尤其多。在我看来,大禹应是一位传说中的人物,由于治水垂功德于民,历代世人出于对他的怀念,多设故迹以托大禹,纪念这位为民勤奋工作的帝王,不过显示了历史上民众对当代和来世圣人的一种期待而已。

松潘是一个藏族聚居区,但茂汶、汶川、岷江一线是我国羌族的分布地区,羌族风情浓烈。从松潘到都江堰,岷江成为连接这个藏羌走廊的重要水陆路,古代文明都是沿着这条通道传播。唐宋称西山道,明代设有永康驿(都江堰)、太平驿、寒水驿(绵虒)、安远驿、护林驿、长宁驿、来源驿、镇坪驿、归化驿、古松驿(松潘),清代称松茂驿道。流传十分广的《松潘小唱》称:"三恼九坪十八关,一锣一鼓上松潘。"指这条道路上历史上曾有许多重要的关隘,如玉垒关、蚕丛关、娘子岭、桃关、鸡宗关、飞沙关、渭门关、石大关、平定关、镇江关、北定关、西宁关等,至今许多地名仍在。在娘子岭、茂县飞虹村一带还保留有一些碥路遗迹,飞虹村有"松茂保障"石刻保留。只是宽广柏油路则已经使我们忘记了昔日马帮的艰辛!

古书称岷江两岸十里一堡，就是十里有一碉楼，信息以此相通，想见昔日岷江两岸一片烽烟之景。20 世纪 80 年代初，我沿岷江而上考察，两边碉楼碉房相连，江岸栈孔相接，呈现昔日羌族风情，景观原始独特。但 30 多年过去后，不知为何两岸的碉房碉楼多撤去，兴建起了许多现代的砖混结构房，我想这毕竟是一种进步，但这种进步为何不更多留一些承传特色呢？不过，在汶川县还有布瓦黄泥群碉、萝卜寨、牟托寨，令我们寻忆昔日碉楼林立的景观。

在岷江进入成都平原以前，流经的青城山为传统蜀中四大胜迹，有所谓"夔门天下雄、剑门天下险、峨眉天下秀、青城天下幽"。青城山，古称丈人山，也是道教的重要名山，传说张道陵就是在此修炼成仙，为道教的第五洞天。今天山上的建福宫、天师洞、祖师殿、上清宫等名气很大，众多的宫观林立于葱绿苍翠之中。登临绝顶，俯瞰岷江及支流似银练穿行于成都平原，眼界顿感开阔，穿行于岷江深谷的闭塞窘迫一去不返。在附近大邑县境内有著名的西岭雪山，最高峰庙基岭海拔 5364 米，终年积雪，取名于杜甫在成都写成的"窗含西岭千秋雪"。其实，从成都昔日矮小的草屋里，大多数情况下由于气候及能见度的因素，是很少看到成都西边的群山的，更谈不上看到大邑的庙基岭。杜氏的诗句不过是一种泛指，倒是现代的旅游策划者聪明万分，将此利用了起来。

滔滔岷江从岷山而下，流至都江堰，结束了两岸高山深谷的环境，进入以平坝、丘陵为主的地区。

都江堰对于大家来说再熟悉不过了。秦昭王在位时，蜀郡太守李冰在前人的基础上，垒鱼嘴分流，固定泄流的正流河道外江，另在玉垒山下开凿宝瓶口，形成离堆，有效引进用于灌溉和航运的水流进入成都平原，形成了著名的都江堰水利工程，至今已经有 2000 多年的历史。成都平原的河道变化纷繁,但都江堰的灌溉面积在不断扩大,"水旱从人,不知饥馑,沃野千里",一直相沿。

内江进入成都平原,在成都以南为流江,即今天的南河,北面为郫江,即今天的府河,两江在今合江亭相汇。历史上成都流江曾称大江、汶江,曾取代皂江(金马河)为岷江主流,元代马可·波罗看到的成都附近的河流有的地方宽达 800 米,说明历史上径流量要大得多,故汉代以来,成都江桥、万里桥一直为乘舟东下长江中下游的出发点,才有唐代"门泊东吴万里船"的诗句流传至今。

历史上成都两河河水丰沛,径流大且清澈,故古代蜀锦织成后都要由妇女放在江中濯洗,才更加漂亮多彩。当时江水清澈甜润,而井水苦涩不洁,故成都人都是以江水为尚,连市面上茶馆对联也称"扬子江中水,蒙顶山上茶",言江水的优良,而饭店标明"河水豆花"则也是对江水的赞赏肯定。

汉唐两宋,受都江堰哺育的成都平原呈现出西部历史的辉煌,留给人们无数胜迹,可供我们访古探幽,品味历史的兴衰与炎凉。

成都的古代文明很深厚,成都金沙村、郫县古城村、广汉三星堆、成都十二桥等遗迹,显现了成都平原十分辉煌的新石器和青铜文明,令人想起《山海经》中记载广都之野"百谷自生,冬夏播琴"。古代地理环境的优越往往是重要文明产生的基础。

由于三国时期成都是蜀国的都城,成都城内外三国遗迹繁多,影响也最大。但今天成都三国遗迹多不见地面景观,如蜀汉皇宫,专家考证在人民南路展览馆西北角,已经不见任何踪影了。万里桥,即古代江桥,也早已经没有景观存在。现在成都江南馆街还保留了宋代就有记载的诸葛井,以前还修有诸葛祠,供奉着诸葛亮像。成都的三国遗迹中,最有影响的当属武侯祠。据专家考证,陕西勉县的武侯祠是我国第一个武侯祠,以后全国各地,特别是甘肃、四川、重庆、湖北、湖南、山东、江苏、贵州、云南等地纷纷出现,尤以长江流域特别多。有的人统计,清代云南就有 34 座,而民国贵州省有 18 座,四川历史上则有 40 多座。[1] 这些年,我在西南各地考察,许多偏僻乡村也有武侯祠,可见长江流域武侯信仰的普遍。

成都的武侯祠是我国规模及影响最大的武侯祠。据《方舆胜览》记载,大约是诸葛亮死后 70 年就开始建祠,大约建成于 5 世纪,历代多有修葺改易。以前武侯祠与刘备庙、惠陵(刘备墓)相邻,明代以后将武侯祠移入刘备庙内,形成刘备居中,诸葛亮和关张居两边的格局。今天的武侯祠形成大门、二门、刘备殿、过厅、诸葛亮殿五重,仍然显现了诸葛亮地位的重要。

武侯祠中对联甚多,到过武侯祠的朋友们大多对清代赵藩所书的一副对联最感兴趣:

> 能攻心则反侧自消,从古知兵非好战;
>
> 不审势即宽严皆误,后来治蜀要深思。

在武侯祠的众多对联中,不乏精品,但多是对蜀汉成败的简单感怀和对诸葛亮、刘备等人的推崇备至,而赵氏的这副对联,不仅对蜀汉的历史进行反思,而且总结了诸葛亮本人的成败得失,这使现代学界对诸葛亮的功过评价越来越中肯得体。

我还注意到 100 年前冯煦所撰的对联:

> 亲贤臣国乃兴,当年三顾频烦,始延得汉家正统;
>
> 济大事人为本,今日四方靡骋,愿佑兹蜀部遗黎。

---

① 成都武侯祠博物馆:《蜀汉胜迹》,四川人民出版社,1985 年。

　　亲贤臣、人为本等古训从古到今都是有现实意义的,但为何一定要延"汉家正统"? 在中国传统社会封建正统观的影响在民间十分深厚。但细想蜀汉在吴、魏、蜀三国中,可能大的建树都不及魏、吴两国,可就是因为刘氏为汉家正统,民间反而为之感叹扼腕,对其蜀汉人物也都是崇拜至极。这种情感历代泛溢于民间,历代的诸葛亮信仰、关公信仰厚重且延续不断,而对曹魏、孙吴人物的信仰崇拜则相形见绌,曹氏在戏剧里反而成为白面奸臣类的反面人物。从武侯祠走出来,柏木森森之下我们仍可以感受到传统与历史惯性的冲击力量。

　　杜甫草堂从建立到现在已经有 1200 多年的历史了,今天的草堂遗迹多为明清以来所建。杜甫对成都的影响可谓巨大,在成都居住 4 年,写诗 240 多首,大增成都的文化底蕴。

　　唐代以后的前后蜀时期对四川的影响也可谓深远,从王建墓就可想见当时的繁荣。王建墓为前蜀主王建的陵墓,史称"永陵"。这个"永陵"以前被称为"抚琴台",将其与司马相如和诸葛亮连在了一起,后来在 20 世纪 40 年代初才发现为前蜀主王建的陵墓。1000 多年的历史就是这样轻易地被岁月模糊!

　　在锦江边还有著名的望江楼。清代以前九眼桥都是一片荒芜之地,望江楼是在清嘉庆年间为纪念唐代诗人薛涛而建的亭榭,光绪年间才建成崇丽阁,即望江楼。此楼虽为纪念一位唐代著名的女诗人而建,却是意义重大,而且这位女诗人据记载还有可能曾是一位乐妓。传说她与元稹有一段恋情,与西川节度使韦皋关系很好,与白居易、令狐楚、裴度、杜牧、刘禹锡、张籍等名人有交往,这就更使纪念薛氏的望江楼充满了神秘之感。今天,我们在望江楼已经不能感受到昔日薛涛所处的氛围,众多的修竹篁丛给我们营造了一个休闲放松的小天地。不过,在望江楼,楚图南先生录杜甫诗句"锦江春色来天地,玉垒浮云变古今",倒是融天地生人为一体,将自然造化和历史兴衰与望江楼的望而生叹联系起来。

成都城内的宗教胜迹也不少。四川毕竟是道教的重要发源地,道家文化深厚得很。著名的青羊宫,原名青羊肆,始建成于唐代,在四川地区那是一个道盛佛弱的时期。从此以后,青羊宫成为成都人一个重要的游春烧香之地,香火旺得很。不过,昔时的青羊宫独处西郊,周边一片荒地,没有今天高楼和车水马龙拥立的喧哗。清代初年战乱后,青羊宫一度成为虎患出没之地。成都城内始建成于唐代的大慈寺、昭觉寺、文殊院也是香火旺盛之地。

从成都而下的岷江水路,早在唐宋时期就有记载开为驿路,万里船穿行于其间,可想见昔日南河的宽大。元代从成都出发的驿路站名完整明确,水路计有本府站、广都站、平安站、龙山站、眉州站、石佛站、青神站、峰门站、牟差(平羌)站、嘉定站、越坝站、净江站、三圣站、犍为站、下坝站、月峰波站、宣化站、真溪站、喝口站、叙州站,陆站计有本府站、木(牧)马站、眉州站、青神站、凌云站、犍为站、宣化站、叙州站。明代沿江仍有锦官、广都、木马、武阳、眉州、石佛、青神、峰门、平羌、凌云、三圣、沉犀、下坝、月波、宣化、真溪、牛口、汶川等驿。清时期,岷江沿线仍设有官驿,交通地位仍然重要。①

从成都合江亭而下经过九眼桥、中兴场(即今华阳,元设立有广都水站,明为广都水驿)、正兴(苏码头)、付家坝(元设立有平安水站,明设立牧马水驿)、黄龙溪到彭山县江口镇,南河与经新津而来的岷江主流汇合。以前成都为水码头时,这一段江面多有南

---

① 蓝勇:《四川古代交通路线史》,西南师范大学出版社,1989年。

河船、半头船航行,运输相当繁忙。至今黄龙溪古镇的旅游热度仍然可窥见昔日的繁华。江口为汉代之彭女津,相传彭祖之女得道于此,有彭祖山,为一方名胜。在江口不仅有著名的江口崖墓群,而且还有张献忠江口沉银处。

沿江口而下经过彭山(元设立有龙山水站、明设立武阳水站,又称龙爪站)便到了眉州(元代有眉州水站,明设立眉州水驿)。眉州三苏祠的名声较大,是一个占地 80 余亩的私家园林。眉州在历史上可歌可泣的事件并不太多,使之有影响和名气可能得益于"三苏"和进士众多。统计宋代眉州出了 904 个进士,而成都才出了 661 个,①《眉山县志》也记载有 880 名进士。眉州的文化地位独领风骚于巴蜀之地,有"眉为士大夫之郡"的说法,眉山被外界视为"诗书城",在这样的背景下,出现苏洵、苏轼、苏辙三大著名文人自然不在话下。

从眉山而下经过石佛,元代设立有石佛水站,同时又称鱼辄水站,明设立石佛水驿。从石佛而下就到了青神县,元设立有青神水站,明设立青神水驿。青神县南下在青神县思濛江进入岷江口对岸为中岩寺风景区,位于岷江之滨,分为上、中、下三寺(岩)。景区的许多人文景观始创于东晋,彰显于唐、宋。古中岩早期为佛教圣地,是十六罗波之第五罗汉"诺巨那尊者"道场,与峨眉山齐名,有"先朝中岩,后朝峨眉"之说。景区有关于宋代黄庭坚、陆游文化人的故迹。

从中岩寺沿岷江而下就到了著名的汉阳古镇,有著名的汉阳麻辣鸡和花生。从汉阳南下就到著名的平羌三峡,由犁头峡、背峨峡、平羌峡组成,全长 12 公里,其实平羌峡山势并不很高,但岷

---

① 蓝勇:《西南历史文化地理》,西南师范大学出版社,1997 年。

江从成都平原下来一直多在平坝浅丘中游动,到此突然进入峡谷,故特别突兀,古代文人多有咏叹,最著名的就是李白的"峨眉山月半轮秋,影入平羌江水流。夜发清溪向三峡,思君不见下渝州"之句,而陆游诗中也有"淡烟疏雨平羌路,便恐从今入梦魂"的诗句。以前川江官驿一直设到成都,平羌峡北口悦来一带,元设立峰门水站,明设立峰门水驿。现在由于自然水面径流量大大减小,河床抬升与挖掘下降并存,虽然这段河流没有筑坝,但平羌峡以北已经不能顺畅通航。现平羌峡内河流相对较为平稳,但出峡不久鸭婆滩滩险水急,一般情况下舟船无法上下。从平羌峡而下不久东岸就到了牟子场一带,汉有平羌戍,周置平羌县,元置平羌站,又称牟差水站。再下西岸为荔枝湾,宋代曾有荔枝楼,陆游等人曾游此。至今,此地为中国现代晚熟荔枝的北界,还保留有一些古代的老荔枝树。

从荔枝湾沿江而下不久就到大佛故乡乐山。乐山位于大渡河与岷江汇合处,而大渡河的支流青衣江也在此附近汇入。乐山是古代从成都出发换取大船出峡的转运处,地理位置重要。在汉代为南安县,北周以后至北宋称嘉州,取郡土嘉美之意,隋以后县治为龙游县,南宋开始设嘉定府。元为嘉定路,设有嘉定水站,又称南门站。明置凌云水驿,清代正式在嘉定府下设立乐山县。乐山城的自然风光绮丽,早在唐宋时期的志书中就有记载嘉州为"山水窟",认为天下山水窟只有两个,一是嘉州,一是桂林。

乐山的人文传统可谓悠久。从岷江彭山段开始,沿江汉代崖墓众多,乐山乌尤山麻浩崖墓更是天下闻名。历史上嘉州钟灵毓秀、人才辈出,在全国有较大影响的晋代文学家李密以《陈情表》闻名于世,五代的著名花间派词人孙光宪,近代著名经学家廖平,现代文学家、历史学家郭沫若都是嘉州人氏,至于流寓乐山的文化名人更是不胜枚举。

峨眉山在四川峨眉县境,包括大峨山、二峨山、三峨山,景区面积达 623 平方公里,主峰万佛顶海拔 3099 米。由于东面的峨眉、乐山一带多为浅丘地貌,故峨眉山的相对高度是十分突出的,有一种孤兀之感。峨眉山上奇峰众多,山色清秀,山上以日出、云海、佛光、圣灯为"四奇",山上山下名寺林立,著名的有报国寺、伏虎寺、雷音寺、纯阳殿、清音阁、千佛庵、接引殿、华藏寺、卧云寺、万年寺等。

我们知道峨眉山原来是一个道教名山,唐宋以后,佛教势力大增,逐渐侵占了道家空间。纯阳殿原本是一个道观,但清代改为佛寺。

在四川民间,很早就有"上朝峨眉,下朝宝顶"之说,几十年来,我看见许多善男信女千里迢迢从全国各地朝拜峨眉山,特别是一些老太婆一步一叩拜地行进,使我感受到信仰在国民心中是多么的重要。

历史上文化名人大多来过巴山蜀水,所谓"自古词人多入蜀"便是如此,而且入蜀的词人大多要登临峨眉山。唐代的陈子昂、李白、贾岛、唐求、岑参,宋代的苏轼、陆游、黄庭坚、范成大、冯时行,明代的海瑞、文徵明、方孝孺、杨慎、解缙,清代的张问陶、康有为、刘光第,近代的徐悲鸿、张大千、齐白石等都到过峨眉山。其中范成大的《吴船录》中对峨眉山的记载十分详明。早在元代有一位叫雪村的日本人到四川,也到了峨眉山,并有十分详细的记载。100 多年前,又有一位叫山川早水的日本人到了四川担任教习,也到峨眉山旅游,在其游记《巴蜀》一书中对峨嵋山也有十分详细的记载。峨眉山早已经不是乐山的峨眉山,它是四川的、中国的,乃至世界的峨眉山。

乐山颇有知名度的还有乐山大佛。历史上岷江与大渡河相汇处,每当夏季洪水时对行船危害十分大。凌云寺禅师海通立志开佛以依慈力安流抚众,筹措财力人力,自开元元年(713年)到贞元十九年(803年),历时90年,终于完成这座举世闻名的大佛。这尊弥勒坐佛,通高71米,临江危坐,成为世界上最大的石刻坐佛。开凿以后,外修有木阁防护,称大像阁、天宁阁,但元明毁于兵火后,一直未能修复。以后大佛完全被日晒雨淋,风化十分严重。乐山大佛的开凿意义重大,唐末五代宋元以来四川盆地的造佛风潮高涨,不能不说与这个巨型大佛的开凿有关系。

当然,历史上河流对人们的危害并没有因为大佛的修建而减弱或消失,海通禅师不能想到的是这是他留给乐山,乃至四川、中国的一个宝贵的文化财富。今天的乐山如果没有大佛存在,其文化积淀和旅游经济的地位可想而知。1989年,广东人潘鸿忠突然发现乐山岷江东岸依次排列的三座山峰呈现隐隐的"卧佛",更使此地增加了神秘色彩。

乐山在传统时代的经济中以盐业和丝绸业影响为大,唐宋时期的陵井(仁寿)在四川井盐业中地位突出,明清以来五通桥更是因盐业而大名在外。清代以来乐山的丝绸业在四川的地位也是举足轻重。不过,在今天,这一切都成为昔日的辉煌,只成为我们这批文化人点评历史的话语。

近代乐山所出的文化名人中,郭沫若可能影响最大。所以,到了乐山不能不到郭沫若的故乡沙湾镇看一看。沙湾镇沫水街上的郭沫若旧居十分显眼,但沙湾镇本身已经较有现代色彩,失去了古镇的风貌。在乐山真正有影响的古镇还是犍为县的明代古镇罗城,其特色是镇的布局像一个船形。据说罗城是因为长期干旱,才将古镇建造成船形,有借船引水之意。

昔日的乐山，大渡河与岷江相汇，江面开阔，乐山城城墙临江而立，南门肖公嘴外帆船林立，对岸远处大佛壁立，附近山峦林木青葱，远处山脉层次相叠，含黛相浸，典型的一个山水风光城市。现在乐山仍是一个著名的旅游城市，乐山大佛、峨嵋山、乌尤寺、古代城门、西坝豆腐、甜皮鸭、周鸡肉、跷脚牛肉等令人向往。

岷江从乐山而下经过的五通桥，是昔日盐业重镇，有著名的犍乐盐场，历史上有"金犍为，银富顺"之称，清代以来有四川第二盐场之称，商贸发达。昔时的五通桥，小溪相依，古榕绕城，人烟鼎盛，一派人与自然和谐的风光。只是现在盐业已经衰败，五通桥只有花盐街、工农街、群力街的一些残破老屋仍然可以窥视昔日的繁华。

从五通桥南下不久岷江西岸为西坝，元代又称越坝，以出产豆腐出名。再南下经过金粟场，即旧磨子场，元代为三圣水站，明代为三圣水驿。再南下石溪镇，元代称为净江。从石溪下不远就到犍为县城。犍为县历史悠久，早在隋代就置犍为县，元置犍为水站，明置沉犀水驿，至今城内保存的文庙规模宏大，县境的罗城古镇、抗蒙山城紫云城较为有名，而县境内高粱酒、麻柳黄姜历史悠久。从犍为县南下不久有马边河注入，又有清水溪之名，注入岷江的河口历史上称为清溪，据说李白《峨眉山月歌》诗中"夜发青溪向三峡"的清溪就是此地。沿溪西进不远处今有清溪古镇，为古代沐川源古道入口之一，是进入大凉山的一条重要通道。河口以下孝姑场对面就是紫云城，为南宋抗蒙的重要山城之一。孝姑又称么姑，元代称为下坝，设立有水站，明代为下坝水驿。从孝姑再下有沐川河注入岷江，也是古代沐川源古道进入雷屏马边的通道之一。沐川河南下就到了麻柳场，今称新民镇，老街的格局还保存较好，历史上以产黄姜而出名。

从新民镇南下经过元代的月波峰水站,明代称为月波水驿,即今叙州区月新村,旧月波场。再南下岷江东岸为泥溪镇,再下西岸为宣化坝,即今叙州区宣化村,三国置郁鄡(一作郁鄙)戍,后改为郁鄡县,唐代改义宾县,宋一度改为宣化县,后改为宜宾县。元代设有宣化水站,明为宣化水驿。宣化坝南面紧邻蕨溪镇,明清时又称脚溪。蕨溪南下为原宜宾县真溪镇,因旧有真姓居民居住而名,元代设立真溪水站,明代为真溪水驿,后改为新化乡,现为四川屏山县新县城。真溪再南下为高场、牛口坝。牛口坝,苏东坡有《夜泊牛口》一诗,称:"日落江雾生,系舟宿牛口。居民偶相聚,三四依古柳。负薪出深谷,见客喜且售。"牛口坝,元代设立牛(喝)口水站,明代为牛口水驿,在今天岷江西岸,属于叙州区翠和村。牛口坝东南为牛喜扁场,今喜捷镇。再南下西岸为菜坝,旧有宜宾菜坝机场。菜坝对岸西北有思波镇,即旧思波溪场,东北有赤岩,传为李冰积薪所烧之岩。从赤岩而下为旧州坝,古代僰道多数时期治三江口,因唐代会昌年间大水,戎州城迁到此,直到元代才迁回三江口今翠屏区治。旧州坝一线至今还有旧州塔、大佛寺、锁江亭、流怀池等遗迹可寻。旧岷江东岸江北安富街有吊黄楼、西岸有半边寺。到达金沙江与岷江汇合的三江口,左岸为登高山,上有抗蒙山城遗址,有风水塔白塔,右为僰道旧城,元明清叙州城。

大渡河

大渡河,发源于青海省玉树藏族自治州境内阿尼玛卿山脉的果洛山南麓,全长 1062 公里,是岷江的最大的支流,古称沫水、大渡水、泸水、阳山江等。大渡河发源地翼带色达、壤塘、班玛、阿坝、马尔康等县城,汇入金川县城为主流上的第一个县城。在这一千多公里的河道上,沿江的县城从金川县向南有金川、丹巴、泸定、石棉、汉源、金河口、峨边,现有大渡河才是岷江正源的说法。

从乐山取大渡河溯水而上行进不太长,便进入大渡河深谷。大渡河从泸定县城、石棉县城、汉源县城、乌斯河、金口河、峨边县到铜街子,沿线高谷深切,河流湍急,水陆两路在古代都十分艰险,历史上取水路航行较少。古代人们取路多经中镇(峨边县沙坪镇)从陆路经金口河、罗回到甘洛,或从马鞍山、二郎山、飞越岭翻山东西行进。至于到汉源,则多取雅安翻大相岭而行。倒是今天的成昆铁路沿大渡河而行,经金口河、乌斯河入甘洛。

大渡河流域有一些城镇很有特色和影响。

大渡河干流上的第一县城金川县旧为靖化县,历史上出现征大小金川之战,现金川县为著名的"中国雪梨之乡"。再下丹巴县为嘉绒藏族聚居地,民族风情浓烈,碉楼文化发达。从丹巴南下到泸定县。

泸定县是大渡河上一个声名远扬的城市。泸定县建置时间其实较短,在清代以前一直受附近的羁縻州和土司管理。附近大渡河两边的岚安、烹坝、沈村、冷碛、化林坪等在历史上地位更为重要。到清代乾隆四十五年(1780 年)因经略康藏需要在安乐处修建大渡河桥,康熙皇帝赐名泸定桥,因桥的地位在桥两边成市,因此在清末成立泸定桥管理委员会,民国元年才设立泸定县。当然,1935 年 5 月 29 日,中国工农红军在这里取得了飞夺泸定桥的伟大胜利,泸定也因此成为革命历史名城,泸定桥及红军飞夺泸定桥纪念碑也成为全国青少年爱国主义教育基地之一。除此以外泸定县还有海螺沟、燕子沟、雅家埂、二郎山等著名的风景区,山川壮美。

　　泸定以下为石棉县,县城为土司旧地,后为汉源县属地,1951年才正式建县,历史并不长。石棉县紫打地,又称安顺场,大渡河从北向南到此折向东流,以前为西康到宁远之间的交通枢纽,陆路向西可达九龙等地,北上泸定、康定,南下西昌、冕宁一带,水在冬季可通汉源,是木材、药材、丝绸、茶叶等货物交易一个重要渡口,故有西路巨镇之称。特别近现代的两次历史壮举在大渡河安顺场上演绎得十分风火,一次是太平天国将领石达开率军在石棉县紫打地(安顺场)兵败,6000将士在大树堡被杀。一是红军在1935年5月,中国工农红军长征在此强渡大渡河成功,安顺场由此载入革命史册,安顺场由此更是声名播扬在外。

　　在大渡河边的汉源城以前的地位十分重要。汉代称旄牛县,隋置汉源县,以后多称黎州汉源县,清设清溪县,民国又为汉源县,历代治地在清溪、富林、九襄之间变换。汉源有著名的富林旧石器文化,为南方丝绸之路所经重要城镇,城南大树的漩口渡口历史悠久。清溪古城风貌仍存,九襄古镇和牌坊,古风犹存。

　　昔日汉源有"古木参天"之说,汉源大渡河大峡谷上的皇木镇,曾是采办皇木的旧地,过去这些地区森林密布、人烟罕至。但今天山岭已无高大乔木,多为灌丛草坡山地,下面坡地也多被玉米、马铃薯等作物覆盖。唯远眺高山深谷,雾气缭绕,吃着"绿色"的皇木腊肉,还能让我们感受到大渡河峡谷的自然原始的状态。

　　汉源是一个花椒之乡,历史上有名的黎椒就是在汉源。其他如汉源的樱桃、梨也是远近闻名。十多年前由于发现了大量铅矿,富了一批人,在深山中这个古城汉源建成了一条像样的现代街道。后来因为瀑布沟电站建成后将汉源县城淹没,县城只有搬迁至萝卜岗上,呈依坡板块状分布,多有不方便之处。我们知道,大渡河大峡谷河谷深切,自然资源丰富,富林以上沿江还有许多富庶的冲积平坝。330 万千瓦的瀑布沟水电站兴建起来这对于汉源县来说,是十分难得的机会。但是,电站的建立对峡谷景观的破坏和对沿江仅有的平坝地区的淹没,往往是难以替代和再生的。为此,作为一位历史地理学者,自然感到的是一种对现实的怅然与无奈。

汉源以下的大渡河,仍是一些重要的名胜和城镇,如金口河海拔相差 2000 米的大渡河大峡谷、金口河三线建设遗址、桌山大瓦山、帽壳山、沙湾镇等。

大渡河的支流青衣江也较为重要,主源为宝兴河,发源于邛崃山脉巴朗山与夹金山之间的蜀西营,下流至宝兴飞仙关处与天全河、荥经河汇合后,始称青衣江,经雅安、洪雅、夹江于乐山草鞋渡处汇入大渡河。青衣江在历史上又有青衣水、沫水、大渡水之称,以为青衣国旧地得名。

青衣江最有名的城镇就是雅安。雅安城的历史悠久,秦汉为严道郡所属,西魏开始设立始阳县,隋以后设立雅州,治城为严道县,清代为雅安府雅安县。我们知道历史上有“黎风雅雨西昌月”之说。雅安年均降雨量在 1000—1800 毫米以上,是著名的雨城。古代的雅州是南方丝绸之路所经的一个重要城镇,同时也是茶马古道枢纽,交通地位重要,以往马帮过往不断。不过,今天雅安的发展已经没有昔日的地位,城市建设由于经济状况和自然环境的因素在四川的中等城市中处于落后的地位。而到雅安能吃到真正的完全野生的雅鱼也并不容易,因现代雅鱼(齐口裂腹鱼类)只以半人工养殖,价格较贵。雅安除了雅鱼外,还有貌美肤白的雅女,不知是否是和历史上为交通要道,八方杂处,加上多雨少日照有关。历史留给我们的雅安高颐阙仍令我们追忆昔日的风采。

雅安城以下有洪雅和夹江两座县城。洪雅县置于隋代,以洪雅川(今安溪河)得名。今有瓦屋山、柳江古镇、高庙古镇、槽渔滩等风景名胜,特别是瓦屋山为中国最著名的桌山,而高庙古镇仍然保持相当原始的状态。夹江县设置于隋代,以古代千佛岩上泾口两山夹江得名,至今天千佛岩仍为著名的胜迹,而夹江还有竹纸之乡、西部瓷都之称,夹江宣纸成为书画爱好者的佳品。

川江(宜宾—泸州段)

虽然一般来说在历史唐宋时期就有了"川江"的名称,但很长时间内"川江"的所指并不确定,到了近代机动船进入长江上游后,人们逐渐习惯将宜宾到宜昌的长江主干称为川江。

从宜宾而下不久就到南广河入长江口。南广河古称符黑水,是古代叙南六属的一条重要河道。南广河口以前的南广镇曾是传说中的陈塘关,实际上是当时叙州转运川盐的一个重要关卡,盐船林立,曾设立有转运川盐的管理处,至今仍有有关管理处、码头的遗迹。

南广河沿途为古代南夷道所经,河流上高县庆符古镇、石门子石刻、珙县洛表麻塘坝僰人悬棺都是重要的人文胜迹,可惜交通不便,知名度不高,游客太少。

从南广河口再顺江而下,经过盐坪坝不久就到李庄镇。盐坪坝为清代川盐转运的一个中转站,以前盐船林立,较为热闹。李庄镇为四川十大古镇之一,号称万里长江第一古镇。李庄镇古为南广县故治,原为南溪县的一大镇,明代设有李庄水驿,1983年划归宜宾管理。昔日过境商务的繁忙造就了小镇宫观店铺林立,尽显传统的辉煌。后来倒是因为水路的地位下降,交通相对闭塞,使这个古镇保留了下来,留给我们一笔难得的财富。今李庄镇有慈光寺、东岳庙、旋螺殿、禹王宫、文昌宫、南华宫、天上宫、张家祠等一大批明清以来的古代建筑保留了下来,使古镇的文化气息十分浓厚。抗日战争时期,同济大学、中央研究院、中央博物院、中央营造学院、金陵大学等著名的大学和科研院所迁到李庄这个小镇,使这个古镇显现了新的青春。据说当时同济大学迁移,宜宾、南溪等地无法接纳,李庄乡绅主动接纳。没想到几十年过去,这个举动留给李庄的后人一笔无形的财富。至今诸多暮年的老学者到了四川,都要提及李庄,多多少少成就了李庄成为四川十大古镇之名。

从李庄而下,不久就到万里长江第一县的南溪县城。唐末曾设立奋戎城在今南溪县治,宋初将南溪县从李庄镇迁移到今南溪县城治,设为县治已经1000多年了。元代开始南溪就开始设立站赤,明代设立龙腾水驿。历史上沿长江的城镇多在明代沿江边修筑砖石城墙,临江城墙高耸为沿江一大景观。但近几十年来,大多数城墙城门都被拆毁破坏。南溪县古城墙的三个城门保存至今,倒使我们可以追寻昔日城市风貌,使得许多电影电视都在南溪古城门拍摄,如《自古英雄出少年》《大鸿米店》等。南溪的豆腐干名声很大,以前坐船停靠囤船的时候,都要买一点来品尝。

巴蜀之地的豆腐制品出名的太多,以豆腐干为例,南溪豆腐干首屈一指,其他武隆羊角豆干、剑阁剑门豆干、岳池顾县豆腐干也是名声在外。豆腐乳也是多有名声,大邑唐场豆腐乳、忠县豆腐乳、乐山五通桥豆腐乳、秀山清溪豆腐乳也是名气大得很。其他如乐山西坝豆腐、剑阁剑门豆腐、蓬安河舒豆腐、高县沙河豆腐、富顺豆花也很有影响。

从南溪而下,不久就到江安县。江安早在晋代就设立新乐县,后改常安县,北魏改为汉安县,隋改为江安县后,1000多年名称一直没有变过。江安元代就开始设立驿站,水路时代江安的地位在川南各县中十分重要。江安的竹器工艺特别出名,以前江安竹筷、竹簧影响很大,但后来随着水路的衰败,江安的地位大大下降。江安为长宁河的入口。沿长宁河而上,不久就到了长宁县城,但昔日的长宁军或长宁县城都是在长宁河上游的双河镇。至今双河镇规模宏大,街道栉比,仍留有许多老县城的遗风余韵。长宁河一线古代产盐,至今双河镇仍有古代的盐井遗址淯井。

江安县与长宁县交界的一带多为南亚热带的浅丘和中丘地区,小河众多,气候湿润,小溪两岸修竹成林,一望无边,这便是著名的蜀南竹海景区。昔日的叙南六属多被视为葛僚蛮人,往往阻断江路,与官军对抗。至今高县石门子、兴文九丝城、凌霄城等地仍多存有一些征战留下的遗迹。川南人为人豪气直爽,另一面则是粗野尚武,历来如此。

从江安顺江而下到了怡乐镇,古代称为夷牢溪、二龙口,是川南进入少数民族地区的重要通道。从此往南行有夕佳山民俗博物馆,当地能够将这样的大院保留下来,十分难得,可我更对周边大量楠木林感兴趣。作为私家庭院,周边能有这样多的楠木林,这体现了主人的环境意识。

从怡乐镇再下,不久就到了北岸的井口。井口古代称为南井口,宋代在此北设立南井监(江安县四面山镇南井),旁有小河,井口正好为小河进入长江处,交通位置较为重要。从井口东下不久到了大渡口。这块坝子曾在刘宋时设立绵水县,宋代废除。[1] 明代称为董坝,曾设立董坝水驿。

从大渡口再下就到了永宁河口的纳溪区。纳溪区在宋以前

---

[1] 关于绵水县治地,学术界有分歧:一说在江安县长宁河入长江口的牛角坝(今桃花岛),一说在旧县坝(小坝),一说在大渡口镇东的畬蛮城,一说在二龙口(今怡乐)。

属绵水县,宋代始置纳溪寨,不久改为纳溪县,经宋、元、明、清、民国多代,中华人民共和国成立后,1996 年撤县改为泸州市纳溪区。今天纳溪区除了著名泸州天然气化工厂还有生气外,传统的纳溪麻糖等早已经被新时代添加料食品挤占得没有了落脚之地。

纳溪区当永宁河入长江口。永宁河发源于叙永县黄泥乡,全长 164 公里,翼带纳溪、叙永、兴文三县,古称纳川、纳江,曾是著名乌撒入蜀道所沿河道。宋代官军曾在永宁河江门一带修葺河道,为阿永蛮进入汉族聚居区的重要通道。元明以来,由于建昌道和石门道因民族阻隔而不够通畅,这条通道成为四川与贵州、云南交通的最重要的一条通道。明代这条道路设有泸川驿(泸州市)、纳溪驿(纳溪区)、渠坝驿、大洲驿、峡口驿、江门水马驿、永宁驿(叙永县)、普市驿、摩泥驿、赤水驿、层台驿、毕节驿(贵州毕节)、周泥驿、黑章驿、瓦甸驿、乌撒驿(贵州威宁县),再入云南到昆明,商旅取此道出。明代著名文人杨慎多次取此道云南,并留有许多诗文。清代永宁河为川盐济黔的四大边岸之一的永岸,盐运也是繁忙万分。

永宁河畔的叙永县建制并不悠久,元代才开始在这里设立永宁路,明代设立永宁卫,清代设立叙永厅和永宁县,都属贵州省。1727 年废厅,改县属四川,民国二年改为叙永县。叙永县是长江流域少见的一城两属的城镇,明清时期在叙永县城内一度设立属贵州的永宁卫(县)和属四川的叙永同知,一个在东城,一个在西城,两城只是被永宁河相隔开,实际上本是一座城。

叙永在明清时期为"川南门户",襟带云贵川三省,故有"鸡鸣三省"之称。昔日的叙永县城商贾云集,过往运输川盐、黔铅、滇铜、大木的商客众多,城内店铺林立,永宁河像一条清带穿城而过,河边两桥飞渡,城墙壁立,古榕相伴。从城内远眺远处的道教圣地丹山,好一幅自然与人文的融合景观。就是在 20 世纪 80 年代初这种风貌仍然历历在目。

不过近 40 年,叙永城古城多被毁去,而现代的高楼都市又还没有完全出现,处在一个前不见古人,后不见来者的情形中,作为一个历史地理学者,顿生伤感!

今天我们在城内的春秋祠还能找到一点昔日盛况的余韵。春秋祠,本名陕西馆,原为陕西籍盐商的会馆,建于光绪二十六年(1900 年)。春秋祠建筑为典型的会馆建筑,尤以精美的木雕艺术著称。

近代史上蔡锷将军对泸南影响较深。叙永以南的雪山关,本是一个没有多大名气的古关隘,自从关上留下据称是蔡锷将军千古名对以后,声名大增。其联称:①

> 是南来第一雄关,只有天在上头,许壮士生还,将军夜渡;
>
> 作西蜀千年屏障,会当秋登绝顶,看滇池月小,黔岭云低。

对联中的气势,只有登临雪山关才能感受到这种将自然风光与指点乾坤英雄气势融为一体的韵味。据说在雪山关上天气好时,可向北俯瞰泸州城,但我多次登顶,并没见此壮观。护国运动在泸南还留有松坡楼、棉花坡战场、护国镇等。在护国镇附近的永宁河边,有蔡锷将军所题"护国岩"三字,镌刻在岩上,并有蔡锷诗文共 286 字。

从纳溪区顺江而下,经过方山镇、蓝田坝,不久就到川南重镇

----

① 据考,此对联的实际作者为赤水分县县佐杨公石。

泸州城。在石棚至泸州间,长江边的方山,雄峙川南浅丘之上,孤峰独立,林木青翠。山间的云峰寺香火很盛,影响一方。

沱　江

泸州为沱江长江两江交汇口,而沱江翼带了传统川南丘陵地区最富庶的地区,这就使泸州城的历史在传统时代十分重要。

沱江发源于绵竹县紫岩山(九顶山),流经金堂、简阳、资阳、资中、内江、富顺到泸州入长江,全长712公里,是四川地区一条重要的河流。

沱江在四川的大河中并不算长,但其流经历史上的简州、资州、富顺监都是传统时代四川盆地经济文化最发达的地区。不过,这个传统时代的富庶区的富有始于元明,以前这些地区由于开发滞后,多是僚人聚居的地区,社会经济并不发达,如资州在宋代还是"穷僻之邑",富顺监仍是"土瘠事刀耕"。

号称"沱江第一县"的金堂县早在北齐时置西遂宁郡,唐置金堂县,治金堂赵镇(韩滩社区旧城址),宋嘉祐二年(1057年)迁到城厢镇(老金堂,今青白江区城厢镇)。今县城系1950年再迁建赵家渡赵镇。县城赵镇位于沱江边,毗河、中河、北河三条汇纳成沱江,城在水中,有花园水城之称。从赵镇到九龙镇间有"沱江小三峡",不过这个所谓三峡,处于丘陵地带的沱江上,在九龙水库修建前还勉强可以,修成后不过是一个狭长的丘陵水库而已。倒是沱江边的云顶石城,作为一座抗蒙古城,像四川、重庆许多抗蒙古城一样,城门城墙仍然保存较好,上面的慈云寺香火仍盛,这倒是最有名的抗蒙古城钓鱼城的护国寺所没有的。

从金堂县沿沱江南下,经过云顶山下沱江峡谷后,经过淮口、五凤溪、石桥镇到简阳市,其中五凤溪、石桥镇是西翻龙泉山进入成都平原的水陆交通枢纽,以前商务繁忙,至今老街还保留较好。

沱江边的简阳市,早在汉代就在石桥镇设立牛鞞县,北魏开始设立阳安县,元改称简州,明代置有阳安驿,民国称简阳县。简阳县虽然汉代邻近成都先染汉文化气息,汉代文化发达,但由于龙泉山相隔,长期以农业为主,没有特色产业出现,社会经济的发展在历史上并不突出。不过简州历史上出现了四状元,流传的佳话不少,但总体上简阳的历史文化显得比金堂县还苍白一些,但今天成都新机场落户简阳,简阳的城市发展较快。

出简阳不久就入资阳境内,第一镇为临江镇,以资阳临江寺豆瓣出名。笔者小时候由于物质短缺,觉得这个东西美极了,好似仙人之食。但现在由于物资的丰富和临江寺豆瓣品质的下降,临江寺豆瓣已经没有了昔日的辉煌了。

资州的历史可谓辉煌,秦汉就设立了资中县,北周改为资阳县,历代相沿。今天的资阳市管辖资阳市、简阳市、安岳县、乐至县。这个地区在国内较有影响的当属资阳人,距今 35000 年的历史,表明了沱江流域很早就有人类生存繁衍。四川唐宋以来的造佛运动,给安岳留下了安岳大佛,使这个农业大县多了几分人文色彩。这一带在历史上出了诸多名人,东周天文学家、孔子之师苌弘,数学家秦九韶,诗人贾岛,哲学家陈抟,革命家陈毅等。

从资阳而下,经过南津镇,明代曾设有南津驿。从资阳到资中沱江途中经过两条小河球溪和鱼溪,溪边的球溪和鱼溪镇以卖沱江鱼出名,显现了历史上沱江"多鱼鳖"的遗韵,不过今天餐馆里的沱江鲇鱼(胡子鲢)多是人工养殖的。

从沱江鱼溪口归德镇南下不久就到了资中县,资中县北周为盘石县,元改为资州,明设立珠江驿,民国为资中县至今。资中县背依的重龙山历史上名气很大,唐以来的胜迹众多。县境罗泉、铁佛古镇很有影响。宋代赵逵和清代骆成骧是为数不多的四川状元,体现了宋代和清代资中文化地位的重要。至今资中重龙山、文庙、古代城墙、两路口牌坊、唐明古渡等仍可窥见昔日的辉煌。

内江这个地方以前并不显重要,汉设立汉安县,中途屡有改易,北周设中江县,隋正式设立内江县,1951 年改内江市,是四川著名的老工业城市。四川历史上的糖业中心原在涪江流域的遂宁一带,但明清以来南移至沱江流域,内江成为四川的蔗糖业中心,传统时代内江是十里一糖房,百里一糖厂,内江蜜饯成为我们这一代儿时十分垂涎的食品。明清时期,内江的经济文化地位在全川名列前茅,明代内江出了 107 位进士,位于四川县级政区第一位,清代的内江县进士也出了较多,近代画家张大千更是闻名天下。30 多年前,内江的人民公园是一个十分诱人的旅游之地,体现了当时内江作为长江流域的一个甜城的重要地位。但现在内江的经济地位已经远非昔日可比了。

内江东面的隆昌县历史十分短,明代才开始设立县,是一个典型的农业大县,历史上隆昌夏布和隆昌白猪影响很大,但地位已今非昔比。

从内江继续沿沱江而下九曲回肠,经过椑木镇,以前曾是东大路上的一个重要交通枢纽,老街和码头保存还较好,东大路从重庆出发到此可以取水路行进,而从成都而来从五凤溪、石桥、雁江、南津等码头行舟至此,可以取东大路到重庆。以前椑木镇古榕树相绕,青瓦土墙的穿斗式住房相沿,街上石板相连,充溢着叶子烟和酒糟味,叫卖声此起彼伏。从椑木而下重要的场镇有白马镇,有两条老街可寻。从白马沿沱江而下到达牛佛镇,牛佛镇以前是富顺县一个重要的码头,以前商务繁忙,会馆林立,清代李永和、兰朝鼎队伍曾在此举行过重要会议。再南下到达狮市镇,以前也是沱江上的重要城镇,会馆林立。从狮市而下就到达著名的富顺县。听这个名字,我们就可以想见历史上它的富庶与繁荣。富顺县城以南沱江不远有一条支流叫釜溪河,往西流至今威远县和荣县境内,这条河两岸古代井盐蕴藏十分丰富,很早就被人们开发利用,西晋时的"富义盐井"就十分出名。宋代为此专门设立富顺监,相当于设立了专门工业区。

清代的自流井、贡井名气大,自流井的盐不仅满足四川省自己需要,而且还远播贵州、云南等地,在运销贵州路上形成了仁岸、永岸、涪岸、綦岸四大运岸。那时的自贡,富庶甲于巴蜀,历代军阀无不以争夺自贡盐井为目的。自贡城内八方杂聚,商贾云集。釜溪河上,盐船遮蔽江面,好一个小河大码头。至今自贡的西秦会馆、王爷庙、燊海井、东源井、艾叶古镇等等遗迹,还可引起我们对昔日繁荣的回忆。昔日的繁华滋养出了著名的川菜盐帮菜,使今天的自贡最有可能成为美食之都,据说川菜中的水煮牛肉也是自贡盐厂工人孕育的而经自贡大厨范吉安改良的。其他火边子牛肉、鲜锅兔、冷吃兔影响较大,小煎小炒类菜品在川菜中地位突出。

不过,昔日自贡的城市污染可能是四川城市中最严重的。城区由于用牛当动力,广泛用牛粪当生产、生活燃料,城区缭绕着一股牛粪气味,夹杂着烧煤的气味,不堪入鼻。釜溪河上除了盐船外,还有许多装粪的粪船,江面深绿,泛着一股股怪味。那时到自贡人的都知道要喝茶水,白开水是绝对有一股异味的。这可能是中国早期工业化环境污染的先例了。即使这样,凭借城市盐化工的地位,自贡作为四川的省辖市,在那个时代是仅次于成都、重庆的重要城市。

　　釜溪河是连接沱江与自贡城市的重要水路,历史上盐运的地位相当高,以前自流井沙湾王爷庙盐船林立,顺釜溪河而下,经过仙市、沿滩到达邓井关注入沱江。在历史上仙市、沿滩、邓井关热闹非凡,至今仙市的老街、会馆还保存较好,可以透视昔日釜溪河沿途的繁盛场景。釜溪河上的邓井关,原是盐船换船的转运之地,釜溪河上的歪尾船到转载长船进入川江,以前商贾云集,商船相接,瓦屋相连,规模宏大,堪称川南第一大镇。只是现在城市建设老街多被撤毁,已经没有过往的风采。

　　早在唐代就记载沱江多鱼鳖,这是与沱江周边多为浅丘地区,开发较早,江流平缓,江流中营养物相当丰富,为鱼类的生存创造了条件有关。昔日,在沱江江边小镇中吃沱江鱼是一个令人兴奋不已的事。但上世纪80年代,由于沿江城市发展,工矿企业多且科技含量不高,生化污染最为严重,沱江已经成为长江上游生化污染最严重的一条大支流,时时出现严重的污染事件。当时,沿沱江而行,常常见水质墨黑,如一潭墨汁,故沱江多鱼鳖的历史一度成了遥远的过去。但今天,随着沱江两岸的一系列环境整治举措,沱江水质已经日趋良好。

　　近几百年沱江流域的繁华多得益于明清以来四川经济文化重心的东移南迁,涪江流域的蔗糖中心南移到沱江流域,而明清成都、重庆两个重要城镇相连的东大道形成,出现了龙泉驿、阳安驿(简阳)、南津驿(资阳)、珠江驿(资中)、安仁驿(内江)、隆桥驿(隆昌)、峰高驿、东皋驿(永川)、来凤驿、白市驿、朝天驿的东大路,内江也因此成了重要的水陆转运枢纽。

　　近30年来,沱江中游结束了它的辉煌历史,开始慢慢地衰落了。内江的糖业工业地位下降,蜜饯完全被现代预制食品所淹没,而新的支柱产业又没有出现,加上高速公路修通后,传统铁路枢纽的交通地位下降,内江一度成为一个城市建设滞后、经济发展活力不够的城市。而自贡传统盐业衰败,盐业化工地位同样一落千丈,自贡恐龙和灯会由于没有经济基础的支撑,其影响力越来越有限。

沱江沿富顺而下,不久就到了赵化镇,是"戊戌六君子"之一刘光第的故乡,也是自贡东大道下川路运盐的重要驿站和码头,镇上老街、会馆保存较好。再下为怀德镇、葫市镇,其中怀德镇的老街也保存较好,特别是老街的牌坊有特色。

如果说近三十年来沱江下游流域社会经济地位有所下降,泸州则是这种下降趋势中唯一的亮点。

泸州早在秦代就设立江阳县,唐改泸川县,元明清多以泸州相称,元设立泸州本州站,明设立泸川水驿,有泸州递运所,民国为泸县,建制已经有 2000 多年的历史。不过,汉晋唐时期的泸州并没有辉煌的历史,只不过是长江水运经过的重要城镇而已。汉代泸州一带流行石棺,很有地方特色。宋代以来,泸州地位上升,成为一个与泸南少数民族交易的重要城市,市镇众多,有"西南要会"之称。明清以来,沱江流域社会经济地位上升,特别是沱江成为转运糖业、盐业物资的通道,而随着乌撒入蜀道的地位显现,泸州成为滇铜、黔铅的转运中转站和川米转运的重要途经城市,泸州的城市地位越来越重要,城市经济发展越来越显要。泸州城内是"车马舳舳,缤纷辐辏",有"百石船至于泸州"之称,即川江上百担以上的大船,一般到泸州而不再上行。这样,泸州沱江、长江两岸盐船、铜船、黔船、杂货船、米船林立如屏,覆盖江面。其情形正如清代张问陶诗中的"城下人家水上城,酒楼红处一江明"一样。泸州称江城,自然有其城市环境和历史名称为支撑的。经济的发展为文化繁荣创造了条件,明代泸州出了 54 个进士,居四川的第五位,可以想见泸州城市的地位。历史上称泸州为"川南第一州",确实如此。

昔日的泸州城与长江边的城市一样,沿江面都是城墙相连,城门面江而开,至今还保留有一部分明代城墙。城内忠山、龙透关居高临下,可俯瞰两江相汇和起伏如潮的南北浅丘。清代以来,泸州的酒业发展起来,今已成为泸州城市发展的支柱产业,泸州又有了酒城的美名。泸州有美酒,更有美女。《蜀游闻见录》记载泸州以南的黔北毕节一带姑娘水色十分好,附近川省的达官贵人多在那里娶妻纳妾,好似"扬州瘦马"一样风行一时。也许泸州的有钱人以前多在毕节选美人,才落得泸州出美女的美名。其实,还有可能是泸州以前为商业贸易的重要城市,人口八方杂聚,杂交优势明显。看来,泸州还应有一个美女城的名声了。

当然,泸州也有许多遗憾! 泸州的饮食很有特色,泸州的猪儿粑原来十分有名。最早猪儿粑用蒸笼蒸好,一笼四个肉馅,四个糖馅,米料软硬适中,还配有一碗绿豆汤,但现在的猪儿粑早已没有昔日的风采。而在古代有"仙人之食"之称的黄粑,现在经林氏兄弟开发,已经大大推广,但影响还是不够大。

泸州人有一个百年之梦实现了,但太晚了。据说原来西方设计的川汉铁路是经过泸州的,但后来詹天佑将其改为从内江到隆昌、永川后,泸州的铁路梦一直难圆。改革开放以后,泸州人民节衣缩食,八方集资,终于将泸隆铁路修通,但这条铁路修成后完全成为一条死路,并没有发挥应有的价值。不过,近来泸州已经实现了高速铁路的贯通,泸州人的百年梦想完全实现。

川江(泸州—重庆段)

长江上游除成都平原外,大的平原不多。川人一般将小块平地称为坝,就像云南人称平坝为甸一样。长江上游两岸的冲积坝就举不胜举。以泸州附近为例,高坝、茜草坝、蓝田坝、大叶坝、瓦窑坝、张坝一大串。这些坝子往往都是农业垦殖较早,水稻种植较多的富庶之乡。从泸州顺江而下,不久就到了有名的张坝。那里有泸州最有名的龙眼园,已经开发成旅游景区。据说唐代杜甫就是在张坝吃了荔枝,写出了"忆过泸戎摘荔枝,清风掩映石逶迤"之句。不过泸州乡土学者赵永康考证杜甫吃的应是泸州蓝田坝的荔枝,可能更与史实符合一些。

从张坝而下,不久就到黄舣镇,元代曾设立黄舣湾水站,明代设立黄舣水驿,即今黄舣镇。从黄舣到弥沱镇长江绕了一个大弯。弥沱镇北岸为有名的老泸城,也称神臂城,为南宋末年抵抗蒙古军的山城防御体系之一。城位于长江北岸一个凸出的半岛上,半岛称神臂山,实际上为一小丘陵,依山为城。当时宋代四川军民依靠神臂城与钓鱼城相呼应,坚持了30多年,直到1277年才最后沦陷在元军手中,故留有"天生的重庆,铁打的泸州"之称。在我看来,由于神臂城远没有钓鱼城那样高险,防守起来更加艰难,围绕着神臂城的防守可能更为酷烈。元代设立有神山水站,明代则称神仙水驿。今天昔时的硝烟烽火已经散尽,神臂山上一片梯田,耕牛与炊烟点缀其上,只有很短一段昔日的旧城墙和两个城门可以让我们想起700多年前的征战与厮杀。

从神臂城而下,不久就到了合江县白沙,对岸历史上称牛脑一,实际上是明代在此设立牛脑驿所遗留。从白沙而下到赤水河入长江口的合江县。合江县早在秦代就设立了符节县,汉设符县,据说为汉代唐蒙出使"南夷"的符关所在地。关口也称南关,就是在长江与赤水河汇合处,原为县党校旧址。这个地方河道大石相盘,十分狭窄。合江县出土了大量石棺,显现了汉代这个与"南夷"地区交通关口地位的重要。

合江县北靠安乐山,赤水河汇入长江,赤水河在古代又有湳溪之称,故元代设立湳溪水站。赤水河在清代为川盐济黔边岸的仁岸,是川盐进入贵州的相当重要的一条通道。与泸州城一样是四川盆地南与贵州北部地区交通的重要交通枢纽。

历史上四川、广东、福建曾是我国三大荔枝产地,但由于气候环境和社会环境变化,四川和福建的荔枝生产作为一个重要产业不复存在,四川也仅合江县的荔枝还能成为一方土产。每当公历7月的时候,合江赤水河和长江两岸一片树绿果红,还能令人想起唐宋巴蜀的荔浦秋风。合江、赤水一带保留下来的古镇较多,如合江的佛宝、尧坝古镇、赤水的丙安、大同、复兴等古镇,风貌较为原始,有的已开发成为旅游重地。

赤水河并不赤,两岸竹林相沿,远处青山含黛,是长江上游水土保持较好的一条河流。溯水而上,不久就到贵州赤水市。赤水原为符县故地,西晋置安乐县,宋置仁怀县,清乾隆年间置仁怀直隶厅,光绪年间才改为赤水厅,1913 年改为县。赤水号黔北门户,为贵州第一出口港,是贵州边土上十分繁华的城市。对岸九支城本为南宋抗元古城,今天处两省交界之处,也是灯红酒绿,繁华一时。

红军使赤水的名气大涨。从赤水而下,途经红军四渡赤水的茅台、二郎、土城、元厚等渡口,两岸自然风光十分好,森林植被较好,附近有著名竹海国家公园、桫椤国家公园风景区,高山深谷,亚热带植被保存完好。这里与川南地区一样，瀑布特别多，有"千瀑之乡"的美称。

赤水河两岸山色十分好，水质更是上等。就是这条河的水土，酝酿出古蔺郎酒、习水大曲和仁怀的国酒茅台三大名酒。赤水河流域的发展总体上还是落后的，仁怀由于有酒业支撑，财政收入对仅50多万人口的仁怀市来说，可称富甲一方。

赤水河再上为叙永的赤水镇，处赤水河的发源地，山高水险。不过赤水镇明代为赤水驿，有赤水河递运所，为川黔交通要道上的重要关口，过往商贾众多。原来古镇临江而建，背负崇山峻岭，很有特色，但现在撤建后传统旧貌已无。

赤水河是长江上游唯一一条还没有修建大坝的大支流，故有的专家呼吁给长江留下一条自然生态的河道，也为我们的后代留一条自然的河道。

从合江县而下经榕山镇（过去称王家场）到白米史坝村，宋置史坝镇，明代为史坝水驿，不久就进入重庆市所管辖的范围，进入江津市所属的羊石镇，因江中有羊石盘得名。

合江与江津之间为川南文化与川东文化的交汇点，也是长江上游金沙江、岷江、沱江流域的四川传统相对稳定的古文化区与川东川北相对发展的新文化区的交汇处。所以万里长江走出合江县，就是走出"老四川"文化区，中古时期古入声自成一体的发音就听不到了。今天江津话中有下江话和上江话差别，就是两种文化上的显著差别。

长江从石羊镇经永川朱沱镇、松溉镇到江津市朱杨镇。其中永川市松溉古镇为重庆十大古镇之一，古青石板曲曲折折，两边多穿斗式瓦屋。朱沱镇又称朱家沱，以前老街保存较好。朱杨溪以前称罗布场，朱杨溪注入长江，朱杨溪流经重庆永川市一带注入。永川设治城并不久,唐代才开始从璧山县分出设立永川县,但从明代成渝东大路形成以后,永川县设立东皋驿,成为四川经济文化交通的中枢城市之一,社会经济发展较快。

朱杨溪沿长江而下不久就到了石门镇,明代设立了石门水驿。这里北岸崖壁上有建于明代以前的石门大佛,依崖而建的大佛寺庙中观音菩萨通高 13.5 米,号称"万里长江第一佛"。在石门大佛寺里,有一副对联令我深思,作者是江津文人钟云舫,其对联称:

> 自在观,观自在,无人在,无我在,问此时自家安在,知所在,自然自在;
>
> 如来佛,佛如来,有将来,有未来,究这生如何得来,已过来,如见如来。

这首对联对仗工整,寓意深刻,此所谓感悟人生世态,人见人异,各有所思。钟云舫还有一首藏联阁长联,号称天下第一长联,全联 1612 字,上联写地理风貌,下联写历史事件,有昆明大观楼长联的气势和风格,无奈全联太长,且多用生僻奇异之字,一般人难以卒读,可能成为难以流传的一个重要原因。

石门以下为著名的白沙镇,旧称白沙沱,驴子溪在此注入长江。元代就设有石门乌蒙站,明代曾设立白沙马驿,为一重要水陆交通要镇。近代白沙镇与江油中坝镇、金堂赵家渡镇、渠县三汇镇号称天府四大名镇,因为抗战时高校和文化名人云集白沙镇,故又与成都金牛坝、重庆北碚区、沙坪坝磁器口号称中国大后方四大文化区。

白沙以下经油溪镇就到了江津区治几江街道。江津原为北齐的江州县,后称江阳县,隋改名江津县,但到宋初县治在顺江,宋初以后才迁到今几江街道。明以前江津在历史中并没有太多的影响,明清以来随着四川经济文化重心东移南迁推进,地位才重要起来。明代的第一位首辅江渊就是江津人,中华人民共和国元帅聂荣臻也是江津人。江津处四川盆地南缘,山地生态环境保存较好,四面山、黑石山风景秀丽多彩,森林植被茂密,瀑布众多,与附近的合江佛宝、赤水桫椤、竹海国家森林公园成为一体。在这些风景区间,有中山、塘河、真武场等古镇保留下来。

不过,江津人引以为豪的江津广柑、米花糖、白酒、酸菜鱼、江津肉片,在现代多元经济冲击下,影响已经今不如昔了。

江津城以下不久就到了铜贯驿,早在明代就设有铜贯水驿,附近冬笋坝的发掘出土了古代巴人的墓葬,出土了许多古人船棺。铜贯驿长江对岸顺江镇为旧江津县治,为古代僰溪(今綦江)注入长江口,以前为进出贵州口岸,舟楫林立,繁荣万分,但现在残破萧条。

唐宋沿綦江口上溯称"溱溪寨路""溱南二州路"。明清时沿綦江经仁沱、真武、夏坝、广兴、北渡到綦江县城,再经三江镇、东溪镇、赶水镇水路可沿松坎河进入贵州桐梓县松坎镇,为清代川盐济黔的四大运岸之一的綦岸运岸。但陆路一般到安稳经酒店(一作九店)垭到松坎镇。明代为川东通贵州的要道,设立了朝天驿、百节驿、白渡驿、东溪驿、安稳驿、松坎驿、桐梓驿、播川驿、永安驿、湘川驿、乌江驿、养龙坑驿、底寨驿、札佐驿、贵州驿。

古代的南州、溱州一带处大娄山脉,气候湿热,南亚热带森林植被丰富。生长着亚洲象、犀牛等动物。但时过境迁,这些动物早在这些地方灭绝,而山地的森林植被也多为灌丛了。

从铜贯驿下经过鱼洞(今巴南区治)、黄沙溪、佛图关、菜园坝、珊瑚坝、海棠溪、龙门浩、观音梁、月亮碛到了重庆市治城渝中区,在朝天门与嘉陵江汇合。

嘉陵江(源头—合川段)

嘉陵江水系维系渝蜀甘陕四省,流域面积达到 16 万平方公里,其中形成嘉陵江、涪江、渠江三大分支,故学界多以"三江流域"相称。

一般认为嘉陵江发源于陕西凤县东北嘉陵谷,东源经甘肃两当县、徽县,接成县而来的青泥河,再下陕西略阳徐家坪,与嘉陵江西源经礼县、西和等县而来的西汉水合。但学术界更多认为西汉水和白龙江才应是嘉陵江的正源。

嘉陵江源头一带处于长江流域与黄河流域的交汇处,很早就染秦风,受到中原文化的影响。秦汉时期的"栈道千里,通于蜀汉"主要是指这一带。汉代刘高祖"明修栈道,暗度陈仓",也是在这个地区。

从元代开始,从黄河流域的宝鸡翻秦岭,越大散关就有东河桥、草凉楼、黄花驿站到凤州站,明代从陈仓驿、东河桥驿、草凉楼驿、梁山驿(凤县)到白水驿,大都沿嘉陵江而行,两岸崇山峻岭,嘉陵谷就在这一带。其中大散关处黄河流域地域上,自古以来为川陕交通咽喉之地,至今有宋代陆游"楼船夜雪瓜舟渡,铁马秋风大散关"之句流传。川陕公路上的秦岭之地,路边石碑"秦岭"二字十分醒目,远看南北群山如丸,层层叠嶂,好一个鸟瞰中国南北群山的绝妙之地。

凤县以下嘉陵江流经甘肃境内,所经两当县早在唐代就设立两当驿,成县而来的青泥河上有青泥岭、青泥驿,杜甫曾经过此地,李白《蜀道难》中的"青泥何盘盘"便是指此。溯青泥岭而上,不久就到达成县。唐代杜甫曾在成县居住过,至今青泥河畔还有杜甫草堂。成县西峡风光并不算独特,但对我们文化人来说,《西峡颂》的名气够大的了,与《石门颂》《郙阁颂》为汉代三大颂碑,并为其中保存最为完好的石刻。今西峡颂的峡边壁岩上,建有一亭相护。碑文中仅为颂扬东汉地方官员李翕的生平和政绩,并没有突出之处,但其书法艺术的价值却是十分高,国内外都有学者关注研究。

青泥河以下不久有西汉水注入,学界认为这才是嘉陵江正源之一。西汉水发源于甘肃礼县、西和县地区,很早就记载有番冢山。

西汉水以下不久就到了略阳,汉为沮县故地,唐代为兴州顺正县,当川陕交通要地。略阳城居嘉陵江两岸,夹江而建。略阳文化上最有名的当属灵岩寺和其内的《郙阁颂》等100多方摩崖石刻。早在明代在略阳就开始设立嘉陵驿,成为嘉陵江航运的重要城镇。至今略阳保存较好的古城门和江神庙还可让人窥见昔日的繁华。略阳以下,不久就到了著名的阳平关。阳平关南面的播鼓台,为唐三泉县址,北溯嘉陵江可到宝鸡,南顺江可入四川境,东可经勉县到汉中,在传统时代战略位置就显得十分重要了,明代设有阳平水驿。

《禹贡》记载"嶓冢导漾,东流为汉",故今陕西宁强县境也有一个嶓冢山。据历史地理学者李健超先生考察发现,阳平关一带东面的戴家坝、青泥沟一带为汉江发源地,与嘉陵江近在咫尺,但河道宽敞,分水岭(即嶓冢山)上还有河流堆成的卵石,由此认为古代曾发生"河流袭夺"现象。就是说历史上汉水与嘉陵江是在阳平关一带相通而同源的。千古沧桑,那里已是景变人非矣!后来我在阳平关考察,也发现嘉陵江与汉水之源如此相近,且如此平坦,远没有两大流域一般有高山相分的规律,深有同感。

从阳平关南下不久就到四川与陕西交界处青滩、大滩、三滩一带。据我们最新研究表明,历史上的三泉县曾迁到三滩一带,而唐代的五盘岭实际就在这一段嘉陵江的九井滩上。宋代的潭毒山和潭毒关也在今清风峡内。①

古代嘉陵江的航运之利十分突出。唐代曾在长举县(今略阳长峰村)以南至兴州整治航道。历史上可从今凤县南木皮店直下重庆,很长时期内也可从甘肃徽县的虞关(鱼关)南下到重庆,宋代宋军的漕粮就可溯嘉陵江直航虞关,清代也可以从永宁河口的合河口行船南下。而白水江(今洛河)入嘉陵江口的白水镇也是一个重要码头,至今保留文物较多。进入四川境内后,嘉陵江更加开阔起来,只是要到广元朝天镇时,经过清风峡和明月峡,两岸相对狭窄,但历史上这一段嘉陵江水陆路都较为通畅。故广元清风峡和明月峡两岸都有古代栈道的栈孔遗留。

据我考证,明月峡的木栈道早在宋代就已经被毁坏,后来人们改走上面的朝天岭碥路。故朝天岭上碥路原有朝天关关楼,但很早就被破坏了。30 多年前我在关楼遗址下拾到旧砖瓦物,还发现有道光年间的修路纪事碑和功德碑。20 多年前,当地在古代栈道孔的基础上修复了栈道作为旅游设施来开发,可令我们遥想昔日的栈道千里的硝烟和繁忙。

"朝天"之名取古代朝觐天子之意,与重庆"朝天门"一样,金牛道和长江水路是古代出入四川的两条重要通道。广元朝天镇早在刘宋时就设立兴乐县,广元的"朝天"之名早在唐代就有了,

---

① 蓝勇:《中国古代空间认知虚拟性与区位重构——以金牛道川陕交界段路线体系变迁为中心》,《中国历史地理论丛》2021 年 4 期。

同时还有筹笔驿之名,明代设有朝天水驿,而重庆则在元代才有朝天水站之称。

元明清时期出川多在朝天离开嘉陵江,经宁强黄坝驿、宁强、勉县入汉中,在褒城镇向西北经留坝、凤县到宝鸡,明代设有褒城、马道、清水、柴关、三岔等驿站,与以前多取嘉陵江行有所不同。

朝天镇以下不久经沙河镇就到了广元北面的千佛岩。沙河镇在历史上曾设立邵欢县、石亭县,曾设有深渡驿,北有小漫天岭,南有飞仙关和大漫天岭。而千佛岩有开凿于唐代的摩崖石刻,至今有龛窟400多个,佛像7000多个,以前正处古道边,后紧邻公路,下瞰嘉陵江,仰望而去,一片佛像大观。川陕公路没有修通以前,这里仅是一较窄的驿路,公路修通后也仍然较窄,而来往汽车对佛像的污染可能太大,以前我曾感叹公路为何不能改道呢?后来真的改道了,现在当地已经将老碥路挖出供人们参观了。

广元秦代称葭萌,但那是在昭化古镇,今天的广元市治是在晋代设立的兴安县,隋改绵谷县,明改广元县。因为利州治地,又习惯称利州。

广元嘉陵江西岸有皇泽寺,是为纪念我国第一位女皇武则天而修建的。武则天能在男人纵横的世界里冲出来,确实不容易。不过,一个女人潜心政治明争暗斗,精于算计,工于心计,本来还是有一些男人们所不具备的因素。据说广元因此而有了女儿节,但在我看来,武则天有阴险毒辣的一面,作为一个女强人来说可取,但以武则天作为民间百姓女性的共同节庆,好像少了一点女性本应有的柔情。

广元顺江而下,到达白龙江入嘉陵江口的昭化古城。昭化古城的历史远比广元悠久，秦代就设立了葭萌县，后为汉寿县、益昌县、昭化县，也是历史上的望喜驿故址，中华人民共和国成立后降为镇，属广元市。历史上昭化是一个重要的古代县城，至今还保留有三个城门和一些残段墙址，石板的街道两边还有许多穿斗式木结构民居，许多是旧时的客栈、店铺，如益合堂、怡心院等，还保留一个较好的龙门书院遗址。城西还有三国时大将费祎的墓葬。

读过《三国演义》的人都知道，三国时葭萌为一个重要的古战场，张飞、马超、黄忠、严颜、姜维等都在此争战。昭化背后的牛头关还屹立依然，蜀道上的天雄关关隘还雄峙南北，但牛头山道开通较晚，更早的通道在昭化南龙爪湾、泥溪河一线。

昭化城东南嘉陵江边的桔柏渡为蜀道南北交通的重要渡口，清代还在此设有传递公文的溜索，交通辐辏，过往人烟甚多，有所谓"白天万人拱手，夜晚千盏明灯"，而杜甫、杨慎、张问陶等文化名人都在此留有咏叹。但现代化的铁路公路修通后，嘉陵江水运衰败，桔柏渡的昔日繁华也不复存在，江边只荒草依依，不见渡船。而昭化城内以前也只是茶舍悠然，人烟稀少，远没有昔日的繁荣和热闹，只是近来因为旅游开发，游客使老街热闹起来。

以前民谚称"到了昭化，不思爹妈"，称赞昭化姑娘漂亮，外省人入蜀不思家乡。其实，这不过是民谚"少不入川，老不入陕"的一种具体化。想昔日昭化当入川第一个繁华交通城市，八方杂聚，娇妻美妾云集，加上四川的水土滋润，自然让入川人首先在昭化感受到"少不入川"的真实，故留下此名谚。

昭化古城边的白龙江十分宽大，初到此地一定会认为嘉陵江的正源应该是白龙江，而不是广元以上嘉陵江。我们再溯白龙江而上，仍然有这种感觉，到三堆一带更是开阔。其实，历史上沿白龙江的通道称为景谷道、白水道，通道上的白水关（今五里垭垭口)在汉晋时为蜀三关之一,白龙江上的飞峨峡还曾保留有中国古代最大的栈道孔。白龙江上的甘肃文县碧口镇为明清时期水运终点交通要镇,为旧时甘肃四大名镇之一,店铺林立,人烟熙熙。实际上现代学术界已经有人认为白龙江才应是嘉陵江的正源,看来不是没有道理的。

白龙江支流白水江以上的甘肃文县是古代阴平郡所在地,唐代设立文州,三国时邓艾从阴平古道伐蜀汉,就是在文县与平武、青川交界的摩天岭一带入嘉陵江支流涪江流域的。白龙江支流白水江上的九寨沟县,旧为水扶州,也称南坪,因九寨沟旅游的发展而建县。在县南双河乡下马崖处保留有较为完好的栈孔遗址,年代不明。白龙江以上涉及甘肃碌曲、迭部、舟曲、宕昌、武都等县,还有一些值得留念的地方,特别是红军长征时的腊子口在这个区域,那是一个山高水险的地区,也是长江与黄河的重要交界处。腊子口之战不仅是战胜敌人的关键,也是征服自然,越过长江流域进入北方黄河流域之战。

白龙江上至今有重要的宝珠寺、碧口、两河口、汉坪寨等重要电站,这使昔日十分荒凉的山谷有了繁华的文明气息。不过,西部所有深谷都是有水电资源的,但是不是让西部所有深谷都筑坝发电呢? 应该修多少呢? 应该保留多少自然的河道给我们的后人呢?

嘉陵江从昭化以下,江面越来越开阔,两岸山也越来越低平,进入了四川盆地丘陵河谷地区。从昭化经牛头山天雄关沿西南可入剑门关,也可从龙爪湾、泥溪河经高庙到剑门关,均为古代驿道所经。

剑门关在今剑阁县南,旧剑阁县北,为古代蜀道上最重要的关口。剑门细雨,被视为雄关与柔情的绝景。古人言剑门天下险,其实剑门关山势的绝对值高度并不很高,但崖壁相对高度却十分令人感叹! 关门外山崖平地高 150 米左右,长 500 多米,顶部宽 100 余米,底宽仅 50 余米,更重要的是剑门的大小剑山像一个屏障横亘南北,易守难攻,自古为兵家必争之地,历代战火不断,但据说很少有从正面攻破的,只有解放军曾正面攻破过。

昔日的古道关楼从南而北就应在左侧公路上,原来为石板驿道,唐宋时下山可能设有木栈道,明清时碥路两边有石栏相护,高大的柏木耸立两边。但修川陕公路时将门楼毁去,仅留石碑一尊,上书"剑门关"三字,附近还有一个凉亭。但现在凉亭已撤去,新修的关楼一度改在左侧河溪岸,但后来又改建立在右侧老位置上。现川陕公路穿洞而过,关口已完全变成景区。

剑门以南,明代培植了大量行道柏树,形成了翠云廊,古道经剑阁县、武连驿、七曲山大庙、梓潼到达涪江边的绵阳。

昭化沿嘉陵江而下经苍溪县到达阆中市,元代设有合水(江口)、石牛、虎溪水站到阆中南津水站,明代其间设有龙滩、虎跳、高桥、苍溪到阆中的锦屏水驿,南可到重庆,而当时的陆驿也可经龙潭、圆山、柏林、施店、槐树到阆中的锦屏驿,再经盐亭、三台、中江、广汉到成都。这样,阆中城的重要性可想而知。

其实阆中这个城市最有地位还是在汉唐时期,那是一个在四川仅次于成都的政治经济文化中心。阆中县从秦代设立以来,历代相沿,县名一直没有变化,这在全国也是少见的。汉代阆中也处川北交通要道,得秦化较早,开发也相对较早,经济文化都较发达,有所谓"山地山原多平,有牛马桑蚕"之称,也为当时嘉陵江涪江中游川北文化教育中心区的核心城市,出现了落下闳、谯隆、赵闳、任文孙、任文公、严遵等名气很大的学者和文化人,在汉代影响很大。由于阆中出现了落下闳、任文孙、任文公等天文学家,后来唐代天文学家袁天罡、李淳风也到阆中定居，更给阆中增加了不少风采，有了"天文城"的声名。唐代有尹枢、尹极兄弟状元，宋代三陈(陈尧叟、陈尧佐、陈尧咨)两状元一进士，更使阆中风光显现。明清时保宁府丝织业地位显要，保宁醋远销各地，清初有13年阆中为四川省治城所在。不过，近代以来，嘉陵江水运衰落，而丝织业地位也一落千丈，阆中已经没有像样的支柱产业。阆中落后了，落后得其他地区都将旧城改造完了，而阆中古城还完好无缺没有钱来改造。哪知正是这种落后反而给阆中留下了一笔古城旅游资源。今天，从锦屏山往下看，嘉陵江半岛上的古城相连成片，华光楼独立其中。从城内华光楼鸟瞰，青瓦相连，街道石板，招帜相接，多有时光倒回几十年的感觉。

今天阆中城内外滕王阁、张飞庙、巴巴寺、文庙、武庙、清代考棚、奎星楼、唐代大佛等古迹众多，还可让我们感受到昔日的繁华与昌盛。

从阆中沿嘉陵江而下，经过南部县，县境有著名的南部大佛。由于大佛不当大道，遗憾游客太少，知名度并不大。南部县沿嘉陵江而下，经过新政镇为新仪陇县城址。新政县城嘉陵江西岸有著名的离堆遗址，还有曲水流觞的流杯池。从新政而下再下就到达了蓬安县城，历史上称为州子口，元代曾设有州子水站，至今仍有州(周)子古镇。附近相如镇为汉代文学家司马相如的故乡。从州子古镇顺江而下，不久就到达南充市。元代从阆中到顺庆间设有南津站、南部、新政、州子口(蓬安县)、石狗水站(顺庆区搬罾镇石狗坝)到顺庆水站，明代也设立了锦屏、盘龙、龙溪、嘉陵水驿。这一带多为浅丘河道，河道九曲回肠，形成许多三面临江的冲积洲坝，有的形如牛肚，如南部窑坝、仪陇乐逍坝、蓬安沈家坝、马回坝、雁坪坝等，较早进行农业垦殖，人口较多，文化发达，人才辈出,所以早在宋代人们就有"大洲连小洲,此地出公侯"之称。但几十年以前,四川盆地这一带人口密集,垦殖指数高,水土流失比较严重。近20多年,经过退耕还林、燃料换代,加上农村人口城市化,这一带植被恢复很好。

南充的历史悠久,汉代就设立汉安县,隋改南充县,但直到元代县治在五里店,明以后才迁到今治。南充唐为果州治,宋元以来又为顺庆府治,故历史上多称果城、顺庆府。古代南充交通地位重要,元代有顺庆水站,明代设立嘉陵水驿。虽然后来南充管辖阆中多年,但南充的历史文化远不如阆中深厚。历史上只有《三国志》的作者陈寿,儒学学者谯周,革命家张澜、罗瑞卿等有名气。在城西果山上的万卷楼,据说建于三国蜀汉时期,不过20世纪60年代已经完全毁坏,1990年才复建,一片新色,毫无古气。南充工人文化宫后院的谯周墓很简陋,唯有高坪区的白塔、凌云山还有历史感。细算起来,南充确实没有一个像样的文化遗迹,与北面阆中城相差太远。

南充古代丝绸业在全省很有影响,特别是宋代以后,果州"重绢"名声远播,故有"小益""小成都"之称,故古代南充人有"喜商贾"传统。明清时顺庆府丝纺业更是显要,成为四川最重要的丝纺城市。就是20世纪80年代以前,南充的丝纺业仍然十分风光,纺织姑娘成为南充城市的一道靓丽的风景线。但时过境迁,在中国传统纺织业普遍衰败的背景下,南充的丝纺业地位一落千丈,南充纺织姑娘成了下岗工人的代名词。而南充失去丝纺工业后,水运的重要地位又因其他交通方式代替,又没有一个像样的支柱产业出现,南充的城市地位远没有昔日的辉煌。但作为川中盆地的一个物资集散地,南充的商务的繁盛仍然不减。

嘉陵江在南充与重庆合川之间更是回曲多弯,形成九曲回肠,如此形成了许多河套坝子,当地称牛肚坝。最有影响的当属南充南面的青居镇的牛肚坝,河套南北仅几百米,但河道长达35公里。以前如果一队纤夫拉纤早晨从青居镇一个客栈出发,拉了一天纤绳,走了70多里路,晚上则可能在同一客栈休息,而船上客人则可在青居休息一天,再上船。

青居早在北齐时就作为汉初县故址,北魏、北周、隋改青居县,附近有南宋的淳祐故城遗址,曾有十分繁华的过去。就是以后仅设为青居镇后,由于水路交通的地位重要,也是商贾云集,八方杂处,瓦屋相连,是南充最大的名镇。青居古镇本是一个绝妙的旅游古镇,可近20年来古镇改造,原始风貌早无,近来修青居水电站,更是将古镇大部分撤去,令人扼腕!

在嘉陵江上典型的九曲回肠还有青居以下的武胜境内的西关塞、礼安一带河套,所以早在宋代在嘉陵江上运送军粮时,就记载嘉陵江河道回曲多滩。

西关塞隋代曾设汉初县,一直沿用到宋代,显现了这种河套地貌位置的重要。而礼安在明代曾设立有平滩水驿。从礼安河套南下,不久就到了武胜县治沿口镇,有沿口古镇。南宋末年元将汪良臣在武胜县旧县嘉陵江两岸设立武胜城、毋彰德城,后改设立武胜军,明代在旧县设立有太平水驿,为当时定远县治城。武胜再南下到武胜县中心镇猫儿坝,明清定远县城治地,仍保存有定远县古城墙。在此注入嘉陵江的长寿滩河上游有岳池县治。

从中心镇南下不久到达合川市古楼镇、金子镇到云门镇。云门镇南下不久就到嘉陵江的重要支流渠江入口处,称为渠口,以前木船时代是一个重要的码头,但现在一片冷清,但这个入口处是一个以前很有影响的少年英雄刘文学的故乡。

渠　江

　　渠江发源于大巴山南麓诸水,主要有两大发源支流,一条为发源于今南江一带的巴河,一条为发源于万源一带的州河,两河在渠县三汇镇相汇称渠江,全长 720 公里,流域面积达 4.05 万平方公里。

　　州河分成两大源,东源前河发源于重庆城口周溪一带,流经宣汉县与西源江合称州河。其中前河发源地有百里峡自然风景区。西源后河发源于万源大巴山庙坡一带,当川陕交界高山峻岭之间。这一带是历史上的所谓"万顷池"所在地,古代传说这一带有一个巨大的万水之源的湖泊,后来万源县的县名可能也与此有关。实际上只是这一带年均降雨量较大,成为众多河流的发源地。其他长江支流,如小江也是发源于这一带。

　　自刘宋以来,就在这些山区设有县址,如后河支流中河上的旧院坝,为五代宋元时期的通明县址,固军坝则为南北朝时期的东关县址,后河长坝则为唐五代东关县旧址,不过,今万源市治地在明代才开始设立太平县,民国改万源县。

　　万源以北大巴山为白莲教流行地区,清代为了消灭白莲教,先后在汉源以北竹峪关北九元关、黎树滚龙坡坝口设有川陕两省会剿的关口,但现在已经只存残迹。近代这一带又是川陕红军的重要活动地区,为川陕老区。

　　这一带为历史上重要的荔枝道所经之地,为川陕交通的重要通道。清代陕西商人用船将川盐运到南充后,换小船运到万源罗文场,起陆运往陕西,故以前后河边的罗文镇盐店林立,商贾云集,为一重要水陆码头的场镇。今天,罗文镇早已经没有了昔日的繁荣。

从宣汉沿州河而下不久就到达州。达州早在汉代就设立宣汉县,后改石城县、通川县,明代改为达州,清为达县,历史可算悠久。可是历史上达州是十分落后的,唐代元稹形容当地官员吃饭都是"计粒而食",唐诗中称为"黄泉之地",可以想见昔日的落后。以前计划经济时代,大学毕业分配列入四川不发达地区黑名单的有"涪达万""通南巴""青平北旺""酉秀黔彭""三州(凉山、阿坝、甘孜)",达州也被列入其中。据资料显示,20多年前达州人均财政收入,大大低于全川水平,处第20位的地位,1000多个村没通电视、公路,还有10个乡镇没通电话。但今天达州城市扩展十分快,但城市发展的水平还是不算太高。

历史上达州的交通地位重要,达州本意就是"四达之州"。宋代达州就是与陕西进行丝绸贸易的重镇,有"土居十万,水居三千"之说,显现出达州水运的重要。不过,我曾在想,襄渝铁路很早就将达县与外界联系在一起了,为何发展并不比一些没有铁路的地区快呢?看来,工业革命时代的铁路交通对当地经济的发展并不是万能的。

不过,达州也有其值得圈点之处。据说冶金机电、化工医药、纺织丝绸、食品饮料、建材为达州的五大经济支柱产业,但真正能很有影响的产业并不多。人文方面达县的灯影牛肉名气很大,早在光绪年间就开始出现,与自贡的火边子牛肉齐名。

达州沿州河而下,在渠县三汇镇与西面的巴河相汇。三汇镇早在汉代就设立宕渠县,北齐时才废。一般认为三汇镇建于明代,但据我考察宋代就有三会之地,当米仓道所经的重要关口,但是否是渠县三汇,还待进一步考证。① 明清以来,三汇镇由于当

---

① 蓝勇,《四川古代交通路线史》,西南师范大学出版社,1989年。

巴河和州河汇合处,商业地位显要,客商云集,百舸蔽江,有"小重庆"的称号。有的人认为,由于三汇门码头的繁华,使三汇镇进入四川三大名镇之一。不过,哪三大名镇,说法是十分多的。

巴河源于南江,南江发源于南江县玉泉乡米仓山南麓,经关坝、上两、南江县、下两到巴中市,始称巴河。上两以北处米仓山山脉,山高水险,著名的米仓道就在这一带。从关坝翻草鞋坪垭口到大坝,再北为巴峪关,关城城墙仍然保存,只是上面关楼已经不存了。关坝处四川、陕西两省交界处,北瞰陕西群山叠嶂,南望大坝一带茂密的森林。附近的大小光雾山、桃园大小兰沟山高林秀,以前考察时人烟稀少,现在已经开发成为旅游区,还举办光雾山红叶节。只是以前考察没有注意,风景区并不是在渠江流域,大坝、桃园的小河实际上是在嘉陵江支流东河上游。

南江北周设立难江县,明改为南江县,直到现在,治城的历史还算悠久。南江县南面的皇柏林植于明代,历史悠久。巴中早在汉代就为汉昌县,后改梁广县、成化县、巴州、巴中县等名称。巴中城有石窟之城的美称,有东西南北四龛,唯南龛影响最大,历史悠久,刻有南北朝以来造像 137 龛,2000 余尊,还有经幢 12 座。今天的巴中城,以巴河为界南北发展,老城在南,依南龛山,巴河以北为新城,东西街道宽广。

巴中以南不远三江镇恩阳河从西注入,恩阳河边的恩阳镇,梁曾作为义阳县址,隋改恩阳县,元代才废,变成恩阳镇。旧时恩阳镇商业繁荣,民间流传"好耍不过恩阳河",有"小上海"之称。今天,恩阳古镇保存较为完好,有许多明清时期的建筑,万寿宫、禹王宫、武圣宫、文昌阁还保存较好,特别是有许多川陕革命根据地的胜迹,其特色与其他古镇有所区别。

三江镇以南不久就到了曾口镇,唐代曾设立曾口县,元代才废去。再下就到平昌县,喝酒的人都知道江口醇、小角楼,就是产于此县。县里着大力宣传,县内公路两边招贴众多。在平昌县通江河从东北注入巴河。通江有东西两源,西源发源于陕西南郑县碑坝区碑坝河,称小通江,其间的诺水河段风景绮丽,为重要的风景区。东源大通江发源于陕西西乡县和镇巴县境内,途经永安镇一带有得汉城,长胜一带曾为明代采办皇木的地区,但今天多以灌丛为主。大通江在今通江县城东北与小通江合,以下称通江河。通江为我国著名的银耳产地。通江河南经广纳镇,在唐代曾设立广纳县,又南下渐滩镇、云台镇到江口镇。其云台镇到江口镇之间小宁山上有著名的抗蒙山城小宁城遗址。再下荔枝湾原来产荔枝,处于北纬31.40度左右,为中国荔枝分布的最北界,但今天早已无荔枝树的踪影。

巴河南下不久就到了三汇镇,始称渠江。渠江南下不久就到渠县县城。渠县在后梁才始置北宕渠郡渠州,以后又称流江县,明代才改为渠县。渠县城坝遗址为古宕渠县旧址。渠县汉阙有6处7尊,特别是著名的冯焕阙、沈府君阙也在渠县,被称为汉阙之乡。

渠县以下渠江穿行在典型的四川紫色土浅丘地区,没有大的支流汇入,其间肖溪古镇的古代建筑保存较好。过肖溪古镇不久就到了邓小平的故乡广安市。广安隋代就设立宝城县,后曾名渠江县,置广安军,元置广安府,明清为广安州,民国改广安县。以前广安在渠江流域并不算繁华的大县,近几十年来广安城市建设发展很快,曾经政府大楼气派超过许多东部城市,但城市人气还是不够,显现了城市整体经济疲软。现在广安的城市建设和人口增加都很快。

广安以下渠江流经华莹市、岳池县境,在岳池县赛龙镇南进入重庆市所管辖的合川市。

渠江进入合川市境,经过涞滩二佛寺,是一方的重要名胜。二佛寺居渠江三级台阶上,佛寺依山而建,释迦牟尼大佛依山而刻,高12.5米,还有1700多尊大小造像。佛像大多始建于唐代,晚唐时香火就很盛,宋代重修。从佛庙远瞰渠江像一条蛇绕行在绿色的浅丘之中,时见炊烟袅袅,世俗与超度全在自己心中。二佛寺妙在与涞滩古镇紧密相邻,涞滩古寨本为清嘉庆同治年间修建,据说是为防李兰起义而修,古寨的瓮城尤为特别,是我国镇一级保存少有的瓮城。镇上的文昌宫、城墙、戏楼、老街道保存较好,是一处值得访古探幽之地。渠江从此滩经小沔镇、官渡镇等地到合川城北渠河嘴与嘉陵江主流合。从渠河嘴南下合川城北嘉陵江岸,元代曾有荔枝阁,曾种植有荔枝,但现在树去阁无,连当地文化人多已经不知合川曾产荔枝了。

合川市城区实际仅是两江相汇,即涪江与嘉陵江相汇处。

涪　江

涪江发源于九寨沟县南,流经平武、江油、绵阳、三台、射洪、遂宁、潼南、铜梁到合川与嘉陵江汇合。涪江全长700多公里,流域面积也没有渠江大,但其翼带地区的社会经济远比渠江流域的更富庶。

涪江第一县平武的建县历史悠久,早在秦代就设立了刚氐道,北魏设立平武县,直到隋代,但其治城在今平武县东南的古城镇,今治地在明代才开始建县。平武的报恩寺值得一看。报恩寺建于明代,是土官王玺、王鉴父子所修。其面积达27000多平方米,规模在长江上游寺庙中算大的,何况地处平武这高山深僻小县。寺庙内的千手观音、转轮经藏、三世佛,"当今皇帝万万岁"九龙碑位颇有特色。如此大的寺庙多用楠木建成,显现了当时平武一带森林植被的丰茂。

平武东南行不久到了古城镇,为旧平武县治地,但今已经没有昔日古城的风貌。古城镇南沿涪江而下,在今白草、坝子一线可北上青川县青溪镇,北面摩天岭海拔 2227 米,为古青塘岭,即三国邓艾的阴平古道。据说摩天岭上原有孔明碑,但经考察发现老碑已不见踪影,今人新刻碑一尊。

涪江南下,经过一峡谷,出峡谷就到了南坝镇,为古代江油关所在地。今南坝南面涪江西侧有一山丘,山有一简易小庙,即为古江油关。南坝在历史上曾多次作为江油县治,但今天已经看不出昔日的辉煌了。

南坝沿涪江而下,涪江两岸历史上被称为左担道,昔日两岸还有栈道遗迹。涪江进入今江油市境,东岸有著名的窦圌山,两峰对峙,庙在峰顶,铁链相连,鸟瞰周边丘陵如丸,风景这边独好!窦圌山以南为武都镇,曾作为元明清及民国时的江油县治,昔日甚为繁华。今天的江油市所在地中坝是 1951 年才迁至的。古代江油县治沿涪江不断南迁,是何原因,还需研究。

江油城城市规模较大,但城市活力还是显得不够。以前三线建设有许多军工厂迁到江油一线山区,但现在对经济影响不大。城内的李白纪念馆倒是值得一看。以前中坝的附子作为重要中药材,使中坝的商业贸易十分有影响,但现在这种贸易在经济中的作用已显得微不足道了。

江油中坝以下涪江变得开阔起来,南面的彰明镇,历史上曾为彰明县,再南的青莲镇则是我国大诗人李白故里。不过,我们知道李白祖籍河南,出生在今吉尔吉斯坦的碎叶城,只是青少年生长在青莲一带。

青莲镇沿涪江而下不久就到了著名的电子城绵阳。绵阳西有安昌河注入涪江,东有芙蓉溪注入。绵阳的历史悠久,早在秦代设立涪县,北魏改为巴西县,隋开始有绵州之名,民国改为绵阳县。绵阳过去为川西北的一个重要城镇,当金牛道与涪江阴平道交汇处,商业十分繁荣,历史上也出了一些人才,宋代进士数也在全川前 20 位之内。今天,绵阳城内的富乐山、子云亭、圣水寺、碧水寺等仍可让我们看到昔日绵阳的辉煌。但是,绵阳城市地位一度居四川第二大城市则是历史上不具有的。历史上阆中、南充、乐山、自贡、内江城市的地位怎样也比绵阳重要,但是自从三十多年前绵阳长虹兴起后,加上以前国防工业的入驻,绵阳城市经济有了强有力的经济支撑,城市发展突飞猛进,一度成为四川省仅次于成都的经济重镇。绵阳的发展尤以城市建设最突出,宽阔的街道加上火车站、飞机场、高速公路、科学城,使四川历史上曾经辉煌一时的传统城市望尘莫及了!

历史上涪江的航运十分重要,绵阳也是一个重要的水码头,但现在涪江航道沙滩复出,径流量普遍减小,已经失去航运的价值,故绵阳段涪江上已经没有昔日的帆船穿梭的景象了!

绵阳沿涪江而下经丰谷、芦溪、刘营、灵兴、新德等镇就到三台县。其中丰谷、芦溪、刘营等都是较大的城镇,其中丰谷的酒业有较大的影响。三台县西有凯江注入,凯江不大,但其翼带有中江、罗江等城镇。

三台县的历史可以让三台人充满辉煌的回忆。三台古为郪国,早在秦汉就设立有郪县,在今三台郪江镇,蜀汉时的郪县就是今县城潼川镇,后有北武城县、昌城县、郪县等名称,明为潼川州,清改称三台县。重要的是历史上曾为梓州、潼川府、潼川州的治地,唐代也为剑南道东川节度使治地,曾设盐铁使,宋代则为潼川府路治地,也就是曾作为一级政区治地,可以想见当时的繁华。唐代三台曾产盐,郪县为一望县,梓州为上州,丝绸业发达,草市镇较多,特别是明代川陕正驿改行阆中、三台后,三台地位更是显要。

不过,清代川陕正驿改行剑阁,民国以后三台在行政区划上分属阆中、遂宁、绵阳等二级政区,三台从唐宋的一级政区降为三级政区所在地,加上丝绸业的衰败,涪江水运的衰落,又没有现代经济支柱等因素,昔日繁华称雄的三台成为四川 100 多县区中普通的一县。今天,我们还可从三台全国四大汉墓群金钟山汉墓群、四川第二大道观云台观、大佛寺、古代城墙城门遗迹等古迹看到昔日的繁华。三台的潼川豆豉以前名气很大,与永川豆豉齐名。

三台以南涪江经过百顷、香山到金华镇。金华镇在历史上曾作为射洪县县城 1000 多年,至今城镇规模仍很大。金华镇有金华山,有始建于梁天监年间的金华道观,有唐代蜀中唯一的蜀籍一流诗人陈子昂的读书台。在金华镇南有梓江注入,附近有陈子昂墓。梓江翼带有盐亭、梓潼两县。

从梓江口南下不久到达射洪县城太和镇。太和镇是 1950 年才成为县治的,没有太多的历史古迹供我们寻访,历史沉积远没有金华镇深厚。不过,射洪县有一点可让我们思考的,至今"念天地之悠悠,独怆然而涕下"流传千古,为何在射洪这古代蜀中偏僻之地出现陈子昂这样的大文学家呢?在射洪县南涪江边的柳树镇有中国著名的名酒沱牌大曲,正是因为这个酒厂,柳树镇建得十分宏大,也使射洪县的经济有了支柱,而现在柳树镇也改名为沱牌镇。

　　柳树以南不久有郪江从西注入涪江,入江口称郪口,有郪江村,现属大英县管辖,这是一个重要城镇。唐宋曾在郪口对岸长江坝设立长江县,而溯郪江西北而上,为旧蓬莱镇,1997 年设立大英县,为四川较年轻的县城。这一带古代产盐,旧大英镇(今称卓筒井镇)有著名的卓筒井遗址。县治蓬莱镇将地下盐水提出,开发出了死海旅游景区。再溯郪江而上进入三台县郪江镇,为汉代的郪县故址。有著名的郪江崖墓群,郪江老街也保存较好。

　　从郪口余建滩有蓬溪河注入,溯流而上可达蓬溪县城。

　　绵阳至遂宁涪江流经四川盆地浅丘地区,两岸农业开发较早,垦殖指数较高,以前植被十分稀少,近 20 年来由于外出打工人口增多,农村常住人口减少,加上燃料换代、环境意识加强,两岸植被恢复很快。今天行进在涪江两岸,宽阔河道两边绿树成阴,河边平坝稻田相连,农舍炊烟袅袅,一片富庶乡村桃源景象。

　　遂宁城处在一个涪江小冲积平原上,晋代设立小溪县,后又有小汉县、方义县,北周始有遂州之名,明代设立遂宁县。唐宋时期遂州当东西川交通成渝北大道的枢纽,有"剑南大镇""东蜀都会"之称。唐宋时期由于气候温暖,平川沃野,盛产甘蔗和糖霜,遂州成为唐宋时期中国重要的制糖城市。因此宋代的转运使一度也设立于遂州,商业地位重要,有"小成都"之美称。

　　明清以来,由于成渝东大路形成,遂宁的交通地位下降,再加上糖业中心从涪江中游转移到南面的沱江流域中游地区,遂宁的经济地位大减。20 年前,由于遂宁长期不通铁路,涪江水路交通衰退,遂宁的城市经济地位下降。现在遂宁一带天然气资源丰富,加上成遂高速公路和铁路通车,遂宁的经济地位有所提升,但城市建设成效仍然不明显。

　　从遂宁沿涪江而下,不久进入重庆的潼南县境,两岸丘陵稍高一些,经过玉溪镇到双江镇。其中玉溪镇北的青石村为旧青石县的旧址,还有一些房基、古井遗迹。而双江镇为历史上涪江流域上的重要集镇,以前古镇保存较好,城内有杨尚昆故居。

双江镇南下不久就到潼南县城,县城涪江边有大佛寺石刻群,其中主佛弥勒佛通高 13.43 米,首凿于唐末,宋始建大佛阁。

潼南沿涪江而下,不久进入合川市的太和镇。历史上是涪江重要的商贸城镇。清末时,史学家张森楷在太和镇创建"四川蚕桑公社",为近代川东蚕桑业发展奠定了基础。曾经丝纺业仍然是合川经济中的重要产业。

从太和镇再下,涪江有太安溪(琼江)汇入,为铜梁县安居古镇。其古镇西琼江北岸边有北宋熙宁以前的赤水县旧址,北宋熙宁以后迁到合川龙多山下。

从铜梁安居镇、合川铜溪镇不久就到合川城。

嘉陵江(合川—重庆段)

合川早在秦代就设立垫江县,后曾有宕渠、石镜、石照等名称,北魏开始有合州之称,明清称合州,民国改合川县,2000 多年县治除南宋末年迁移到钓鱼城外,几乎没有变化,显现合川这个城市位置的重要和稳定。不过,合川城市真正有影响是唐宋以来的事情,特别是在宋代合州处成渝北道中枢站,宋代转漕川米,合州成为中转仓重地,故历史上有"巴蜀要津"之称。宋代合州的商税居全川第八位,比阆州、果州、嘉州、渝州还多。宋代合州是四川的一个造船中心,也是川东地区的一个经济文化中心城市,合州出了进士 89 人,而南面的恭州才出了 4 个进士,可以说那时重庆是合州的卫星城市,一点也不过分。

宋代末年合州城遭受战乱摧残多年，社会经济大受损伤，加上明代以来重庆城市的发展，合州的地位相对下降。但是作为嘉陵江三江水运的一个枢纽城市，商业仍然十分繁荣，明代设有合阳水驿，而明代的合州城规模仅比成都城小，居西南第二位。近代以来合川作为一个农业人口大县，是川东地区一个重要的农产品物资集散地，桃片、畜皮、使君子、桐油等物资远销国内外，还有"小重庆"的美称。

以前的合川城与四川的其他县城相比，城市规模大，街道宽阔，青瓦鳞列，宫庙林立，占据三江之口，城内热闹非凡。在传统川菜菜名里以城市地名为名的并不太多，如江津肉片、合川肉片是典型，这显现了传统时代农业发达、猪肉产业大县的特征。

合川是一个水城，三江文化中水文化应该最为重要。古代三江流域水流缓急相宜，自古产鱼。据记载，古代四川的一些河流上曾有鱼灾，涨水时河里鱼跑到稻田里将稻谷吃了，即为鱼灾，可以想见当时自然野生鱼的丰富。不过，今天这已经是天方夜谭了，这哪是鱼灾，而是飞来之福。以前，我们吃嘉陵江中的青波、江团等鱼十分可口，但现不知是口味高了，还是我们吃的所谓江鱼是假的，因为青波、江团已经完全可以人工养殖了。

从合州城南下，不久就到著名的钓鱼城。这个嘉陵江边的钓鱼小山三面临江，西可远眺合州，南望嘉陵江，北可远眺嘉陵江与渠江汇合处，因山石形如老翁钓鱼，故留有钓鱼山之名。南宋末年的抗蒙元之战使这个小山名气大增，36年的抵抗，独钓中原，不仅延缓了南宋王朝灭亡，而且改变了世界军事政治格局，这是先辈留给合川人的一笔无形的财富。今天我们一般人可能难以记住冉氏兄弟、王坚、张珏等人士，但面对2.5平方公里的城墙、城门、炮台、兵工厂、军营、滚石、暗道等遗迹遗物，自然还可引思古的幽情。

同时,钓鱼城不仅只有战场遗迹,唐代悬空卧佛、千佛石窟、弥勒站佛等都显现出三江流域石佛造像的传统。最近在钓鱼城下范家堰发现所谓南宋抗蒙指挥中心的遗址,由于位置存疑、内部空间关系混乱、文献记载的缺失,可能功能还难以定性。

从钓鱼城沿嘉陵江而下,时而宽谷,时而峡谷相连,著名的嘉陵江小三峡就在这一段。先为沥鼻峡,又称牛鼻峡、铜口峡,据说是峡中有石洞一对,形似牛鼻故名。峡全长3公里,两岸峰高壁立,怪石众多。在沥鼻峡南面有著名的草街,因陶行知在此办学,现有陶行知纪念馆、古圣寺育才学校旧址可参观。从草街南下为澄江镇,镇老街呈一个圆圈状,布局较有特色。以前,澄江为巴县与合川的交界处,商业和娱乐业发达,澄江豆花较有名气,有"好耍不过澄江口"之称。

再下为温汤峡,又称温塘峡、温泉峡,因古峡中有温泉,古称温汤故名。温汤峡东岸西山有禅岩,为旧巴县八景之一,为旧时合川到重庆的重要通道,旧有古代栈道。而西岸为缙云山山麓,半壁上有温泉寺,为缙云寺的下院,创建于南朝宋时期,历代香火很盛。现在这里为北温泉公园,园内的数帆楼、农庄等建筑曾是大量名人居住过的别墅,但现在柏联温泉将其分割,北温泉景区已经面目全非了。近来经过重新打造,新建了几个大池,情况有所好转。

温汤峡西岸的缙云山海拔仅951米,但相对高度较高,山林青翠,古木参天,是长江流域一个典型的亚热带阔叶林山脉。山上自刘宋以来历代修建的寺庙观宫众多,如缙云寺、白云寺、绍龙观、大隐寺等,还有晚唐石照壁、宋代洛阳桥等文物,历史上有川东小峨眉之称。1932年中国佛教学会会长太虚法师在山上创办

"世界佛学苑汉藏教理院"，使缙云山成为一个重要的佛教圣地。曾经缙云寺因归属问题，残破失修，香火不盛。从缙云山狮子峰、香炉峰鸟瞰嘉陵江似银蛇飞绕众山，巴渝大地青黛一色，千里嘉陵江风光尽收眼底。

缙云山下的北碚城，因川江方言中将伸入江中的山脊石梁称碚石或背石，碚石在重庆以北，故称北碚。但北碚的历史并不悠久，清代不过是一个北碚场，有一些文献记载为北背场、白碚场，而其对面的东阳历史要早得多，有称南北朝就设立了东阳郡，宋代就有东阳之名，明代就有东阳里。北碚在民国时期发展较快，现代城市建筑一度可称在西部领先，当然，近代北碚的发展完全是依靠卢作孚先生的峡区建设。

从北碚而下，经过小三峡的观音峡，因原峡内有观音像而名，又名文笔峡。两岸山峦青翠，春冬时江水碧绿，如果乘一叶方舟而下，风景这边独好。只是近年来一些水泥厂将山体挖烂，影响了自然景观的整体性。峡内白庙子为昔时煤炭运输码头，以前煤船林立江边，人们用火车沿四川历史上第一条铁路北川铁路将戴家沟一带的煤运到此地，然后用船转运各地。今天，白庙子已经破烂不堪，早已没有昔时的繁忙。不过，今天观音峡的一公里内六桥叠翠，成为我国桥梁布局最密集的河段。

出观音峡江面开阔，不久就到水土镇，明代曾设立有土陀水驿，其地位远比今北碚重要。从水土镇南下，两岸城镇化已经较为明显，厂房民舍沿江时断时续。嘉陵江沿途经过磁器口（宋代白崖）、石门大桥附近的鱼鹿峡，两岸建筑相连，昔日荒凉的浅丘已经城市化了。顺江而下不久就到重庆城朝天门，嘉陵江注入长江。在嘉陵江北岸刘家台、简家台、廖家台一带，为东汉的江州治所，两晋称为北府城，清代乾隆十九年设立江北厅。在嘉陵江黄花园大桥下,清代有黄瓜园码头,曾是转运皇木的重要码头。

川江(重庆—涪陵段)

重庆城依山而建,三面临江,这是长江上游两江相汇丘陵城市的特殊风景,在世界上也有其特色之处。古代重庆不过是一个军事地理位置十分重要的城市,四川民谣称"天生的重庆,铁打的泸州",指的是重庆城天生陡险,四崖绝壁,自古易守难攻,而泸州神臂城并不十分险要,只是军民抗战坚决,才得以坚守多年。

重庆建制也十分早,秦就设立江州县,以后有江州、巴郡、渝州、恭州、重庆府、巴县等名称。秦西汉江州的治城有时在今渝中半岛,但东汉一度迁到江北,故我们还不时发现有汉代墓葬。不过,在宋代以前,在人们印象中重庆渝中半岛不过是一个赤热炎炎的大石盘,军事地位重要,重庆不过是一个军事要镇,巴有将,重庆的巴蔓子为重庆有影响的人物,我们可称这个时期为重庆的巴蔓子时代。这个时期重庆还是中原被流放官员的地区,隋唐时期重庆城区还没有出现一个进士,渝州为一个下州,巴县仅为一个中下县。所以今天,我们在重庆主城区确实难以找到唐宋以前重要的地面胜迹,唯有巴蔓子墓但仍难辨真伪。

不过在宋代,长江上游的地位上升,嘉陵江漕运地位重要,居两江之口的渝州地位开始显赫起来,城市规模扩大,形成"二江之商贩,舟楫旁午"的格局。宋代重庆也出了4位进士,但相对眉州的800多个进士而言,还是有天壤之别。宋代夔州路的治地在今奉节,重庆是一个受奉节管制的县而已。只是在南宋重庆地位上升,南宋末年,四川制置使也驻重庆,提高了重庆的城市地位。

明清以来,随着四川经济重心的东移南迁,重庆的城市地位越来越抬升,特别是成渝东大道的形成,水道上"来往舟如织",重庆城交通枢纽的地位开始显现。重庆明代的进士一下跃居四川第三位,显现了城市地位总体的上升。到清道光时期重庆已经成为长江上游最大的转口贸易城市,商贾云集,18门中"九门舟集如蚁"。特别是近代重庆开为商埠后,成为仅次于上海和汉口的外贸城市,近代化进程明显,号称四川第一商埠。有人认为20世纪30年代,重庆从建筑上来看至少比成都先进20年。特别是抗日战争时期重庆作为大后方的中心城市陪都,八方杂聚,更是使城市风貌一新。清末通远门外枇杷山前后多为坟山,但民国时期多开辟为城区,城市开始扩大到了城墙以外。难怪中华人民共和国成立之初撤西南局建省时,就曾有人提议重庆为四川省省会。中华人民共和国成立以后,大量三线建筑企业进入重庆,也使重庆的经济实力增大。只是在重庆直辖前成都作为省会的优势地位明显,城市建设也快得多,故重庆人西迁成都成为潮流。直辖以来的这些年,由于有长期发展的基础,重庆经济、文化、城市建设都发展很快,重庆轻轨、南滨路、北滨路、嘉滨路、三峡博物馆、山城歌剧院、重庆图书馆等代表重庆形象的工程一个跟着一个,但成都一度无地铁、轻轨,也没有一个像样的图书馆、博物馆,文化名城形象堪忧。重庆至少从气势上和形象上一度已经超过了成都。但近十多年成都飞速发展,高新区城市建设相当现代,有号称亚洲最大的单体建筑新世纪环球中心,最重要的是成都将最核心的区域让给了文化,天府广场周围的四川图书馆、四川美术馆、成都博物馆显现了成都人对文化的厚爱。

今天,在重庆城区附近没有三星堆、金沙古城,也没有王建墓、武侯祠、杜甫草堂、青羊宫,更没有石室中学这样的有2000年历史的学府,只留有巴蔓子墓、明玉珍墓、几小段城墙、湖广会馆和浮图关,留下殖民主义时代列强在重庆的几栋洋楼和民国政府的幢幢官府。重庆的历史厚重感是远不及成都的。

朝天门与江北嘴之间的嘉陵江与长江汇合处,像长江上的其他大支流流入长江一样也是泾渭分明。朝天门,至迟是在元代就有了这个名称,元代在此设立了朝天水驿。所谓"朝天"是指古代朝觐天子的出发地,故有"朝天"之称。旧朝天门为重庆18门之一,以前修有门楼,建有瓮城,清末都还保存完好。

在朝天门下有一块称为"灵石"的古代枯水题刻,也称义熙碑,最早在东汉时期就开始有题刻,但在1740年后再也没有人一睹它的尊容。重庆博物馆曾抓紧最后的机会寻觅,使它不至于永沉水底,但仍然没有找到。

出朝天门顺江而下,右有夫归石、弹(诞)子石。相传大禹在此地娶涂山氏,治水九年不归,而夏启呱呱落地而泣,故留有夫归石和诞子石之名。不过,岁月已将他们相传成了乌龟石和弹子石。而在长江西岸有历史上的打鱼湾码头,是历史转运滇铜船聚集地,江岸上正是传统时代重庆的税关渝关。

长江顺江而下,北岸有大佛寺、寸滩到唐家沱。沱,在四川话中为回水湾,因为以前上游淹死的死尸往往漂流到此,故重庆人往往形容人做事输完了为输到了唐家沱。过唐家沱进入重庆以下川江第一峡铜锣峡,据记载明成祖命汤和伐蜀,曾驻兵于此峡。

铜锣峡上为铁山坪,出铜锣峡到了重庆长江上第一坝广阳坝,旧称状元坝。再下为明月峡,早在晋朝《华阳国志》就有记载,为巴郡三峡之一。过明月峡不久就到了木洞镇,早在元代就设有木洞水站,是明清时一个重要的场镇,其所产木洞晒枣十分有名,已经有100多年的历史。长江右岸木洞镇有木洞小河注入长江,木洞江中左为中坝,旧称广元坝,右为桃花岛,旧称尖山子。过木洞镇不久左岸为御临河入长江口的太洪岗。御临河又叫大洪江，发源于大竹县西河乡，所经的统景风景区，山清水秀，历史上曾有航运之利。过太洪岗经过八角村，旧称南平坝。再过洛碛镇不久就到了长寿县城。

长寿县城古为枳县之地，唐始置乐温县，但治所所在地为长寿灌滩寺，明玉珍时将乐温县改为长寿县，明天顺四年（1460 年）才迁到今铜鼓山下。旧县城遗址灌滩寺在 1957 年修长寿湖水库时全淹入湖底。从这个意义上讲，乐温县遗址是长江三峡库区第一个被淹入水中的县城，可能知晓的人不多。长寿县桃花溪从城中穿过，城东又有龙溪河注入。龙溪又称容溪，发源于今梁平境内，流经垫江称高滩河。河流中段 1957 年修狮子滩电站，形成长寿湖。

从长寿县城而下到黄草峡，杜甫诗中有"黄草峡西船不归，赤甲山下行人稀"之句便是指此。过黄草峡不久就到蔺市镇。宋代就有对蔺市的记载，明代开始有乡镇的建制，明代开始设立驿站。蔺市镇西有黎香溪注入长江。从蔺市镇东下为古鸡鸣峡，即今剪刀峡。再下至李渡镇、荔枝园到涪陵城。

涪陵秦始置为枳县，先秦时期就曾作为巴国的都城，至今在涪陵白涛镇小田溪发现了大量巴人的文物，特别是错金铜编钟 14 个的出土，显现了涪陵历史的悠久与厚重。

据考证唐代杨贵妃吃的鲜荔枝应是从当时涪州快马传递而去的，据记载宋代这个妃子园还存在，种有 100 多株颗肥肉肥的荔枝，但到了明代仅存一株，不久也被人砍伐。到了清代咸丰年间有人又重建荔枝园，植有荔枝树，但不久也被毁坏。今天，唯有荔枝园的地名还存在当地，为涪陵的一个码头，空留有涪陵八景的"荔浦春风"的美名，我们已经找不到一点荔枝园的遗迹了！不过,今人已经在荔枝园附近命名有荔枝街道、荔枝立交。

到了涪陵,不可不看白鹤梁。白鹤梁本是川江上的一道长1600米左右的天然石梁,常年淹于水下,只有待冬春江水枯时才显露水面。自唐代开始,历经宋元明清民国时期,共有题刻160多段和石刻鱼图14幅,大部分是枯水观测的资料,许多出自历代书法家的手中,不仅是一个水文资料博物馆,也是一个书法艺术的水下碑林。三峡淹库后白鹤梁将永存水底,对于我们的后人不免是一大损失,好在国家建立了水下博物馆,我们还能看到水下的白鹤梁。

宋代学者程颐曾被贬谪到涪州,潜心为学,而黄庭坚也被贬在涪州,均在涪州留下了许多足迹,历代文人又多加附会,为我们留下了钩深堂、点易洞、洗墨池、碧云亭、读书廊、流杯池等胜迹。特别是涪陵北岸的程颐注释《易经》的点易洞,应是一个易学先生们常去沾染灵气的地方。

涪陵经济一度发展很快,太极集团的药品、娃哈哈的饮料、宏升的烟草、乌江牌榨菜使涪陵成为重庆市区县经济效益最好的一个城市,虽然城区地势陡险超过重庆城区,但城市建设发展也较快。

乌　江

涪陵为乌江与长江汇合口,以前两江交汇处有锦绣滩插入江中,但后整治打通航道,锦绣滩只剩半截了。溯乌江而上,不久就到了白涛镇,附近有小田溪,其巴人墓葬发掘较早,影响较大。特别是小田溪入乌江口形成一个象鼻口,回曲不可思议,可称自然奇观,值得一看。乌江溯江而上经过白马镇,曾作为汉平县治,今为涪陵与南川交通的重要中转站。再上为羊角镇,清代乾隆年间才崩岩成滩,将乌江航运分成套滩羊角、涪陵羊角两段,羊角也因转运过滩形成重镇。至今羊角豆干十分出名,过往旅客多停车购买。再沿乌江而上经过土坎之地,为隋至清代的武隆县治地,现因地质灾害,羊角镇迁建在今土坎。这段乌江古代产盐,经过一峡叫盐井峡。今武隆巷口镇是 1944 年才迁至的,以前十分荒陋狭小。近年因为仙女山和芙蓉江旅游,使城市发展较快,北城区街道相对宽阔,是乌江上的一座有影响的城市。武隆沿乌江再上为江口镇,曾作为唐宋信宁县治所。近因此地为旅游地芙蓉江漂流入口,镇上宾馆客栈众多,十分热闹。芙蓉江上游翼带贵州道真、正安等县。

从江口镇再上,乌江河道绕了一个大圈,不久就到历史悠久的彭水县城,早在秦代就设立涪陵县于此,唐始称彭水县至今。唐代彭水县为黔州治地,宋为绍庆府治地,其管辖的羁縻州地域广大,今天的贵阳市也在其管辖之中,可以想像以前的重要性。今天,绍庆府故城遗址仍然保存了下来。而彭水的城市虽然不及昔日辉煌,但城市的规模气势仍然庞大,人气很足,这种气势是黔江作为区级城市不具备的。

彭水当郁江入乌江汇合处,郁江上源后河发源于今湖北省境,其中江边的郁山镇为蜀汉以来汉复县故址,唐以前彭水县也曾治于此,古代曾为产盐重镇。今天郁山镇盐厂已经停产,仍有数口盐井遗址。而郁山镇已经没有昔日的热闹,只是从古镇规模、时时可见的残垣断墙和草丛中的房基可以让我们追忆昔日的繁华。

从彭水开始乌江河道越来越狭隘,进入了著名的"乌江画廊"之中,经过鹿角不久西岸有洪渡江注入,上游为务川县。再下不久就到了著名的龚滩镇。龚滩镇曾为蜀汉晋朝汉复县旧址,唐宋又设洪杜县,曾有十分繁华的过去。明代由于山崩成滩,龚滩更成为重要的乌江航运起点,盐商云集,客店众多,会馆林立。但后来乌江水运地位下降,又不为县治,经济地位下降。正是因为落后,古镇才得以较好地保存了下来,这是祖先留给我们的一笔宝贵财富。当龚滩的旅游业发展越来越红火时,因要在乌江修电站,现在龚滩古镇已经整体搬迁,但已经没有原来的风土地气了。

龚滩附近有阿蓬江注入,阿蓬江两岸石壁陡立,峡谷景观奇异,有一段开辟为漂流之地。阿蓬江上游濯河流经黔江区城区,黔江区一带森林植被保存较好。县城以北的小南海为地震下陷湖,风光绮丽,怪石林立,是一个旅游观光和科学探险的好去处。

乌江古代是一条重要的航运通道,清代为川盐济黔的涪岸运道,在羊角镇一带乌江还曾留有纤道。至于乌江的独特的歪尾船,又称厚板船,曾经成为乌江上的一道特殊风景。

龚滩以上乌江翼带广阔,横穿整个贵州东西部,上游为鸭池河,分成六枝河和三岔河两源,直达黔西毕节西部,但由于乌江两岸陡险,早期并不适宜人类居住,如此长的河段两边的县城也仅有沿河和思南两地。贵州省会贵阳位于长江流域的南缘地带,其城南的花溪、青岩一带正当长江流域与珠江流域的分界线,但并没有两大流域分界点那种高山为界的地理特征,而是平坝与山丘相间的地理景观。

贵阳这个城市在唐宋时期还不过是黔州和绍庆府的一个羁縻州——矩州,荒凉万分,在元明以后才发展起来。贵州在历史上以贫穷落后而著称,历代文化人对贵州似乎是不友好的,“夜郎自大”“黔驴技穷”“地无三尺平,天无三日晴,人无三分银”“乌撒天,三日不雨似神仙”,这个个贬义的言语都用在了贵州身上。据说民国初年贵州一省教育经费仅为江苏吴县的一半。政府管理十分随意,省府将县级官员名字写在屏风上,如有人抹去,那省长就无从知道县长大名了。明代刘伯温曾称贵州"五百年后胜江南",五百年过去了,贵州并没有变成江南,看来文人的豪言壮语的作用是有限的。不过,贵州生物和矿物资源很丰富,开发利用得并不够,但许多地区并不适宜人类居住。但这些年来,国家对贵州的社会经济发展很重视,不仅脱贫攻坚取得很大成绩,而且城乡经济建设也取得巨大成绩,城乡风貌变化巨大。

川江(涪陵—宜昌段)

从涪陵顺江东下,先后到清溪、珍溪二场,其中珍溪曾设立东清水驿。珍溪附近江中有平西坝,从珍溪而下不久就到了丰都县城。

丰都县是一个历史较为悠久的县,汉代就曾设立平都县,后来同时是作为道教 72 福地、36 洞天之一的平都治。我们知道丰都名山是因晋代葛洪《神仙传》中记载阴长生和王方平在平都山得道成仙的故事,后人附会阴、王为阴间之王。至今平都山仍留有王方平、阴长生等的石刻棋盘和"阴君丹炉"等遗物。

据说魏晋时期平都山就有了三宫九府。入唐以后,又在平都山上修仙都观(天子殿),以后历代善男信女不断将中国传统文化中"阴曹地府"文化融入名山,修建了大大小小庙宇。这种风潮特别顺应了"轮回报应"的传统民间思想,形成了"人死来丰都,恶鬼下地狱"的"阴魂归入丰都"的说法,更使鬼城丰都香火越来越盛,成为三峡地区少见的幽都,历史上连李白、苏轼、张船山等文人也到此一游,香客居士们更是顶礼膜拜,好一个"山前江水流浩浩,山上苍苍松柏老；舟中行客去纷纷，古今换易如秋草。"

平都山因苏轼"平都天下古名山"之句改称名山。历史上在丰都城中修建过 70 多个寺观、庙宇和禅舍，名山上就有 27 个，其中主殿天子殿建于唐代，历代相沿，内塑大小神像、鬼卒 130 多尊，天子爷爷、天子娘娘、六曹官员、四大判官、十大阴帅俱全，生死轮回的十八层地狱阴森可怕。在主殿附近，形成一个庞大的建筑群体，如报恩殿、大雄殿、玉皇殿等，还有奈何桥、三十三步梯等。从行仪规范和景观信物上整个名山都缭绕着善有善报，恶有恶报，劝诫世人行善的轮回转世，在当今的名利世界，我看这是很有积极意义的。

据说以前农历正、二月间全国信徒们要到丰都来参加二月香会，每年有 20 万人以上，一时名山人山人海，香烟袅袅。历史在不断地发展，一度丰都名山的鬼怪们越来越现代化了，东边名山西边双桂山曾修了一个现代色彩颇浓的"鬼国神宫"，一度那个气势不凡、高大无比的白色鬼王显得威严神秘，但影响了整个景区的协调，现已被重新改造。连接两山的有了现代的钢索桥，名山上下山则有了索道，倒是淡化了名山阴森恐怖之感。但现代人好像并没有减弱对鬼城的向往，那一条条游船下来的游客中自然有许多善男信女，当然可能更多是慕名而来的远方客人，到此一游也顺便了却一桩心愿，何乐而不为呢？

三峡工程的移民使丰都县迁移到南岸，形成了一个新县城。今旧县城已经淹入江底，而对面的新县城高楼栉比，一派生机。丰都新县城中县政府大楼气派非凡，街道宽敞，曾一度是三峡新建县城中较好的一个。新县城东有龙河注入长江。龙河又称南宾河、葫芦溪，发源于石柱县。

从丰都城东下经过高家镇，为丰都的一个重镇，在镇上发掘有著名的旧石器文化遗址。入忠县境，不久就到花岭岩，明代曾在此设立花林驿。

过古花林驿不久就到忠县治地。现代游船一般只靠忠县石宝寨，对忠县了解较少。谈到忠县，不能不谈到曾任忠州刺史的白居易，他可能是从古到今忠县知名度最高的人士了。

忠县依山而建，为长江上的一个山城。早在秦代就设有临江县，唐始有忠州之称，宋为咸淳府治地，元明清为忠州治地，元代设有乌蒙水站，明代设云根水驿，有忠州递运所。作为一个山城，县城位置除元末迁到皇华城外，一直没有迁移过，历史上还是不多见。今天，我们在忠县仍看到许多白居易留下来的胜迹可供我们访古探幽。

白公祠是明崇祯年间为纪念唐代忠州刺史白居易而建，位于忠县城西，今有山门、牌子门、白园、醉吟亭等胜迹可追寻白居易的诗韵。忠县还是我国的一个石阙之乡，有名的丁房阙、无名阙就在县境内。最近又在乌杨镇江边发现了乌杨汉阙，成为三峡博物馆的镇馆之宝。

忠县这个地方出了不少名人，多为刚烈尚武之士，前面谈到的以头颅换取江山城池的巴蔓子本是忠县人氏，被称为忠州二杰之一。张飞在忠州城下义释严颜，严颜并不是忠州人，但忠州人将严颜作为忠州守将，因忠烈而光耀了忠州，故自然也可算忠州人氏。忠县甘家田是大将甘宁的家乡，也是一员三国大将。还要说的是唐代陆贽曾被贬为忠州别驾，谪居忠州十年之久，据说其死后葬于忠州长江南岸的翠屏山麓。而明代著名女将秦良玉就是生在忠州秦家坝的，至今在忠县洋渡镇附近还有秦家祠堂。

从忠县顺江而下，西岸有㽏井河注入，㽏井河上㽏井镇有著名的古代盐厂遗迹和中坝古代文化遗址。长江再下要经过川江上最大的江心洲皇华洲,南宋末年军民曾将忠州咸淳府迁移到皇华洲上形成皇华城,以抵抗蒙古军。今仍有古城遗址,有条石城墙遗存。顺江而下经过曹盘溪,明代设立曹溪水驿。再顺江而下有汝溪河注入,汝溪河上的涂井镇,也是古代著名的盐厂。汝溪河两岸古代文化遗址也十分多。看来,盐与峡江古代文明的关系是十分密切的。

顺江再下就为著名的忠县石宝寨。石宝寨北依玉印山,在宋代称为石城,据说成汉时李雄起义,巴西郡城曾迁建于此,号称"四面悬绝"。现在的石宝寨仅有 300 多年的历史。忠县石宝寨是康熙年间修的兰若殿,本是一座小庙。康熙年间在山下修了山门。香客们只有登石梯攀铁链而上,十分困难。到嘉庆年间为攀登玉印山上的兰若殿,人们发明并沿山修建了九层亭阁代替石梯的绝妙方法。1956 年维修时又增修 3 层,形成 12 层。由于建筑特殊,被称为世界八大奇异建筑之一。很有意思的是,石宝寨不仅继续供奉佛教神祇,也塑上了巴蔓子刎首留城、张飞义释严颜、秦良玉及白杆兵像,表明了三峡人自己的价值取向。自从石宝寨名气大后,在寨边逐渐兴起了一个石宝镇,繁华一时。三峡蓄水135 米后,这个古镇被淹去。

从石宝寨而东,经石柱县西界沱,又简称西沱镇,因历史上为夔州府的西界而得名,为历史上川盐转运湖北利川恩施的重要城镇。西沱镇再下,再经武陵镇,为后周武陵县治地,周围地下文物甚多,在东面下中村一带,连河坝滩石上也随手可拾古陶瓷残片。这里是现代长江上游荔枝种植的最北界,但三峡淹库前,这些数百年的荔枝树已经被砍伐一空,空留树桩。

从武陵再下经过瀼渡乡,明设立有瀼途驿。在古代人们将川江上将主流涨水回灌支流的河流称为瀼,如宋代陆游称"土人谓山间之流通江者曰瀼"，所以历史上川江上多有东瀼、西瀼、瀼溪等地名。

再下就到了万州。万州古为朐忍、羊渠、南浦等县地，唐宋以后李白、黄庭坚等名人多踏访此地，才留有较多的遗迹，万州的声名才越来越大。万州最有名的胜迹当属太白岩，因李白曾在此读书、吟诗和抚琴得名。黄庭坚也在此东望，撰书有《西山题记》，故太白岩下有西山碑亭。今天，拾级而上太白岩，俯瞰整个万州城，可以看见万州另一重要胜迹抗元名城天子城。天子城，又称天生城，早在《华阳国志》中记载为小石城，因记载刘备曾在山上驻军故称天子城。南宋淳祐初余玠迁万州治于山上抗蒙，成为抗蒙的一座重要山城。今留有宋元以来的一些碑刻题记和清代经过重修的城墙遗址。

万州城内有芝溪河注入长江，可能就是历史上的北集渠，沿此小河西经高梁、分水等地翻山可到梁平县城，为古代从三峡上水入川在万州舍舟从陆到成都的小川北路。梁平西南有双桂堂，为西南著名的佛教寺院，号"蜀中丛林之首"，有"西南祖庭"之称。双桂堂原名福国寺，首建于清顺治十年（1653年）。后因破山海明从宁波天童寺带回两株桂树栽于堂中，故名"双桂堂"。双桂堂寺庙由一塔、六殿、八院、328间、42个天井组成。寺内文物甚多，有舍利子、金带、青铜古乐器、"天聋"、"地哑"和铜锣、铜鼓、汉代古钟、铜镜等。

从万州东下为周溪场，明置周溪水驿。再下经巴阳驿旧址，为巴阳镇之地。从巴阳镇东下不久到小江（即彭溪河）入长江口，原名小江镇，又名双江镇，附近有盘石城古城旧址。早在宋代就在这个地方置小彭驿，今为云阳县的新县城之地。沿小江到云阳高阳镇一带有著名的李家坝和明月坝考古遗址，其中明月坝为唐代城市遗址。再沿小江上可达开县县城,今为三峡淹库后淹没的两个远离长江干道的县城之一的开州区。原县城在小江河北岸,三峡成库后形成汉丰湖将老城大部分淹没,现新县城主要在小江南。从开州城北沿彭溪河上游东河而上可达温泉镇,历史上是一个重要的产盐地,至今还有古代盐井遗迹,古镇建筑也还保存较好。再溯水而上就到县坝村,为唐代万岁县、宋清水县城遗址。从此北可以经关面乡、雪宝山与城口相通,西北经谭家坝、榨井坝(大进)翻越梅子关与万源相通。

云阳新县城离长江南岸不远为新迁建的张飞庙。从云阳新县城顺江东下江边为下岩寺,又称燕子龛,唐代末年刘道徽建立神龛而居,有唐以来的摩崖造像和石刻。宋代寺边曾有两株硕大的荔枝树,历代文人多有咏叹,但现在荔枝树早已不见踪影。

从下岩再下就到达旧县坪,为汉代朐忍县旧址。朐忍即今我们称的蚯蚓,至今我们踏访此地,乡人仍说此地多蚯蚓。旧址上有一块文物保护单位的碑刻,有一个垒石而成的小寨城,里面有民户数十家,其墙面、猪圈、田坡几乎全用汉砖砌成,可见此地昔日的繁华。在旧县坪的考古发掘工地附近,古代的瓦片陶片俯拾皆是。

顺江再下为云阳旧县城,这个县城历史上实际是为汤溪河上的云安盐厂而修建的,因居云安镇之南故名。沿汤溪河而上不久就到云安镇,是古代著名的盐产地,产盐已经有1000多年的历史了。云阳县城只是为了转运云安产的盐而发展起来的。在云安镇仍有许多古迹,考古工作者也发现了一些地下文物。但三峡蓄水位后已经将云安镇大部份淹掉,这个上千年的古镇遗址已经完全消失!云安镇以北沿汤溪河北上不久到达南溪镇,向东公路可达奉节。再北经江口镇、沙市镇到达巫溪县的田坝、皂角、龙台一带，为汤溪河的发源处，有著名的红池坝高山草甸风景区。

谈到云阳首先要谈张飞庙。说起来在今天三峡的许多古迹中真正修建历史较悠久的还是张飞庙，据说已经有 1700 年的历史了。其修建得名于民间传说的张飞"身葬阆中，头葬云阳"的说法。张飞庙主要由结义楼、望云轩、正殿、旁殿、助月阁、得月亭和杜鹃亭组成，在庙内有张飞的塑像、画像、石刻像，还存有有关张飞和云阳的历代碑刻、摩崖、木刻等。

中国古代从来就有供奉前贤为神祇的传统，供奉张飞也十分普遍，有时会将其演绎得活灵活现，成为万物有灵的主。据说张飞英魂知道附近长江航道十分险阻后，往往会给舟船吹三十里顺风，船工为表感激才在宋代修建了助风阁的。其实，张飞庙给我印象最深的应算结义楼外面清代书法家彭聚星题写的"江上清风"四个字，是赞颂张飞的助风，还是张扬张飞的个性，是对长江自然的感怀，还是对人世清静的向往，看来得智者见智，仁者见仁了。不过，我看过一幅清末的张飞庙照片，写"江上清风"四字处却为"灵钟千古"四字，其中不见任何记载，不知何故。三峡工程蓄水后，张飞庙已经整体搬迁了。

在张飞庙的下面还有一个龙脊石，也是川江上的重要枯水题刻，只是没有白鹤梁名气大而已。

从云阳东下南岸有磨刀溪注入，再顺江而下不久到达故陵镇。这是一个相当古老的镇，早在《水经注》里面对它就有记载，有楚之先王墓在此。据说是楚都丹阳时，埋了六个亲王于此，故有"故陵"之称。今天我们的考古工作者在当地发现了楚墓，立有碑文。看来巴楚同风，由来已久。只是考古工作者将所谓楚墓打开，一无所获。故陵南岸有长滩河注入长江。

从故陵东下经过北岸的龙洞镇，明代曾设龙硐驿，然后再下进入奉节县的安坪镇,发现有古代文化遗址多处。从安坪东下到了奉节,我们才到了狭义的三峡地区。

奉节古为鱼腹县地,历史上曾有永字、人腹等名,唐贞观二十三年(649年)改称奉节,为夔州的治地,宋为夔州路治地,明清为夔州府治地,军事、经济、交通地位重要,故多称奉节为夔府。就文化上而言,三国和唐代对奉节这个城市的影响十分大。在城内有永安宫,起源于刘备伐吴兵败而忧愤成疾,托孤于诸葛亮,后殂于此。今永安宫在原奉节师范学校内。

今天的奉节县城沿朱衣河至白帝城,可称长江三峡内分布最狭长的一个县城。奉节古城历史悠久,但历史上的夔州治城很长时期内是在白帝城,治地在瀼西与白帝城间来回迁徙。景德三年(1006年)以前一直在白帝城;1006年迁到瀼西,直到淳祐二年(1242年),在瀼西二百多年;但在1242年又迁回白帝城;到至元二十二年(1285年)又迁回瀼西县城才真正稳定下来。原瀼西奉节城在明正德十二年(1517年)大修过,修有5个城门,最有名的便是大南门,原名纵目,后据杜甫"夔府孤城落日斜,每依北斗望京华"诗句改称"依斗"门。夔州府在历史上有"全蜀东门"的说法,历史上夔州府奉节城为出入四川盘验的重要港口,历史上建有夔关征收过往商税。汉唐时期的今奉节一带比今重庆主城地位重要,早在唐代就有"瞿塘饶贾客"之称,明清时商船、运滇铜的铜船、运黔铅的铅船、运送举子出川应试的船停满江面,入夜则载有歌妓的花船穿梭其间,歌妓当时称"唱灯儿",一片灯红酒绿码头景象。在城内有武侯庙、八阵台等遗迹,历史上陈子昂、李白、杜甫、刘禹锡、白居易、苏轼、陆游、范成大、王十朋、杨慎、张问陶等都曾到此,留有诗歌甚多,故有"诗城"的美名。特别是杜甫,在某种程度上是夔州自然风光与历史造就了半个杜甫,此所谓得

"江山之助"，而杜甫也人杰地灵，文化了奉节，光大了夔州。

奉节城东有梅溪河，历史上又称西瀼水，发源于巫溪县万象沟。

在川渝地区有关八阵图的遗迹十分多，但夔州的水八阵和旱八阵尤为出名。夔州水八阵是由鱼腹浦的石碛坝上的乱石垒成的石堆，汛期被淹入水中，在枯水季节露出。这个狭长的砾卵石坝，我们实在也看不出有何八阵图的迹象，不过可能平坦可用于谋阵布兵罢了，倒是我们在原奉节党校内看到今人依《易经》八卦排出的八阵图还可见八阵的模样，不过，那也只是后人的附会了。不过，历代夔州人信之不疑，每当人日时就要在碛坝上踏迹，凭吊古人。据说在草堂河上还有旱八阵。

奉节白帝城在三峡中应有突出的地位。此城得名于汉代公孙述东据江关筑的城，取名白帝城，也称子阳城。其地三面环水，紧控夔门，西控巴蜀，东锁荆楚，地理位置十分重要。在历史上许多时期都以白帝城为基础扩展为州城治地，即使不为州治时也为一些军事驻地，如瞿塘卫等，故历史上的白帝城十分大。今天我们称的白帝城不过是当时城中的一个白帝庙而已。至今我们发掘下关宋城和紫阳城可见其规模之大。现在的白帝庙内主要有明良殿、武侯祠、观星亭、东西碑林等清代建筑，在下面还有西阁、偷水孔等遗迹。以前有人认为偷水孔下为军事码头，实误，因为偷水孔下面根本不适宜泊舟，历史上也从未为码头。从汉代至明正德年间，白帝庙一直供奉公孙述，以后供奉的人物不断变化，嘉靖三十六年（1557年）才定以祭祀刘先主为主的格局。中国传统文化中对乡土依恋和正统观的影响根深蒂固，故在中国民间信仰中，供奉乡神和正统之神一直占主流，这种变化仿佛越来越明显，白帝城供神的变化便体现了这一点。

以前在白帝城下有著名的险滩滟滪滩,礁石原长 40 米,宽 50 米,枯水时露出 20 米之高,洪水时大部分淹入水底,周边水险,这便是所谓"滟滪大如象,瞿塘不可上;滟滪大如马,瞿塘不可下",历代过客船夫都为此感叹不已。1959 年航道工人将其完全炸掉,"不知滟滪在船底,但觉瞿塘如镜平"的梦想成真。

白帝城下为草堂溪,又称铁柱溪、东汉水,因有江边石盘上的古代拦江铁柱而得名。溪上有公孙述屯垦的东屯,至今田亩平坦,周边果树成阴。过铁柱溪便进入夔门,开始了瞿塘峡的行程。

夔门是三峡的象征,"众水汇涪万,瞿塘争一门",不过,历史上的夔门北面这座高耸入云的桃子山才是真正的白盐山,而南岸的所谓白盐山并无名气,真正的赤甲山则在白帝城的西北面。"夔门天下雄",其实三峡内像夔门这种气势的山实在太多,奉节的旱夔门、天坑地缝也是如此。我在巫溪县内还发现一个屏风岩,真像一幅山水画。

瞿塘峡内南岸白盐山粉壁墙上有古人的题刻,即粉壁石刻,引人注目的有清代张伯翔所书的"瞿塘"二字、刘心源所书的"夔门"二字和冯玉祥的"踏出夔巫,打走倭寇"。特别是刻于宋代的《皇宋中兴圣德颂碑》,史料价值和艺术价值都十分高。三峡水库淹库后这些石刻将淹入水底,好在文物工作者有的将其复制在更高之处,部分地方将整块打下搬迁。北岸的凹槽式栈道凿于明代成化年间,是四川参政吴彦华组织修凿的。光绪年间,夔州知府汪鉴组织人员将此道加宽并拓展至巫峡内,使纤夫与轿子可并行,在石壁上题刻的"天梯津隶"和"开壁奇功"记录了这次开通的艰难。在栈道两边,还有风箱峡悬棺、圣姥泉等遗迹可供访古。只是三峡蓄水后,这些栈道、题刻多淹没于水中了。

历史上瞿塘峡的森林植被比现在好得多。据记载五代时有一人路过瞿塘峡,正遇到山上发生森林火灾,从山上掉下一条蟒蛇,蛇的腹中正好吞食了一只鹿,这显现了当时森林植被的原始状态。我们对历史上李白"两岸猿声啼不住"的诗句自然熟悉,古代进入三峡文化人大多要谈到三峡猿,但明末以后长臂猿在三峡消失了,只留下极少量猴子。这些变化显现出森林植被状态的演变。

一出瞿塘峡,右岸大溪河从南来汇入长江,入口处左为大溪镇,右为著名的大溪文化遗址。大溪又名黛溪,古代称鸟飞水,为从清江避长江三峡之险的一条间道,抗战时期曾开辟为重要的驿运通道。

2001 年我在奉节遇上古人类学家黄万波先生,他告诉我发现了奉节人,我们为此也兴奋不已。后来我读到《14 万年前的奉节人》一书,我发现这个巫巴山地确实留给我们太多的幻想与依恋。黄万波先生以前发现的距今 204 万年的巫山人,更使我们相信巫巴山地确实是古代人类发源的一个重要地区。

巫山县历史悠久,秦代就设立巫县,县治也没有改变。巫山县民国时城门保存都较好,但至三峡搬迁前仅留有残破的南门。

巫山不仅有巫山猿人,也是神女文化的故乡,神女文化在巫山影响深远。前面我们谈到宋玉《高唐赋》和《神女赋》流传下来的"梦会神女"的故事,至今在巫山仍可找到许多胜迹。城西的楚阳台就是楚王所梦会的巫山神女居住之地,后人在此修了高唐观,又名楚王宫和细腰宫。高唐观经过历代修造,曾是三峡内的一个重要道观,香火很盛。可是在那个疯狂的时代,一般的寺庙都难逃厄运,何况这个来源于男女云雨之会的高唐观。

1992 年我第一次访古高唐观时,但见道观残破不堪,唯有主殿还依稀可见,外面地上石柱和残破的墙垣随处可见。好在这个地方在巫山县党校的校舍内,还不至于摧为平地。不可思议的是2002年我第三次踏访高唐观时,却见当时正在高唐观旁大兴土木,准备修建楼房。

历史上巫山人对神女确实有深厚的感情,在唐代就在飞凤峰的"神女授书台"下修建了神女庙,将神女看成佐助大禹治水的"正神"。神女庙在北宋时期改名凝真观,南宋时称"巫山真人祠",规模较大,游人不断,白居易、刘禹锡、李贺、温庭筠、陆游、苏轼等名人都到此一游,留有众多诗文和记载,特别是南宋陆游登临此地后,将其记在《入蜀记》中,影响很大。以后神女庙经过历代修葺,清代神女庙称"神女庵观",内供奉着神女木雕塑像。遗憾的是1959年的大跃进时被拆毁。今天,巫山县的其他几处神女庙也已毁,2002年我们发现碚石镇西的神女庙还存在,只是三峡淹库后这个神女庙淹去,神女庙将退出历史舞台。

巫山县和巫溪县还有两个较有影响的溶洞,一个是巫山陆游洞,一个是巫溪双溪洞,但三峡蓄水后陆游洞已经被淹没。

大宁河本是一条影响不大的小河,只是几十年来由于旅游开发的结果使大宁河名声在外。不错,大宁河是美丽的,谷深水清,同时是一条承载了2000多年文化积淀的河流。在大宁河两岸曾发现了一些新石器文化遗址,说明很早就有人类在这条河流上劳作生息。

从龙门峡而上,两岸的栈孔十分引人注目,这是中国现存规模最大的栈道遗址,从龙门峡开始,溯大宁河而上的300多里,据说有6888个孔。据我考察,在大宁河的支流上还有一些栈孔。栈道修于何时,史无明确的记载,可能在唐代就已经开始存在,是用于运输盐卤之用的。据说栈道是明代末年张献忠将其付之一炬而被破坏的,但我们并没有看到相关的文献记载。

在大宁河旁的大昌古镇,是一个有 1700 多年历史的古镇,西晋太康元年(280 年)就在此设立泰昌县,北周改为大昌县。原大昌古镇占地 100 余亩,古城墙垣虽不存,但城基仍存,还保留了东、西、南三门,特别是南门临济门,黄桷树缠绕,透露出古城的古老与厚重。城内的清代建筑群十分有影响,如温家大院在外影响较大。遗憾的是三峡蓄水后大昌古镇已经异地重建。

从大昌而上到巫溪县城,为旧大宁县城,至今仍有古城门保留。附近有旧大宁监旧址。从旧大宁监遗址再上就到达宁厂古镇,有规模较大的吊脚楼群,还有龙君庙、盐卤分孔遗址、旧盐厂等遗迹。

沿大宁河而上,还不时在悬崖上发现悬棺,特别是在巫溪县荆竹坝的悬棺群,现有 24 具汉代的悬棺横卧崖上,蔚为壮观!1980 年四川大学的考古工作者曾取下一具,发现有一些文物。在荆竹坝悬棺下还有一个典型的土法造纸厂,又称蔡伦造纸厂,山泉冲动水轮作为动力,稻草作为原料,造出一层层的草纸,透露出遥远的古风,但现在已经不复存在。

溯大宁河再上在徐家坝一带有野猪峡,有"一线天"之称。长江从巫山入巫峡,不久便进入著名的巫山十二峰。算起来,巫山十二峰的称法已经有 1000 多年的历史了,只是历史上的巫山十二峰均在北岸,而不是现在的六峰在北岸,六峰在南岸。这也难怪,早在宋代范成大就认为巫峡两岸可称为十二峰的山峰太多,十二峰不过是虚指。难怪当地乡民还有指另一个"神女望江"的山峰,说那才是真正的神女峰!

走出十二峰,到了鳊鱼溪(一称边域溪)就进入了以前四川与湖北的交界处,今天是重庆巫山与湖北巴东的交界处。从此再下到旧万流驿之地,有清代所刻"楚蜀鸿沟"四字在江岸,但现在淹入江底了。

从此向东经过楠木园,上有一个王爷庙,为保佑过往舟船而修,以前保存十分完好,我每过一次三峡就看到比以前更残破一点,现在已是残破不堪。以前王爷庙西北山上有太平观,如今已经荡然无存。再下为官渡口,巫峡到此结束,西瀼水从北注入长江。西瀼水又称官渡河、神农溪,现在开发成一条旅游路线。再下是旧县坪,为宋代巴东县城遗址。2002 年我到这个考古工地,但见遍地残瓦破瓷。古代峡中县城往往较为狭小,窥此县城遗址便可得知。据说寇准最早修的秋风亭就是在此地。今天的巴东秋风亭在原巴东老城内。

寇准为陕西渭南人,北宋时期著名的政治家,19 岁便中进士,年仅 20 岁便任巴东县令。巴东小城,交通闭塞,经济落后,官员多不愿赴任,有时二三年都没有新官到任。年轻的寇准到任后,改变当时畬田方式,设立"劝农亭",推广新技术,同时轻徭薄赋,办事公正,使境内安然,后人尊称他为"寇巴东""寇青天"。

寇准在巴东为官 6 年,年轻气盛而流落天涯穷谷为官,怅然秋风,曾在县城内建秋风亭,种有一株柏树,以会邀天下朋友。南宋乾道时,这座秋风亭仍在,后县城迁移,逐渐毁坏。明代为纪念寇准,在新县城中仿建秋风亭,经康熙、嘉庆、同治三次修造,即今天在巴东老城内的秋风亭。现存的秋风亭为石木结构,飞檐两层,赤柱彩瓦,四角攒尖顶,高 12 米,四周树木葱郁,俯瞰长江东下。亭周原有古碑,历代过客文人咏诗作赋刻于上,但在史无前例的"文化大革命"中,古碑多被砌为石坎,现已荡然无存,唯古代的诗文至今仍在流传。

苏辙《寇莱公》:

> 人知公惠在巴东，不识三朝社稷功。
>
> 平日孤舟已何处，江亭依旧傍秋风。

面对秋风亭，陆游情绪更显低落，又其《秋风亭拜寇莱公遗像》：

> 江上秋风宋玉悲，长官手自葺茅茨。
>
> 人生穷达谁能料，蜡泪成堆又一时。

三峡古代穷僻之地，而巴东城在三峡更是以狭小无城墙著称，古代的巴东城除庙宇官府外，不过是一片茅茨小聚落，宋代才只有100多户人家。中原人在此为官，不免有伤感惆怅之情，但寇准仍尽心为官，政绩可观，这为他以后两次出任宰相奠定了基础。不过，寇准生性刚直，也难免得罪权贵奸佞，屡受贬谪，终于雷州，此所谓"人生穷达谁能料"。

岁月如梭，三峡人民永远没能忘记寇准，那秋风亭、寿宁寺、铁权、劝农亭永远留在了三峡。2001年当我们到秋风亭访古时，秋风亭门前站立着军警，得知现秋风亭为巴东县武警中队驻地，现建成巴东寇准文化公园。

从巴东东下经过著名的险滩泄滩，历史上有"有泄无新"之说，言泄滩之险。在泄滩附近的沙溪镇口上原来有号称"佛屿孤灯"的流来观，但现已经淹于江中。

顺江不久就到原秭归县城。城下为九龙奔江，又名九龙滩、叱滩。秭归县建县有2000多年的历史了，对岸有楚王城，据说是远古夏启册封的丹阳城，宋代在城东有周平驿。要说钟灵毓秀，秭归县是十分突出的了，在这个深僻的县境内，古代养育出屈原和王昭君两位名人，以至范成大感叹："东邻男儿得湘累，西舍女儿生汉妃。城郭如村莫相笑，人家阀阅似渠稀。"

　　大凡古今中外有突出才华而流芳百世者，少有人生一帆风顺的。在三峡深僻处的秭归县，如果从建县开始至今已经有 2000 多年的历史了，这山区小县因是中国历史上屈原、王昭君的故乡而闻名天下。在老秭归县城里街口上有一座新修古牌坊，上题"屈原故里"，这便是中国古代著名爱国诗人屈原的老家。从香溪出发，经过七里峡峡谷，便到了乐平里，在乐平里的香炉坪就是大诗人呱呱落地的圣地，坪的中央有一块石碑，上书："楚三闾大夫屈原诞生地。"

　　据记载早在汉代就修有屈原宅，宋初就有"屈大夫宅"，还有纪念屈原姐姐的龙须庙。现三闾屈原庙经过修复，并重刻有"重修三闾屈原庙"碑。在香炉坪对面的伏虎山上有一口井据传是屈原开凿的，屈原与他姐姐每天都要到此井前梳妆打扮，故留有"照面井"的名称。在附近还有屈原读书咏诗的读书洞、吟诗台，连屈原被流放所耕的田也被留了下来成了"玉米三丘"，称屈原忧国事而落泪处所产白米如玉，这个传说在唐代就见诸记载了。

　　三峡人民没有忘记屈原这位为中国文化作出贡献的大诗人，在老秭归县的东面，早在唐代就修有屈原祠，宋代改建成为"清烈公祠"，以后历代不断修建，明代嘉靖年间将其与宋玉祠合修在一起，称为"清公烈庙"，每年五月五日百姓都前往祭祀。后因修建葛洲坝工程在向家坪改建了屈原纪念馆，纪念馆前修建了仿清烈公祠而建的山门。三峡人们没有忘记这位伟人，当人们过一个端午节时，三峡人则过着两个乃至三个端午节，体现了家乡人对他的怀念。

　　兴山县本为秭归县的属地，在三国时才从秭归县分置出来，故秭归县也是昭君故里。

　　王昭君的故乡兴山县宝坪村与屈原故里三闾乡东平里相距

并不太远,也许是同得香溪的风水浸染熏陶,作为中国古代四大美女的王昭君出塞和亲,播下了各族人民之间的友谊种子,成为后人千古传咏的绝响。不过,1000多年过去了,我们更多想的是昭君从一个村姑、宫女走向遥远的北方的胆气和苦涩。

王嫱,字昭君,出生在今天的兴山县(汉属秭归县)宝坪乡。也许从大山走出再进入深宫,在古代对一个百姓人家来说是莫大的荣幸,也是改变女子一生的美好的转折点。而对于身处深宫无人问的众多宫女而言,后宫并不一定是情感的最好归宿,连基本的生理要求可能都难以满足。王昭君本来的面容是"丰容靓饰",但宫女如云的时代,长期并不为汉元帝知晓,空守楼阁。王昭君自愿出嫁匈奴,本有寻求自然爱恋的意图。当然,远走匈奴,异乡远嫁,其离愁别绪中,更增对乡土的依恋。在传统时代,交通通讯梗阻,也许古代的离别之情远甚于今天,走出三峡,远去大漠,也许就是与亲人的终别! 也许当我们站在香溪口时,仿佛看见远去的官船,才真正体会到"泪湿春风鬓脚垂,低徊顾影无颜色"的情感。历史不会忘记,"一去紫台连朔漠,独留青冢向黄昏",三峡的故土让昭君魂牵梦绕,而我们三峡人也同样没有忘记王昭君。

3000多年过去了,三峡留有众多的王昭君的遗迹为我们踏访,真所谓"群山万壑赴荆门,生长明妃尚有村"。从秭归县香溪镇北沿香溪河北上,两岸山势高耸,青翠中点缀着白墙青瓦。香溪之名据说就得名于王昭君在溪中浣洗,有一次她的颈链不慎落入溪中,故溪含脂气,故名香溪。宋代陆游就认为这条河流"水味美"。今天,香溪仍然清澈见底,据说还有桃花鱼。到了兴山县城后沿溪而上到宝坪村,村子附近的一个妃台山,早在宋代山上就有刻有"昭君故里"的石碑。

宝坪村,原名烟灯,后又名昭君村。到了宝坪村后,先过琵琶桥,传说旧时王昭君曾在桥上弹琴歌舞,只是旧的石拱桥已无存,现为一座新修的钢索桥。过桥后沿阶而上,就到达了昭君宅。历史记载早在唐代便有昭君村,宋代记载有王昭君宅,明代也有昭君村、昭君乡。但是昭君宅早已不见踪影。到1982年兴山才在昭君村仿明清建筑修建成了昭君宅,占地200多平方米,宅内有昭君陈列室、昭君纪念馆、文物管理所等。宅前有梳妆台,传为王昭君整容施粉之处。在昭君宅右方,有著名的楠木井,传说是王昭君经常汲水之处,昭君曾用楠木压住了兴风作浪的黄龙,至今井中仍有一株楠木,故称楠木井。旧时当地人称井水甘甜可口,有"饮其水,生美女"的说法。

历史上兴山一带关于王昭君的遗迹还十分多,如绣鞋洞、望乡滩、珍珠潭、小礼溪、大礼溪、思乡溪等。不过,到兴山的人自然会对兴山的美女感兴趣,人们会想如此偏僻的大山深处怎么会培育出如此大美女!不知是确有王昭君家族的后裔,还是出于旅游的需要,在昭君纪念馆里有许多昭君家族的70多代后裔,我们尽力从她们身上追寻昔日昭君的风采。不论审美怎样,我们面前的这些年轻姑娘们的水色是甚佳的,这是大山和香溪养育的结果,也难怪李商隐《过楚宫》中称:"微生尽恋人间乐,只有襄王忆梦中。"三峡美女那是一道永恒的风景,不因山川变化,也不因江山更易。

从香溪河口便入西陵峡,不久便到著名的新滩镇,宋代就置有新安驿。今新滩及对面为链子岩,均为著名的古滑坡体。新滩,俗名青滩,早在汉代就有明确的山崩记载,以后历代山崩不断,崩石坠入江中,形成险滩,历史上有所谓"大水畏泄,小水畏新",以新滩为枯水季节三峡第一险滩。古代这个地方是滩师集中地,每次过往船均需在此搬滩,即将货物搬下空船过滩,不仅需在此雇纤夫和挑夫，而且也多在此重金聘用滩师，故新滩镇成为三峡内一个繁华的小镇。民国时期新滩镇有百余户人口，大多以搬滩负重为生，据说男女都能负重百斤以上。1985 年新滩滑坡已经将古新滩镇完全淹没，至今在附近重修的新滩镇也因三峡水库的淹库而再次迁移了！

从新滩而下到崆岭滩，有所谓"新滩不算滩，崆岭是个鬼门关"的说法。

再下到了三斗坪，中有中堡岛，即三峡工程地址。考古工作者曾在中堡岛上发现了一些新石器时期的文化遗址。如此低的河滩有人类活动，表明长江也与忠县瞀井中坝附近的环境一样，历史上三峡的江河河道要比现在低许多。以后河道的上升主要是由于泥沙淤积的作用。

三峡工程大坝立起来以后，三斗坪一带的自然与人文环境已经发生了明显的变化。长江北岸灯火通明，厂区仿佛成了一个城区，南岸附近茅坪的秭归新城新房林立，使这个以前十分荒凉的山谷成为世界关注而人气渐旺的名城。

再下为黄牛峡、黄牛滩，历史上有民谣"朝发黄牛，暮宿黄牛，三朝三暮，黄牛如故"，建有黄陵庙。这个地方历来为三峡的一个重要交通码头，元代就曾在此设立黄牛庙水驿。

在黄牛峡内的九龙山麓的黄陵庙，原称黄牛祠、黄牛庙。相传是春秋时期为纪念神牛助大禹开峡成功而修建的，也有说是诸葛武侯修建的，这些都不是很可靠。直到宋代才有黄陵庙的确切记载，如北宋夷陵县县令欧阳修将黄牛庙改为黄陵庙，后写有《黄牛峡祠》。黄陵庙后来在历代屡经战乱、洪水、大火，损坏较大，特别是明代黄牛庙在战火中完全毁坏，到明代万历年间重新修建而成。现主殿禹王殿高约 22 米，立柱 36 根，重檐歇山式屋顶。据说过去大殿供奉木质禹王像,约 4 米高,和尚在后暗中操作,有人跪拜时便站立回敬。原来的大柱上有木雕黄龙,但这些都已不复存在了。禹王殿侧有武侯祠。禹王殿前有戏楼和山门,为清代所建。

1992 年我们到黄陵庙考察时,见禹王殿的立柱上有洪水浸泡刻记,知咸丰十年(1860 年)和同治九年(1870 年)洪水曾两次浸泡此殿。我们知道,湖广一带多水患,故对治水功德无量的大禹存有无限的崇敬,连湖广移民进入四川建立的会馆也称禹王宫,供奉大禹。不难看出,黄陵庙的修建,总是与水有关系的。一个区域居民的信仰与由此产生的人文景观往往是一个地区环境的产物。

从黄陵庙东下,不久就到平善坝,从长江三峡东下,至此险滩过尽,峡谷远去故名。早在宋代出峡船都在此相庆平安出峡,故称平善坪,明清时多称平善坝,曾为过往查验出入的关口,当时俗称江卡。

过平善坝不久就到了宜昌三游洞。

三游洞本是南津关一带一个不大的溶洞,深仅 30 余米,宽 20 余米,高 10 米左右。唐元和十四年(819 年),大诗人白居易赴任忠州刺史途中在夷陵和好友诗人元稹相遇,两人和与白居易同行的白居易弟白行简同引舟游西陵峡口,发现了位于峡口的这个无名小洞。在洞中,三位"通夕不眠",各赋诗 20 首,白居易由此作《三游洞序》称:"以吾三人始游,故曰为三游洞。"如此小洞经名人的踏访,一时声名鹊起。后来宋代文学家苏洵、苏轼、苏辙父子三人由眉州赴京城开封应试,也同游此洞,被称为"后三游"。从此以后大凡途经三峡的文化人都要到此洞访古,寻求先人的文风神气,一时洞内诗文满壁,碑刻无数。至今洞内留有欧阳修的题刻和明代重刻的白居易《三游洞序》。从三游洞拾级而上,有一个小亭,亭内有一泉,据说南宋乾道年间陆游经此取泉水煎茶,题诗于石壁,故今名陆游泉,但石壁上的诗却不见踪影。

在三游洞下的小溪名下牢溪,那是长江三峡东出口南津关的一景。长江三峡一出南津关便进入江汉平原,江面突然开阔起来,几百里山地深谷与广阔的大平原间突然骤变,两种自然景观的突变,"送尽奇峰双眼豁,江天空阔看彝陵",使历代无数久居盆地的出川人感叹不已。而军事上出入四川南津关也是要关一道,历代征战出入不断,可以说南津关见证了几千年来三峡征战的风风雨雨。南津关至今还有今人修的古军垒和张飞擂鼓台可窥见昔日的硝烟! 今天我们站在南津关上,似乎还可听见吴蜀征战"火烧连营七百里"的喊杀声。从交通意义上来看,长江三峡一出南津关河道便平坦,远离大山深谷,对久居四川的人来说,大有远离故乡的伤感,故有"出了南津关,两眼泪不干"的感叹。

对于我们而言,一出南津关,就一度接受葛洲坝这个现代文明的洗礼,"极目楚天舒",仿佛是从一个承传深厚的自然与文化的千古时间深谷走出,一下进入现代文明的广阔天地。

处于江汉平原与三峡地区交汇处的宜昌,汉置夷陵县,梁置宜州,北周设立峡州,以后多以峡州相称,明为荆州府夷陵州,清代雍正年间改宜昌府,为治所。由于其特殊的地理位置,自古有"巴蜀咽喉""荆楚根柢"等称呼,商业贸易发达,宜昌的米、面、鱼、椒、漆、纸成为重要的流通商品。清代末年宜昌的人口已经达一万多人,民国时发展到了四万多人。特别是清咸丰年以后,川盐济楚,宜昌设有榷运局,商务更是繁忙,有"日有千人拱手,夜有万盏明灯"之说。光绪二年(1876年)开为商埠后,西方列强纷纷设立领事馆、开辟商埠,成为长江上一个重要的开放城市。所以清末日本人山川早水在《巴蜀》一书中称宜昌的繁荣"非沙市、荆门之所能及",西洋杂货店众多,书店里外国书较多。至今我们在宜昌博物馆内看到"宜昌关"的横匾,再看看清末宜昌码头的照片,不禁让人回忆起昔日宜昌码头的繁荣。

宜昌的发展与水利发展密不可分,宜昌古代是因为水路交通地位的重要而发展起来。20世纪70年代以来,由于现代葛洲坝水利工程的修建,使宜昌这座古老的城市有了新的经济支柱,城市范围不断扩大,以前荒凉的西坝由于葛洲坝的修建成了城区的一部分。特别是三峡工程兴建和三峡旅游的发展,宜昌城市面貌更是日新月异,宜昌逐渐成了湖北省经济上的第二大城市。

宜昌城长江北岸有黄柏河流入,黄柏河流域有小峰悬棺群,据说历史上曾有100多具巴人悬棺,但今天确切地说北面的大棺材崖曾有20多副,南面的小棺材崖有9副。现在当地将小棺材崖的4副开发出来的一部分供旅游访古之用。据介绍,这些悬棺为秦汉时期悬棺,至今已经2000多年的历史。我看了悬棺后,感叹悬棺内的巴人骨骼保存如此完好,在亚热带山区能够将当时的骨骼保留至今,这是一个谜!

从宜昌沿江而下,河道相对狭窄,南为荆门山、北为虎牙山,号称楚之西塞,古来征战记载很多,但实际上这山与三峡内的山相比已经小巫见大巫,不过是小丘而已。沿江再下不久就到了著名的猇亭之战遗址,为长江北岸一悬崖,地势险要,控扼长江,至今还留有马鞍山、云池、红溪港、擂鼓台等传说的遗迹。

从猇亭以下的猇亭镇对岸有古代文化遗址红花套遗址,时段涉及新石器时代到南朝时期。再下吴家岗则有著名的新石器文化遗址城背溪遗址,为长江上游较早的文化遗址,已经有7500多年的历史了。

荆江（枝江—城陵矶段）

从吴家岗再下不久就到宜都市（枝城），清江在此注入长江。

清江发源于湖北利川市齐岳山一带，流经利川市、恩施市、长阳县到宜都市。长阳地区是古代人类的发祥地之一，有我们十分熟悉的十万年前的"长阳人"，同时也是古代巴人的发源地。长阳县有巴人的武落钟离山，但武落钟离山在今天长阳县具体何地却争论较大，有的学者认为今天所指都镇湾镇有向王庙俯瞰清江的武落钟离山并不是原地。但可以肯定的是古代清江也是一个出入三峡的间道，地理位置重要。恩施市今宋代城址保存较好，值得一看。

枝城市原为宜都县，早在汉代就设有夷道县，三国时就有宜都之名，历史可谓悠久。

从枝城东南下为著名的枝江县，早在汉代就设立枝江县，历史上虽然时废时建，但枝江的名气远比枝城的宜都县大，因从枝江到湖南城陵矶我们习惯称为荆江，枝江为长江上一个重要的地理分界点。

枝江以南有松滋河注入，翼带松滋市、公安县境、湖南安乡等县区。长江中游的美食并不算多，但松滋市的沙道路杜婆鸡十分可口，味道可与川渝地区的烧鸡公、芋儿鸡相媲美，所以在宜昌一带松滋鸡较有影响。

从枝江再顺水而下，南有虎渡河注入洞庭湖西部湖群地区，再下就是著名的荆州古城。

在人们印象里"大意失荆州""刘备借荆州"的典故用得多，但可能对荆州并不了解。《禹贡》中的九州就有荆州，但那只是江汉地区一个泛指而已。在春秋战国时,楚国定都于此,称"郢",即今天荆州小北门外的纪南城。以后秦灭楚后将郢改称江陵,后又改称荆州等,唐代的江陵府曾为荆南节度使驻地。唐宋时沙头,即沙市的影响远在荆州城之上,沙头本是楚都郢城的外港,唐宋时期人们过往都要停靠沙市,早在陆游《入蜀记》中就称沙市一带居民多为蜀地人或与蜀通婚者。在唐宋的州府城中,荆州城并没有特殊之处,范成大《吴船录》和陆游《入蜀记》中对荆州也仅是轻描淡写一笔带过。

不过,今天荆州古城城墙成为我国明清州府一级城市城墙保存最好的城市,特别是保存完好的瓮城,成为访古探幽的好去处。作为春秋战国时期大国楚国的都城,纪南城的影响可想而知,这座城池以前东西长 4500 多米,南北宽 3500 多米,夯土筑城,高 4 至 7.5 米,但现在只能看到一些残存的土垣。倒是在荆州博物馆内能看一些重要的历史文物,如凤凰山汉墓文物、古代漆器、丝绸品,都是十分珍贵的。特别是一些 2000 多年的丝绸品能够保存到今天,让我们感叹我国古代的科学技术的先进。在沙市的万寿宝塔,为明朝嘉靖皇帝为毛太后 60 寿辰而建,至今已经有 400 多年的历史。万寿宝塔高七层,但下面几层已经深藏在荆江大堤下,显现了近几百年荆江河道淤升的历史,真可谓千百年的历史紧缩在如此短的时间内,令人感叹良多!

在荆州城西有沮漳河入长江,溯沮漳河而上,可达当阳市。当阳市位于沮水上,早在汉代就设有当阳县。对外界而言,当阳市的名气得益于三国,得益于关公的败迹,长坂坡、麦城、当阳桥等都在境内,故留有全国最大的关帝庙之一的关陵庙。境内的玉泉寺为我国最早佛寺之一。

从沙市开始,长江一改向东流向,转向南流经公安县、石首市。

　　公安县位于长江南岸，历史悠久，三国文化影响较大，明代"公安三袁"（袁宏道、袁宗道、袁中道）成为文学上公安派的代表，现在公安说鼓、公安道情、公安花牌等显现了民间文化的丰富。

　　从公安县沿长江而下北岸有江陵县，再下为石首县。从石首县开始为长江上河曲较发达的地区，著名的"九曲回肠"地区就在这一带，是国家实行"平垸行洪，移民建镇"的地区。

　　石首为越国大夫范蠡的故乡，至今有范蠡墓、范蠡庙等故迹。《三国演义》中的"三气周瑜"就是在这里。古代从石首县到武汉有两条大路，一条是沿长江主流而行，江面广阔，但波浪太大，一遇大风，往往容易失吉成灾，一条是从鲁家袱入沌水，为江边支流，仅比运河宽，风浪小，但多有盗匪，故客舟多结伴而行。

　　从石首沿大江而下，经过监利市。监利历史悠久，是古代军事家伍子胥的故乡，现在监利物产丰富，监利大米、河蟹、监利猪、荆江鸭、银鱼都较有名气。历史上也是重要的九曲回肠的河道地区，留下许多长江改道形成的"牛跑湖"，成为独特的自然与人文景观。

　　沿江再南下不久到了岳阳市，是湖南省唯一一个滨临长江主干道的城市。不过，岳阳的历史十分悠久，但多是其他郡县的属地，建制并不太长。到晋代太康年间才设立巴陵县，巴陵成为岳阳古代称呼中最有影响的一个。以后又有巴州、岳州、岳州府等建制。岳阳城以南是以洞庭湖为主的广大湖汉地区，广大的湖泽与平坝相间，水天一色，无边无际，神秘万分，成为荆楚地区一个重要的文化核心区，一个诱发人们诗情和情感极至的地区。著名诗人屈原就是在汨罗江回归自然，杜甫则在此写出了《登岳阳楼》，病殒于斯。特别是宋代的范仲淹，据说他并未到过岳阳楼，却写出了千古绝唱的《岳阳楼记》，其中的"先天下之忧而忧，后天下之乐而乐"的诗句流传千古。

江天一色留给我们太多的遐想，柳毅传书的人天情缘，二妃寻舜的斑竹伤情，难怪我们后人总爱称湘女多情。至今君山湘妃祠中的二妃墓成为湘女多情的历史见证。

岳阳楼传说建于三国时的鲁肃，但确切的时间是在北宋年间，明清时期又不断维修。但古代岳阳楼已毁于历史中，后来修的岳阳楼主楼三层，楼高 15 米，远比历史上的岳阳楼宏伟。

在岳阳市长江河道与洞庭湖交汇处，历史上有著名的城陵矶，《水经注》载："江之右岸有城陵山，山有故城。"本是长江南岸突出于江中的一块巨大的山体，但现在山体已经不复存在，空留地名。历史上城陵矶处长江与洞庭湖相交的枢纽之地，地理位置相当重要。1899 年，城陵矶开埠，岳州海关（俗称城陵矶海关）就设在城陵矶，至今城陵矶海关建筑遗址仍在。

岳阳以南的洞庭湖历史上经历了一个由小变大再变小的马鞍形发展过程。洞庭湖在新石器时代为河网切割的平原景观，东晋南北朝开始沉降发展，刘宋时已经是"周回数百里"之大，唐宋时则有"八百里洞庭"之称，明清时继续发展，最高达到 6000 多平方公里湖面，但从 19 世纪开始湖面迅速萎缩，现已经只有不到 3000 平方公里湖面。有的专家预测洞庭湖不久将自然走向消亡，不知是否危言耸听！

湖南四水：湘、资、沅、澧

洞庭湖是湖南的母亲湖，其汇纳了湖南的几大河流，即湘、资、沅、澧四水。据张伟然先生考证，湖南的文化区分成湘资区和沅澧区,前者开发较早,保留湘语,而后者开发较晚,流行官话。①
看来,文化区与流域区有一定的对应关系。

湘江发源于广西与湖南交界处,西源从广西临桂县海洋山海
洋坪,流经兴安、全州到湖南永州,东源从萌渚岭一带流经江华
县、双碑县,在永州频岛有潇水注入。其中湘江与漓江本同源,但
分别向北向南流,古代在此兴建兴安运河,即灵渠,将长江水系与
珠江水系贯通起来。湘江从永州经过冷水滩市、祁阳县到衡阳
市,有耒水注入,再北为南岳区,五岳独秀的衡山就在此。

现南岳衡山屹立南岳区湘水以西,虽然主峰祝融峰海拔仅
1300 米,但与山下的南岳镇相对高度在 1200 米左右,山势高耸
云霄。衡山上观宫寺庙众多,呈现佛道同山同庙的特征,山下的
南岳大庙里东边是寺庙,西边是道观,僧人道人一起布道施法,将
中国传统文化中儒佛道相融的世俗化传统演绎得十分到位。就
是山上也是寺观相间,有广济寺、上封寺、汰南寺、铁佛寺、福严
寺、南台寺等佛寺,也有竹林道院、玄都观、祝融殿等道观。从山
顶鸟瞰,湘江大地尽收眼底。

湘江北去,不久经株州市、湘潭市到了长沙市,这一带是近现
代伟人的诞生地,毛泽东故居北为刘少奇故居,南为彭德怀故居,
他们是老乡,都是饮湘江水长大的,都是中国近代革命的先锋。

长沙早在秦代设立长沙郡,西晋设立湘州临湘县,隋唐为潭
州长沙县,宋为荆南湖南路之治所,元代为潭州路,明为长沙府,
清康熙改为湖南布政使司,治长沙县。

古代长沙有不尽的辉煌让我们回忆,但最值得一看的是马王
堆汉墓。那巨大的墓穴,层层巨形楠木的墓椁,保存完好的女尸,

---

① 张伟然:《湖南历史文化地理研究》,复旦大学出版社,1995 年。

确实让我们感受到古代楚文化在汉代的影响。汉唐之际长沙并没有太多历史的亮点,但宋代兴建的岳麓书院会让我们感受到中国古代文化的博大精深。岳麓书院在岳麓山上,由北宋开宝年间潭州知州朱洞建,为北宋四大书院之一,历经宋元明清名称不改,显现了长江中游在宋以后兴起发展的历史足迹。值得一提的是岳麓书院门庭上的"唯楚有材,于斯为盛"楹联,有人称是对长沙几千年人才的总结,我倒认为这只是对于近代湖南人才的概括。

站在岳麓山上,可鸟瞰橘子洲,将附近的湘江尽收眼底。湘江有浏阳河注入,浏阳河并不大,但两岸有黄兴、徐特立、谭嗣同等故居,使我们不得不对湖南的近代风云有新的认识。近代的长沙是中国各种风潮的亮点,曾国藩以此为中心发展的湘军挽救了岌岌可危的清政府,这对中国近代发展走势的影响巨大,以后谭嗣同在长沙办新政,黄兴、陈天华、毛泽东、蔡和森、李立三、杨昌济、刘少奇、何叔衡等三湘人物在此指点江山,继而走向全国,影响了中国近代社会发展的走向。

湘江北流望城到湘阴县濠河口入洞庭湖,全长 856 公里。

资水发源于湖南城步县黄马界,干流全长 653 公里,经过隆回、邵阳县、邵阳市、冷水江市、安化县、桃江县、益阳市在益阳县甘溪口入洞庭湖。虽然流域面积多达 2.81 万平方公里,但沿途的文化东与湘江流域比辉煌不显,西与沅水、澧水比特色不鲜明,所以在湖南文化中资水流域地位并不重要。

沅澧二水是湖南的官话地区,据张伟然先生研究认为虽然开发较晚,但为军事集中移民区,官话成为主流,而且在湖南建省以前,这两个流域地区在行政区划上往往分属于其他一级政区,没有形成独立的建制区。

沅水发源于贵州云雾山,全长 1033 公里,为湖南第二大河流。沅水在贵州境内称清水江,山高水险,以前森林密布,曾是清代重要的木材采伐地区。进入湖南以后经过黔城、洪江市、黔阳、辰溪、泸溪、沅陵、桃源到常德入洞庭湖,中间多有峡谷景观,为重要的水利电力资源富集区。这条河流的一些丘陵地区的城镇,传统文化和少数民族文化都保存较好,特别是支流翼带的城镇,如潕水翼带的怀化、芷江、新晃,辰水翼带的麻阳,武水翼带的吉首、凤凰,酉水翼带的保靖、花垣等城镇。重庆的酉阳、秀山也在酉水上游范围内。

芷江的龙津桥,原建于明代,历代维修,是目前最长的风雨桥。龙津桥附近的建于清乾隆后期的天后宫也保存完好,显现了移民文化对湘西地区的影响。黔城附近沅水边的托口古镇,是以前清水江木材运输的一个集散地,古镇风貌保存较好,店铺较多。麻阳县在明清以来移民文化对外影响较大,有的学者认为麻阳实际是明清之际湖广填四川的麻城移民的真正来源地。可以支撑的是四川的传统木船麻阳子、辰驳子确实来自湖南辰水流域。

而潕水入沅江口的黔城,唐代为著名的龙标县,唐代大诗人王昌龄就是被贬于此,至今还有芙蓉楼可见证这段历史。洪江市南有巫水注入,以前也是一个转运木材和桐油的重要城镇,桐油商、木材商、瓷器商尤多,会馆林立,是清代湘西著名的商城,至今保存许多清代民居建筑,特别是以窨子屋为特色。而沅陵县城为古代黔中郡治城所在,地位自然重要。城中修于唐代的龙兴寺据说是我国保存最早的书院之一。位于武水支流的沅江凤凰城虽然建于唐代,但现在的基础是明代的长官司治城。沅江春色、风雨廊桥、吊脚民居、苗族歌舞、文化名人构成了凤凰城魅力所在。在这里还有南方古长城的苗疆边墙,以前多为学者们研究之用,外界知道的并不多。到了旅游产业兴起后,人们才冠以南方古长城来开发利用了。不过以前在湘西这样的山水特色城还有很多,可能只是经济落后还来不及改建,加上沈从文文化名人的作用,这个城市保存了下来并作为旅游城市发展起来。至于常德市边上的桃源县桃花源,是不是陶潜生前所描写的桃花源看来还要作一番考证。另外花垣县茶洞镇,与重庆秀山的洪安镇,两镇隔花垣河相望,有拉拉渡可过河。其中茶洞镇是沈从文《边城》中的小镇,镇因文而名,文因镇而流传于世。而永顺县唐为溪州,宋为永顺州,至今以猛洞河漂流、王村芙蓉镇、溪州铜柱而颇有知名度。

澧水发源于桑植县杉木界,这是贺龙元帅的故乡。从桑植县南行不久就到了著名的旅游城市张家界,张家界明代以前一直分属各地,明代开始设立大庸卫,后改永定县、大庸县。后因张家界旅游发展起来后,才将张家界命名为城市。张家界风景区主要是以自然风光与民族风情为主,历史上这个武陵山区开发较晚,汉民族留下的故迹不多。想起来,如果汉民族真的很早进入开发,大量森林变成耕地,少数民族大量汉化,可能今天的张家界风光会大大失色。

沅澧二水在湖南是属于现代经济文化欠发达地区,可是文化和自然的原始并不等于落后,这是欠发达地区社会经济发展中要注意的。

长江(岳阳—武汉段)

长江从岳阳以下不久就到洪湖市,长江边不远处有著名的洪湖,这个湖本来名气并不大,但自从有了电影《洪湖赤卫队》后,名气就大了起来。南岸循陆水布上的原埔圻县,因境内有著名的三国赤壁,已经改名为赤壁市,今长江南岸赤壁镇山崖上仍有"拜风亭""凤雏庵"和传说周喻手书"赤壁"二字的摩崖石刻。对岸的洪湖市的乌林镇,也是传说三国赤壁大战真正火烧的地方。从赤壁县经嘉鱼县、汉南县长江绕了一个大圈,就到了武汉三镇。前面已经谈到,武汉这座城市的古代历史并不比西边的宜昌、荆州更显辉煌,但处于九省通衢的地理位置,使武汉在近代中国城市史上有十分重要的地位。

早在新石器时代人们就开始在今武汉一带繁衍生存。战国时期今武汉一带为楚国控制区域,秦汉先后为南郡和江夏郡管辖。东汉正式筑月城,设沙羡县,三国于今武昌设夏口城,于今汉阳筑鲁山城,并将江夏郡治设于鲁山城。西晋移沙羡县于夏口城,刘宋改设郢州,并为江夏郡治。唐在长江南岸武昌设江夏县,为鄂州治,在长江北设汉阳县,为沔州治。元代改鄂州为武昌路,为湖广行中书省治所。明清武昌均为府,为湖广布政使司治和湖北省治。明万历年间汉江改道,形成武昌、汉阳、汉口三镇分离局面,到北伐战争结束后,才形成统一的武汉市政府。[①]

唐宋以前,今武汉不论是城市或是交通位置,在长江上并不十分引人注目,唐宋时期武汉的地位开始显现出来,商业贸易也开始繁荣发展起来。作为一个有全国性影响的城市,武汉是在明清时期随着汉口的兴起而形成的。清代汉口发展成为全国的四大商业都市,称为"天下四聚",同时又是全国四大名镇之一,与广东佛山、江西景德镇、河南朱仙镇齐名。特别是在近代,武汉汉口在 1861 年开埠通商为口岸,商业贸易发达程度可以说紧随上海之后。近代史上汉阳铁厂、汉阳兵工厂等对中

---

① 梅莉等:《两湖平原开发探源》,江西教育出版社,1995 年。

国历史影响深远,而武昌起义对中国民主革命史更是意义重大。

今天,昔日的烽烟已经散去,武汉这座城市留给我们太多的回忆。对于武汉来说,黄鹤楼可称得上武汉的文化标志之一。与中国所有的著名建筑一样,黄鹤楼建于公元 223 年,历史悠久,可历代屡经破坏,现在的黄鹤楼早已不是昔日的楼阁,是 1985 年才建成开放的新楼。在著名的建筑中,许多都是文化人炒作起来的,黄鹤楼不过是唐代崔颢的千古名句"昔人已乘黄鹤去,此地空余黄鹤楼"流传的影响。今天从黄鹤楼西望武汉长江大桥,汉阳、汉口尽收眼底。武汉长江大桥是一座曾经令我们中国人十分自豪的大桥,建于 1955 年,是我国长江上的第一座公路铁路两用桥。今天大桥已经显得十分粗陋了,但它记载着我们那个时代的辉煌历史。承载武汉历史的还有武昌起义纪念馆,那是中国民主革命具有重要纪念意义的故迹。而汉口沿江边的江汉关、汇丰大楼、汉口老火车站、美国领事馆旧址等殖民主义时代的建筑,至今仍保存完好,成为近代殖民主义时代的历史景观见证。其实,今天我们在旅顺、大连、青岛、厦门、威海、哈尔滨等地仍可看到许多这样的历史建筑,是文物,也是仍在使用的建筑物。

汉　水

武汉是长江最大支流汉水的入口。汉水全长 1500 多公里,流域面积达 17 万多平方公里。

汉水发源于陕西省汉中宁强县,历史上可能曾与嘉陵江同源,曾发生过江汉侵夺现象。有的专家认为发源于阳平关镇东沟村邓家湾。① 不论怎样，汉水发源与嘉陵江河道如此接近，且如此平坦，怎样也是一个自然奇景。

汉水从宁强县流经勉县至汉中市，一路历史上人烟较多，现历史遗迹也较丰富。在勉县与汉中之间北有褒河注入汉水，沿褒河而行是古代的褒斜道所经，经马道镇、武关驿北上江口镇为古褒斜道，西北取留坝县治、留侯镇张良庙入凤县，为后来的连云栈道，也称褒斜道。两道沿线以前栈道众多，著名的石门栈道在此，现已经被淹入石门水库之中。

汉中早在公元前451年就有南郑之名，100多年后才有汉中郡之称，但新莽以前汉中郡治西成县，在今安康一带，东汉初年才正式南迁今天汉中市区的。三国时汉中为蜀汉管辖，后改称梁州，唐代为山南西道治所，地位十分重要。宋代不仅为兴元府治所，也曾为利州路治所，元代以后一直归属陕西，地位相对下降。

秦汉到宋代，中国西北地区地位比以后重要得多，汉中地区通过秦巴山地可南通巴蜀，东沿江水通荆楚，地位显要，故汉代至宋代是汉中历史最辉煌的时期，历史留下的遗迹也以这个时期最多。古汉台、拜将坛、饮马池、石门摩崖石刻、留坝张良庙、略阳灵岩寺、洋县蔡伦墓、勉县诸葛武侯庙显现汉中历史文化的光辉。

汉中在古代属远古的梁州地区，历史上长期属于巴蜀文化圈，加上气候温暖湿润，物产丰富，自然条件较好，在民风民俗上与巴蜀多相同，吃稻米、吃辣椒、熏腊肉等风俗与四川无异，方言上也属西南官话与西北官话混杂。元代以后由于归属陕西已经有近600多年的历史，西北风俗渐染汉中城乡，喜吃面食、好吃孜然、清真风味等西北文化明显占了上风。

———————————

① 冯岁平:《西北小江南——汉中》，三秦出版社，2003年。

汉水从汉中市东流经过西乡不久进入安康境内,经过石泉县、汉阴县、紫阳县到安康市。紫阳有任河南通四川万源和重庆城口。安康的历史远没有西面的汉中悠久,晋代才有安康之名,但今天安康的交通地位由于地处襄渝铁路与安阳、西安铁路交汇处,地理位置远比汉中重要,城市发展也较快。从安康经旬阳、白河等便进入湖北地区郧西和郧县,发源地有著名的古代人类文化遗址,有堵河南下竹山县、竹溪县,与重庆巫溪大宁河河谷相对,为古代进入巴蜀的一条间道。

郧县南的十堰市,是一个年轻的工业城市,因为近几十年汽车工业才发展成为重要城市。汉江再下有著名的丹江口水库,东口为著名的丹江口市,原为均州、均县,1983年才撤县建市,改名丹江口市。市境的武当山为中国著名的道教名山,山上72峰,36崖,24涧,山上共有8宫、2观、36庵堂、72岩庙。对于世人来说,武当武术的知名度十分高,但多是为武侠小说所渲染的。

从丹江口市沿汉水再下,经老河口市、谷城县不久就到了襄樊市。襄樊城在古代为南北的屏障,汉末在此设立襄阳郡,是一个南北交汇的中枢城市,有七省通衢之称。由于汉江分隔,历史上形成襄镇和樊镇之分,江南为襄阳,江北为樊城。古代襄樊的地理位置重要,历来征战不已,由于襄阳的城墙高大,加上护城河的作用,自古有"铁打的襄阳,纸糊的樊城"之说。

历史留给襄樊太多回忆。城内长达7400多米的古城墙,据说始修于汉代,但汉代我国绝大多数城市可能都是夯土筑城,今天的诸多城墙大多数是明清所筑的砖石城而已。作为一个位置如此偏中的城市,能将古城墙如此完好地保存下来,确实十分不易。襄樊最有名的还是古隆中,传说是诸葛亮早年出山前学习修炼的圣地,有三顾堂、隆中山、大旗山、小旗山等胜迹。不过,南阳人则认为诸葛武侯学习之地在南阳,也有不少胜迹留下。孰是孰非,两地纷争不断。襄樊还有著名的米公祠,是纪念宋代书法家米芾而修建的。

襄樊北有唐河、白河注入,两河发源于今河南省境内,翼带邓州、内乡、泌阳、唐河、新野、南阳等市县。我们发现,如果从地理流域来看,南阳实为长江流域地区,但从文化上讲南阳的文化已经是北方文化占据了主体。

汉水到襄樊市后一改东南流,变成南流到宜城县。宜城县一度为春秋战国楚国的国都鄢城,今叫皇城。宜城以下经钟祥、荆门、潜江、天门、仙桃、汉川便进入武汉市。

在汉川县境有汉北河注入,翼带孝感、随州等重要城市。汉北河支流环河上的孝感市,据说是因汉代孝子董永在此卖身葬父"孝感动天"而得名,刘宋时始建孝昌县,后唐改为孝感。至今还有董永墓存在。孝感麻糖天下有名,不知与著名的四川纳溪县麻糖有无关系!

在涢水上游的随州市,周初为随国,秦汉置随县,历史可算悠久了。而据历史传说,随州还是神农氏的故乡,至今还有神农庙。随县曾侯乙墓出土了大量古代青铜器,其中青铜编钟影响很大。

长江(武汉—湖口段)

长江沿武汉市而下,流经新洲、鄂州境到黄冈县,县城黄州镇西北汉川门外有著名的赤壁,因宋代文学家苏轼在此写下了著名的《前赤壁赋》《后赤壁赋》《念奴娇·赤壁怀古》而闻名天下,有"文赤壁"之称,与蒲圻市(今赤壁市)"武赤壁"相对。

黄冈县再下为鄂州市的治地,春秋时为楚鄂王封地,秦置鄂县,三国时为武昌县,百子畈一带有三国古城吴王城,为孙权在221年修建的。在城北长江上有龙蟠矶,上有观音阁。长江中突出的岩石称为矶,有名的如城陵矶、燕子矶等。这种独特的自然景观为长江河道上的一种特色。鄂州一带的河段盛产樊口鳊鱼,即大名在外的武昌鱼。所以所谓武昌鱼真正绝好者是在鄂州。

鄂州以下为黄石市,原为大冶境,东下长江有西塞山,又名道仕袱矶、矶头山,为著名的军事关口,历代文人多有咏叹。附近的大冶县为中国古代著名的冶炼中心之一,铜绿山古冶矿遗址为我国最大的年代最远的古铜矿冶遗址。

从武汉到武穴间的长江河道,主要支流都在北岸,滠水翼带黄陂县城,有著名的商代盘龙城,倒水翼带新洲县、红安县,举水翼带新洲、麻城市,巴河(水)翼带黄冈、罗田,而浠水翼带浠水、英山县,蕲水翼带蕲春,有李时珍之墓。长江要到武穴、阳新后,南面才有一条较大的支流富水注入,富水翼带阳新、通山二县。通山县九宫山为明末农民战争领袖李自成殉难地,至今有闯王陵存在。不过湖南石门县夹山寺据说也是李自成的遇难处,也有一些史料可佐证,两县为此也互有攻伐,许多次明史学术讨论会上两县也是针锋相对,明史学者也各持己说。

长江到武穴市南岸流出湖北进入江西境内,不久就到了江西北部历史名城九江市。九江早在秦代设立九江郡,取其江河汇聚之地之意,而因此也有江州之名,在三国时称柴桑,故在《三国演义》中屡有提及。隋唐以后又有浔阳之名,九江一带长江河段也有了浔阳江之称,浔阳江之名早在唐代就是开始较为多出现了,白居易的"浔阳江头夜送客"被世人熟知。今天的九江城市之名是始于明代以后了。

九江处鄂赣皖三省东西南北交界之处,东南临鄱阳湖,自古至今为中国东西南北交通枢纽,地理位置十分重要,商贾云集,历史上曾是中国的"四大米市"和"三大茶市"之一,军事征战和文人骚客也多光临此地,为我们留下了许许多多的名胜古迹。

九江城内甘棠湖有三国时吴国练兵的点将台(烟水亭),而长江岸边的浔阳楼更是大名在外,历代名人多在此遥看长江,品茶吟诗作文,饮酒纵论古今,唐代白居易更是留下了《题浔阳楼》的千古名篇,发出了"大江寒见底,匡山青倚天"的感叹。而白居易身为江州司马,体察下层民情,触景生情写下了千古长篇巨制《琵琶行》,后人为此屡建"琵琶亭",乐此不疲。其他如东林寺、陶渊明祠和墓也是重要的人文景观。后来《水浒传》还有宋江在浔阳楼题反诗的历史故事。从唐代到清代浔阳楼一直存在,但清代以来被毁,今天九江的浔阳楼不过是1987年重建的新楼。

九江一带处鄱阳湖平原,但位于九江以南、鄱阳湖以西的庐山高达1474米,一山雄峙江湖边,远瞰南北。山上森林茂密,奇峰栉比,瀑布、怪石众多,不是五岳,胜似五岳,而其山的历史人文色彩,更是在名山中十分突出。

相传周代匡氏兄弟结庐为舍,故有庐山和匡山之名。东晋高僧慧远在庐山上建东林寺,创立佛教净土宗,庐山成为中国重要的佛教圣地,人气因此大盛。今天,花径、锦绣谷、仙人洞、御碑亭、白鹿洞书院等让我们感受到昔日的人气。不过,庐山在近代染上十分明显的政治色彩,成为近代政治风云巨变的敏感地。近代西方许多国家都在此山建立别墅,据说曾有25个国家的1000多幢,所谓"牯岭"的得名也与"COOLING"有关。民国时蒋介石、宋美龄等也时到山上避暑,至今仍有美庐别墅存在。中华人民共和国成立后中共中央多次在山上召开重要会议,庐山成为近现代政治斗争焦点之地。

从九江东行,沿长江北岸不久就到了安徽境内,南岸为江西重要的城镇湖口。所谓湖口就是指鄱阳湖入长江口。在全新世时期,湖口一带断陷强烈,形成了一些水域,到了唐代彭蠡泽周围已经达到了200余里,以后迅速向南发展,周围达到200多公里,有了"弥茫浩渺与天无际"之称。从清代后期开始,鄱阳湖开始转为萎缩,1954年有5050平方公里,但1988年仅有3583平方公里,现在汛期可恢复到3960平方公里,仍为我国第一大淡水湖。

江西五江:修水、赣江、抚河、信江、昌江

鄱阳湖是江西的母亲湖,从西向东汇聚修水、赣江、抚河、信江、昌江五江,五江翼带了江西文化的精华。

赣江上的南昌古为豫章郡治地,唐称洪州,王勃《滕王阁序》中的"南昌故郡,洪都新府"使这座名城声名远播。故今天南昌的故迹中,最有影响的也就是滕王阁了。滕王阁建立于唐代,历代毁建频繁,现存滕王阁不过建筑为1985年重建景观。

昌江上的鄱阳为古代饶州府所在地,历史文化深厚,而景德镇更是千年古镇,成为中国最有影响的陶瓷生产重镇。城内多数名胜古迹都与瓷器有关,龙珠阁、陶瓷馆、明清园、湖田古瓷窑遗址等,而浮梁古县衙等明清古董建筑使景德镇历史更现厚重。昌江支流乐安江上的婺源县以古建筑、古文化、古树、古洞出名,有中国最美的乡村一说。县境内古镇众多,往往与山水融为一体,而且文化十分深厚,仕人骚客众多,传统民间文化艺术保留丰富,尤以龙尾砚出名。

赣江从南昌溯江南上,不久就到达著名的吉安市,这里有著名的白鹭洲书院和文天祥纪念馆。而吉安市南面赣江支流蜀水

发源于井冈山，为著名红色圣地，今为重要的旅游地区。赣水再南就是著名的历史文化名城赣州市，这里号称千年宋城，是我国保存最完整的宋代州级砖石城，城内有八境台、古浮桥、郁孤台、慈云塔等一大批名胜，更是客家文化重要核心区，客家围屋特色鲜明。南面大余县的梅关古驿道是中国古代南北交通的重要"国道"关口，也是长江流域与珠江流域的重要分界线。

抚江上的抚州在历史上更是影响巨大，再溯江而上到了南城县，为旧建昌府，南临武夷山区。

信江上有鹰潭、弋阳、上饶等名城。鹰潭本为一个小镇，因其现代铁路交通的地位而逐渐发展成为一个重要的商业城市，而弋阳腔在中国戏剧文化史上的影响十分大，著名烈士方志敏也是弋阳人。信江支流泸溪河（白塔河、上清水）有著名的道教正一派发源地的龙虎山，还有上清古镇。龙虎山一带的丹霞地貌特色明显，而崖壁的悬棺历史悠久，今天的悬棺仿古吊装表演很有特色。据陈明芳等研究表明，中国悬棺葬年代最早就是在赣闽交界武夷山区，而长江中游、上游的悬棺葬时代较晚，显现为中国悬棺葬西迁的趋势。这样，长江很有可能是承载这种文化传播的重要通道。

鄱阳湖湖口县城双钟镇有著名的石钟山，早在北魏郦道元《水经注》中就有记载，后来宋代苏轼游石钟山，写下了《石钟山记》，更是将石钟山美名远播。其实石钟山仅9万平方米（一说0.2平方公里），海拔也才57米（一说61.8米），但悬崖壁立，三面临水，山上林木葱茏，亭阁依山而建，紧凑而典雅。湖口南面鄱阳湖中的鞋山更是独立湖中，形如古代绣鞋，山上孤塔高立，即历史上称的大孤山。

长江从湖口而下不久就到了彭泽县，陶渊明就是在彭泽县当县官,留下了不为五斗米折腰的传说。彭泽县北江面上有著名的小孤山。小孤山又称髻山,被称为长江上的"绝岛",早在《水经注》中就有孤石的记载。由于其孤立于长江北岸江边,两边皆平坦,控制东西,历代为重要的军事要塞,曾修有炮台等军事设施。

楚 江

从彭泽县顺江而下,不久就到了安徽长江北岸的安庆市。历史上我们习惯称安徽这一段长江为楚江。

今天的安庆在安徽地位并不十分重要,可是在古代安庆却是安徽最值得提及的重要城镇。在先秦时期,安庆一带为吴楚交界处,旧为古皖国等古国所在地,三国时孙权曾在这一带督兵征战,隋设同安郡,治怀宁县,即今天潜山县,唐代设舒州,治今潜山县,北宋始建同安监,南宋时期设安庆府,初治怀宁(今潜山),南宋末景定元年(1260年)迁治今城,仍以怀宁县同时迁为附廓县城。故今天的安庆市城设治不过700多年的历史。元代设立安庆路,治怀宁(今安庆市),明设立安庆府,治怀宁县(今安庆市),清代依然如此。

安庆最值得提及的是潜山县和桐城市。潜山县周代为古皖国所在地,地境的皖山、皖水成为安徽的简称来源地,安庆段长江又有皖江之称,汉为皖县,晋末设立怀宁县。在南宋末年以前,潜山一直为同安郡、舒州、安庆府的治地。元代因迁怀宁至今安庆市治地,故开始设立潜山县。县城的天柱山,曾在历史上成为南岳,有江淮第一山的美称,为重要的道教发祥地之一,也是道教的十四洞天。而潜山出现了左慈、王安石、李公麟、程长庚等历史名人,更显历史的厚重。

　　桐城市是明清以来安徽重要的文化中心之一,特别是明代桐城县人才辈出,出现了童自澄、何唐、方学渐、方以智、钱澄之等著名文人。清代方苞、刘大櫆等学术自成一体,形成了著名的桐城文派,影响很大,故有"天下文章尽归桐城"之说,这对于一个地处大别山下的县城来说确实不寻常。

　　近代以来,安庆也是安徽近代教育最发达的地区之一,安徽最早的大中学堂也是首先在安庆创办,1928 年创办的安徽大学是安徽第一所综合性大学,陈独秀、赵朴初、邓稼先等近现代文化人物更是影响全国。

　　而安庆的徽班进京,为京剧的产生奠定了基础。同样以安庆民间戏剧发展起来的黄梅戏在全国地方戏剧中也影响巨大。安庆桐城人严凤英就是黄梅戏代表,所以说安庆对于中国传统戏剧的影响在全国最大。

　　从名胜景观来看,长江边的迎江寺内建成于明代的振风塔十分有名,塔高 72.7 米,在全国砖石结构塔中名列第二,故有"过了安庆不看塔"之称。其他如谯楼、清真寺、陈独秀墓也值得提及。

　　从安庆顺江而下就到了池州市,唐代为秋浦县治,宋为池州,元为池州路贵池县,明代为池州府贵池县,清代依然如此。境内青阳县的九华山名气很大,与五台山、峨眉山、普陀山共为中国四大佛教名山,是重要的佛教圣地。唐代诗人杜牧在任池州刺史时写下了《清明》一诗,有"牧童遥指杏花村"之句,故池州还有杏花村一地。池州再下到了铜陵市。铜陵市顾名思义,古代为重要的矿冶中心,是中国青铜文化的发祥地之一,有中国古铜都之称。至今有铜官山,保留有商代金牛洞古代采矿遗址,可供我们访古探幽。

　　从铜陵而下不久就到了芜湖市,这是一个维系安徽南北的重要城市。东南青弋江及支流水阳江翼带清代的宁国府,与钱塘江流域支流的新安江上游的徽州府以黄山为界,成为皖南徽州文化的重要地区。芜湖最早称鸠兹,在东南水阳江南岸,因这一带当湖沼,藻草芦苇丛生故有芜湖之名。三国时孙权迁于今治。后荒废,地属当涂等地。南唐时才另设芜湖县,城市才不断发展起来。特别是到明清时期芜湖的染浆业和炼钢业发达,商业上汇通南北,东西联系,为中国重要米市之一,城区形成"十里长街"。光绪二年(1876 年)开为通商口岸后,使城市规模发展更快。1949 年就成立了芜湖市,是安徽较早成立的市。

水阳江上的宣城,历史悠久,文化特色鲜明。历史上许多文化名人都到过宣城,并留有遗迹。文学家、史学家范晔,宣城太守谢朓为我们留下了谢朓楼,特别是李白《宣州谢朓楼饯别校书叔云》"抽刀断水水更流,举杯销愁愁更愁"的千古名句流传至今。宣城还出了梅文鼎、包世臣、胡开文、胡适等文化名人,到过宣城的文化名人就更多了。在中国文化史上宣纸、徽墨更是影响巨大,出现了清代四大制墨家胡开文。今绩溪的徽商文化更是天下知名,当时江南商埠"无徽不成镇,无绩不成街",显现了绩溪商业文化的重要性,出现了一代名商胡雪岩等人。绩溪在宋代景德年间出现的桂枝书院,为安徽最早的书院,显现了绩溪文化的深厚悠久。

不过,绩溪的地理背景是属于钱塘江支流新安江东界河。这里文化也称为新安理学(程朱理学)、新安画派、新安医学。东界河与西界河相汇的歙县为徽州府所在地,名人汇聚,文气盛厚。明清两朝歙县就有 500 多个进士,1500 多个举人,画家、文学家、哲学家、教育家、戏剧家、数学家比比皆是,如陶行知、黄宾虹、戴震、程大位等,宋代二程和朱熹的祖籍都是在徽州。徽州的商业气象更是浓烈,徽商又称新安商人,全国名气很大。而徽剧为京剧的重要来源之一,乾隆年间四大徽班进北京,对京剧的影响最为明显。同时,徽菜成为中国八大菜系之一。

在人文景观上皖南以徽式建筑闻名天下,在这里有著名的棠樾牌坊群,据说歙县有多达200多座牌坊,是著名的牌坊之乡。吉阳水上的黟县历史悠久,早在秦代就建县,县北临黄山,因黄山古称黟山而名,是皖南最古老的县城,有世外桃源的美称。这一带还有西递、宏村、南屏、关麓、屏山等徽式建筑的重要古村落和小镇,加上歙县的雄村、渔梁镇、斗山街,旌德县的江村、屯溪老街、呈坎、唐模,绩溪的坑口、湖村、上庄、坎头村等,构成一幅幅传统民居建筑与自然风光有机融合的景观。

黄山横亘在长江流域的青弋江与钱塘江流域新安江上游交界处,南北40公里,东西30公里,海拔最高在1800米以上,山势高耸,林植清茂,以奇松、怪石、温泉、云海著称,有"五岳归来不看山,黄山归来不看岳"之称,号称"中国第一山"。不过,黄山没有将徽州皖南文化完全分割,就在黄山以北的许多文化也受徽州文化的影响,而今属江西的婺源也多有徽州文化的气氛。

从芜湖长江经运漕河通巢湖。巢湖为中国五大淡水湖之一,湖中的姥山和山上的文峰塔为一重要景观,巢湖边的巢湖市历史上还有许多看点,和县乌江镇有西楚霸王项羽自刎乌江处的霸王祠,无为县有宋代书法家米芾的米公祠和墨池,和县有唐代诗人刘禹锡的"陋室"。巢湖市还出现范增、周瑜、张籍、丁汝昌、冯玉祥、张治中等历史名人。

巢湖又通肥河到合肥市。合肥早在西汉时设立合肥县,属九江郡,唐宋为庐州治,明清为庐州府治,县名2000多年一直没有改变,是中国历史上四川成都、河北邯郸等10多个这样的县名之一。明清时合肥成为重要的商业中心和江淮间重要的物资集散地,清末号称安徽四大商埠之一。历史上出现包公、李鸿章、刘铭传等重要名人。不过今天合肥城市特征并不明显,文化色彩也不如皖南的徽州,也不如皖西的安庆重要。作为一个省会,合肥只是一个政治和交通中心而已。

从芜湖沿长江而下,经过当涂县。当涂在秦代为丹阳县,隋代称当涂县,作为南朝宋豫州、宋太平州、元太平路、明清太平府治地,也曾为安徽学政和长江水师的驻地。唐代诗人李白晚年定居当涂,终老于当涂青山脚下,故留有李白墓、太白祠等重要古迹。当涂县与马鞍山间的采石矶,与岳阳城陵矶、南京燕子矶并称长江三大矶,但采石矶在历史征战中的重要性远远超过前两矶,历代采石征战不断,而李白多次登矶,写下了《横江词》《牛渚矶》《夜泊牛渚怀古》等名句。故矶石附近还有太白楼,楼外西侧有广济寺。

从采石矶行不久就到了安徽江苏交界处的马鞍山市,这个市治地以前一直分属其他政区,隋以前为丹阳、于湖二县,以后属当涂县,中华人民共和国成立之初成为一个小集镇,1956年因为开发钢铁工业需要才建立市,以长江边马鞍山得名。

扬子江

从马鞍山顺长江而下,不久就到了江苏省的南京市。历史上人们将仪征、镇江附近的长江称为扬子江。扬子江之名,最早见于刘宋《异苑》中,唐代以来人们已经普遍将长江下游统称扬子江,如唐李肇《唐国史补》卷下:"州旧贡江心镜,五月五日扬子江中所铸也。"最初是指南京一段长江,以后扬子江也用于代称整个长江。

南京为中国历史上的七大古都之一,是著名的六朝古都,先后有孙吴、东晋、南朝宋、齐、梁、陈、南唐、明、太平天国、民国 10 个朝代和政权建都,故又有十朝古都之说,是中国长江流域唯一的一个七大古都。历史上也先后有金陵、建业、建康、江宁、秣陵、应天府等名称,从明代开始应天府有南京之俗称,但辛亥革命后才正式改称南京。历史的沉淀使南京留下了无数名胜古迹,明孝陵、栖霞山、秦淮河、钟山、玄武湖、朝天宫、雨花台、夫子庙、燕子矶、莫愁湖、中华门、中山陵、总统府、梅园、长江大桥将南京城市的文化气息显现得丰富多彩,深厚无比。

这样的历史文化背景使南京的城市文化在长江流域十分突出,特别是娱乐业十分发达,昔日的秦淮河成为人们寻花问柳纵情声色之地,秦淮八艳更是将秦淮佳色演绎得绝好。不过,历史上的南京繁华往往与政治中心产生冲突矛盾,政治中心需要相对清洁的环境,历代也因此禁娼与放娼并行。太平天国时洪秀全就将妓女废除,蒋介石搞新生活运动。饮食业作为城市繁荣昌盛的重要因素,南京作为都城汇聚百家,自然也十分繁荣,但由于自己没有影响很大的菜系存在,南京的饮食业繁华却不见特色。今天,作为江苏省的省会,南京是政治文化的一个中心,城市规模甚大,城市十分规范,但从旅游娱乐来看,南京并不比周边的诸多城市更显生气和活力,远没有昔日繁华的秦淮河在全国的影响大了。

从南京沿长江东下,不久就到了仪征市,进入了宁、扬、镇"银三角"地区。

仪征很早就有历史传说,据说是一个叫"蚁"的周太子受封于此,故有仪的称呼。后又因春秋时伍子胥有胥浦之名。隋炀帝修建运河,在这一带修有临江、扬子二宫,也因此这一段长江又称扬子江。不过,今天更多人认为是由于宋代塑真武帝像逼真,才有仪真之名,故才有了宋代的真州。明代降为仪征县,属扬州府,清相沿,1986年改县为市。今天,仪征有汉代江都王刘非墓、明代钟楼和清代周太谷墓等遗迹。真州仪征在历史上正处大运河与长江交汇处的前沿,交通位置十分重要。

仪征东下不久就到了镇江市,镇江市当大运河与长江交汇的南口,早在秦代就设丹徒县,晋代设有毗陵郡,治为丹徒县,即今镇江市。隋置延陵县,唐设立丹徒县,为润州治。到北宋末年改润州为镇江府,仍治丹徒县。历史上镇江又有"京口"之称,与北面扬州相对。

东晋以来京口就是北方移民入江南的重要中转枢纽。唐宋以来,由于镇江为南北交通枢纽,商贾云集,经济贸易较为发达,使城市发展很快。今天,镇江城市以"城市山林"和"真山真水"为特色,形成金山、北固山、焦山三大风景区。历代文人对镇江多有咏唱,李白、杜牧、王安石、范仲淹、苏轼、陆游、辛弃疾都在镇江留有咏叹,许多都成千古绝唱,如王昌龄的《芙蓉楼送辛渐》:

寒雨连江夜入吴,平明送客楚山孤。

洛阳亲友如相问,一片冰心在玉壶。

据说芙蓉楼就是在镇江市区西北,而"一片冰心在玉壶"则成为今人时时咏叹的名句。再如王安石的《夜泊瓜洲》:

京口瓜洲一水间,钟山只隔数重山。

春风又绿江南岸,明月何时照我还。

再如辛弃疾的"何处望神州,满眼风光北固楼",更是流传千古。

历史上许多文化名人也都与镇江有关联,《世说新语》作者刘义庆,《昭明文选》编者萧统,医学家葛洪、陶弘景,《梦溪笔谈》作者沈括,科学家苏颂,书画家米芾,主持《大清一统志》《康熙字典》修纂的张玉书,著有《铁云藏龟》《老残游记》的刘鹗,语言学家吕叔湘等都染上了镇江情结。

唐宋以来深厚的历史文化让镇江留下了无数的文化胜迹。昭明太子读书台、增华阁、报恩塔、金山江天寺、焦山定慧寺、宝华山隆昌寺、茅山道院、焦山碑林、丹阳南朝陵墓石刻等显现了镇江的历史深厚。

镇江以北就是著名的扬州城。先秦此地称为邗,秦代设有广陵县,属九江郡,汉代设立广陵国广陵县,晋代以来多荒芜,西晋的扬州在今南京地区,北周在扬州一带设吴州,隋改吴州为扬州,又有江都之称,以后扬州的历史越来越繁华富庶。

唐宋以来,扬州一方面当大运河与长江交汇的北口,为重要漕运中枢转运站,扬子津、瓜洲渡十分重要;同时,由于当时的海岸成陆因素,扬州同时也是对外贸易的出海口,设有司舶使,外国使节商人云集,鉴真和尚就是从此东渡日本多次,这使得扬州成为长江下游最为繁华重要的城市,所谓"扬一益二",显现了扬州在长江流域社会经济文化中的重要地位。唐宋时扬州人李善注《文选》,大诗人张若虚的一首《春江花月夜》更是将江面的繁华富庶描绘得十分生动。

清代以来,扬州仍为漕运中转重镇,皇木、滇铜、黔铅、江南粮米等都要通过此地转送,同时成为淮盐的转运重地,为两淮转运使所在地,一时商贾云集,会馆林立,酒楼栉比。经济发达的同时,扬州文化又显风采,扬州八怪、扬州学派影响全国,扬州三庆班对京剧的形成产生重要的作用。经济发展同时使食色文化繁荣天下,淮扬菜成为中国四大菜系之一,扬州"瘦马"风靡一时,扬州美女闻名全国。清代扬州成为南京一样的风月花柳重地,扬州的服务业也因此十分发达,历史上的扬州三把刀,剪刀、菜刀、修脚刀,显现了扬州这座消费性城市的过去。历史上扬州的洗浴业发达,扬州搓澡师更是大名在外,至今扬州的洗浴中心也是举不胜举。

清末民国以来,由于盐法改制,大运河山东段淤塞,漕粮改由海运,盐运改为铁路转运,加上南京、苏州、上海等城市的崛起,扬州才逐渐失去了昔日的辉煌。但历史给扬州留下的胜迹众多,瘦西湖、栖灵塔、卧佛殿、藏经阁、欧阳祠、御园、何园、个园、徐园、大明寺、文昌阁、仙鹤寺、史公祠、西方寺、天宁寺、石塔寺、旌忠寺、琼花观、祇陀林、文峰塔、蛇桥、凫庄、二十四桥、御码头、冶春园、五亭桥、瓜洲渡等胜迹数不胜数,使我们可透过这些遗迹,回忆昔日二十四桥明月夜中的繁华和风流。值得注意的是扬州一带历史上大运河分流众多,如现在遗留下来的运河遗址是邗江区的瓜洲河道、东面六圩村的正在使用的京杭大运河河道等。

运河三城

从扬州东南沿江南运河而下,不久就到了常州市。早在西汉时,就在常州设有毗陵县,属会稽郡。西晋建立毗陵郡,隋为毗陵郡晋陵县,唐代始称常州,设武进县,明为常州府武进县,历史上又有龙城之称。

常州在历史上由于当大运河上的重要城镇,交通地位显要,社会经济十分发达,历史上出现了盛宣怀等实业家,显现了经济发展背景深厚。特别是在文化上,明清时期常州进士居全国州府第九位,魁科人物居全国州府第三位。在此基础上形成常州学派、阳湖文派、常州词派、常州画派、孟河医派等文化人群。段玉裁、洪亮吉、赵翼、华罗庚、刘海粟、吕思勉等文化教育名人在全国影响很大。近现代更有瞿秋白、恽代英、张太雷等风云中国的政治人物。难怪龚自珍称"天下名士有部落，东南无与常匹俦"。今天，常州的历史古迹并没有西北的镇江多，也没有东南的无锡、苏州丰厚，但红梅阁、文笔塔、天宁寺、御码头、舣舟亭等仍可窥见昔日的辉煌。近代以来常州的城市地位越来越高，城市综合实力也不断增强。

从常州而下不久就到江南运河上紧邻太湖的城市无锡市。传说周太王长子太伯、次子仲雍迁居梅里（今锡山区梅村镇），并创立了早期的吴文化。早在西汉就设立无锡县，属会稽郡，晋属毗陵郡，唐属常州，明清属常州府。

唐宋以来，与江南运河上的其他州县一样，无锡社会经济发展很快。特别是明清时期，这一带成为江南的一个粮食基地，无锡的米与苏杭的帛、淮扬的盐相提并论，无锡米市也成为全国著名的米市之一。同时，无锡的棉布业和布匹贸易十分发达，有"布码头"之称，与长江上的汉口"船码头"、镇江"钱码头"合称"长江三码头"。近代以来，无锡的棉纱业、丝绸业、面粉业在全国举足轻重。民国时期，无锡工业总产值在上海、广州之后居第三位，显现了无锡的城市地位。

无锡与苏州一样是吴文化的一个重要发源地，至今仍有泰伯庙、泰伯墓存在，无锡的吴文化公园是我国集文化研究与旅游观光为一体的最有影响的区域文化公园之一。今天，无锡的历史留给了我们太多的遗迹，蠡园、梅园、锦园、万顷堂、马山渚、鼋头渚、寄畅园、惠山街、吟苑、东林书院、古运河、严氏试馆等大名在外。在江阴有著名的旅游家徐霞客故居。徐氏身居江南水乡，却对中国西部,特别是长江上游十分感兴趣,其对西南喀斯特地貌的描述和对长江正源的探索,在中国学术史上都有重要的地位。

今天无锡的经济发达,为旅游业带来了无限的生机。唐城、水浒城、三国城、统一嘉园、灵山大佛在全国的影响很大。不过,无锡号称"太湖明珠",但太湖一度却呈现一片不透明的绿色,泛着股股臭气,与无锡的经济文化繁荣形成鲜明的对比。其实整个江南地区一度都普遍存在这种现状,高度发达的经济与文化的背后却是自然状态的水资源的严重污染,在江南平原地区的支流小河,径流偏小,河水普遍污染发臭,已经很难有一条让人有美感的河流了。近 10 多年来,太湖治理举措众多、力度很大,太湖水质已经有很大改观。整个江南地区的水生态环境也日趋改善。

无锡再往东南走,就到了吴文化的核心地区苏州。苏州在秦代为吴国的都城,秦代就设立吴县,属会稽郡,晋为吴郡吴县,隋唐为苏州吴县,南宋为平江府吴县,明清为苏州府吴县。在历史上苏州有吴会、吴门、东吴、吴中、姑苏等名称。历史上的苏州一度为一级政区的治地所在,地位十分重要。

不过,苏州的历史地位,在全国有重大影响还是从唐宋开始。随着中国政治经济文化中心的东移南迁,苏州一带的苏州、嘉兴、湖州地区得到深度开发,形成"苏湖熟,天下足"的局面。明清以来,苏州的经济同样飞速发展,手工业和商业在全国地位重要。

苏州文化在中国乃至世界的影响都是巨大的。苏州园林如拙政园、留园、网师园、环秀山庄、狮子林、退思园、怡园、耦园、艺圃、沧浪亭、北半园、五峰园、可园、朴园、听枫园、鹤园等名声在外,成为中国古典园林的代表。而同里、周庄等也以古民居、园林为特色。苏州的自然与人文氛围在一定程度上是最具特色的江南风光。

小桥流水人家,台榭楼阁荷叶,香山派建筑风格,使苏州的城市建筑风格独异,有"东方威尼斯""水城"等美称。苏州的桥中以枫桥名声最大,唐代诗人张继的"月落乌啼霜满天,江枫渔火对愁眠。姑苏城外寒山寺,夜半钟声到客船"使苏州枫桥镇名扬天下。

苏州的昆曲在中国戏剧史上有重要地位,对中国京剧的影响十分大。而苏州评弹与苏州美女的结合,更使苏州文化声色兼备。由于丝绸业的发达,苏绣与湘绣、粤绣、蜀绣并称中国四大名绣。苏式饮食特色鲜明,有专家认为与苏式园林、丝绸、工艺同为苏州四大文化支柱。苏州饮食中,以苏式糕点最有影响。其他如五香酱肉、生煎馒头、油酥蟹壳黄等也名声在外。苏州的"陆稿荐"在长江上游也很有影响。旧时诗歌"苏州好,酒楼半年楼,迟日芳樽开槛畔,明月灯火照街头,雅座列珍馐",真实再现了苏州昔日的繁华。不过,从总体上来看,苏式饮食由于精细高雅,难以像川菜、湘菜、东北菜、粤菜那样风靡全国。

由于历史上苏州娱乐饮食业发达,消费量大,外面的人误以为苏州人只会吃喝玩乐,做事不踏实,故有"苏空头"之称。其实,从唐宋以来,苏州人才辈出。历史文化地理研究表明,唐代苏州就在全国出进士最多的城市中排列第四,北宋排第五,明清排第四,而从明清魁科人物来看,苏州则居全国第一位,所以历史上有"苏州出状元"之称。顾野王、张籍、范仲淹、范成大、文徵明、唐寅、顾炎武、冯梦龙、翁同龢等一大批文化教育名人与苏州有不解之缘。

总的来看,近代苏州以城市经济、文化发达代表最时尚的中国文化而著称,所以在近代中国西部的许多地区往往将事物时尚称为"苏气"。

明清以来,苏州与近邻的湖州、嘉兴府、松江府都是江南重要的经济文化重镇。历史上出现了大诗人孟郊、书画家赵孟頫、小说家凌濛初、书画家吴昌硕、科学家钱三强等文化教育名人。

从镇江市沿长江而东下,江面越来越广阔,经过扬中市、江阴市,不久就到南通市。

2000多年前,今南通市一带还是一片汪洋大海,南通市治一带隋唐以后才逐渐冲积成陆,五代时开始设有静海郡,宋为通州静海县,为当时长江入海口。明清以来海岸冲积加快,成陆加快使南通逐渐成为内河城市。历史上南通出现了宋代教育家胡瑗、明代名医陈实功、扬州八怪李方膺、清末状元实业家张謇、表演艺术家赵丹、数学家杨乐等名人。在中国近代史上南通仍是生机勃勃,创造了七个中国第一,即第一个师范学校、第一个民间博物苑、第一个纺织学校、第一个刺绣学校、第一个戏剧学校、第一个中国人办的盲哑学校、第一个气象站。

南通而下,到了海门县,长江在此分成南北二流,北流经启东入东海,南流经上海浦东、南汇入海,中间为崇明岛将南北相隔。

崇明岛成陆只有1300多年的历史,唐代开始东沙、西沙岛屿才露出江面,直到明末清初才相连。经过1000多年的不断扩展,形成今天面积达1200多平方公里的崇明岛,也是世界上最大的江口冲击岛屿。现在为上海市的一个区,常住人口60多万。

与崇明岛一样,2000多年前今上海城区一带还是一片汪洋大海,唐代浦东也是在大海之中,至宋代今上海城区才完全成陆,上海是在一个崭新的土壤上发展起来的,并成为江南地区社会经济文化最发达和领导中国近代社会发展前沿的城市。

相传战国时期今天上海是战国时"四公子"之一春申君的封邑,历史上吴淞江沪渎垒名气大,故历史上上海简称申、沪。唐代天宝年间在今松江区一带设立华亭县,今天青浦区一带的龙港已经成为"海商之所凑集也"之地,南宋设立市舶司和榷货场。至元年间,在今上海城区正式设立了上海县。明清以来,在中国经济文化重心东移南迁的大背景下,江南经济整体发展迅猛,棉纺业、煮盐业、海运业更是使上海的城市发展加速。所以,西方近代开埠通商更是以上海为首选。开埠以来,近代的上海逐渐成为中国乃至亚洲地区经济文化最发达的城市,一度有"冒险家的乐园"、"东方巴黎"等称号,近代中国大多数现代文明事项都首先在上海出现,上海一度成为财富、时尚的代称。到今天,上海外滩的近代中西合璧建筑与对岸浦东的现代高楼建筑互相衬托,显现了上海城市的历史传承特征。

一江春水向东流,万里长江横亘在东亚大陆,养育了数亿华夏子孙,创造了影响世界的长江文明。近2000多年来,长江流域东部与西部经济文化彼兴此长,各领风骚,留下众多千古胜迹令我们追忆昔日的岁月,思考人与自然的"天人之际"。

第十章　水润华夏
——长江文明的定位与思考

长江文明的世界定位：自然与人文结合的典范

　　河流在世界文明中的作用在许多先贤的文章中已经是多有论述的。首先，人类基本生存的衣食住行都与河流关系密切。从生理上讲，水为人类最基本的进食所需。水的灌溉也是农业产生后人类生产的最重要条件，是人类基本生产必需品，是构成人类制造食物来源的前提。水运在人类社会早期的作用也是相当重要的，因为人类早期最省力的交通便是水运。水在维系人类社会组织结构中的作用也相当重要，人类学家认为人类早期由氏族公社向人类更高的社会组织转变的动因往就是由于为了共同对付江河洪水而实现的。历史地理学家往往认为正是历史上的大西洋暖期结束后，人类只有普遍集中在大江大河旁生活生产，为了对付洪水才集中起来形成了早期的社会组织。

　　我们知道，在人类生产力相对低下的传统时期，河流形成的流域分割往往对于人类来说是相当大的一种自然阻隔，一个天然的流域对生产、生活、文化的塑造起了相当大的作用，所以，现代学者一再提出了流域经济学、历史流域学、流域历史地理等话语。所以，学术有关地域文明的讨论话语往往都是叠加"河流＋文明"

的范式,如尼罗河文明、两河文明、黄河文明、长江文明、恒河文明等等。那么,长江文明在整个世界,或者在亚洲、中国有怎样的历史地位呢?

在历史上世界上的地域文明众多,如果从时间之早来看,客观地讲,中国的黄河文明、长江文明可能并不是最突出的,古代埃及文明一般认为是距今7000多年就产生了,两河文明一般距今6000多年就出现,而印度恒河文明一般也是在距今5000多年开始的。我们中国黄河文明从理论上讲有5000多年,但有确实纪年的历史一般认为只有4000年左右。一般认为,中国最早的青铜器是出土于甘肃马家窑遗址的一把铜刀,长12.5厘米,经鉴定距今有5000年,所以,我们一般认为中国青铜文化以距今5000年为起点。不过,中华文明的特征主要不是显现时间之早上,而是显现在文明空间之广和连续不间断时间之长上。

承载几千年中华文明的长江文明

首先,从世界地域文明空间的广大来看,埃及尼罗河是世界上最长的河流,河流长达6670多公里,但我们发现,尼罗河文明只是向南延伸到苏丹、埃塞俄比亚交界处,尼罗河在埃及境内仅1350公里长,尼罗河文明的向南延伸仅1500多公里左右。而且尼罗河除开罗以北三角洲外,河流一直多是沿着只有16—30公里左右宽的浅峡谷穿行,人类文明也多只在这个浅峡谷之间内发展,文明的东西辐射空间很有限。河流的一个重要功能是交通运输,在人类早期水运是文明传播最快捷的方式,但尼罗河主流比降巨大,主流和支流沿途有多个瀑布群,使得尼罗河的交通运输功能相对弱化,影响了文明的向四周的辐射。其他两河文明、恒河文明也多少有此特点。但中国的黄河文明和长江文明却在这一点上远远超越这些古代文明。

先以黄河为例,黄河长度仅为 5464 多公里,但兰州以下的黄河长达 3000 多公里,两岸支流众多,河流文明向两边纵深多达几百公里之宽阔,如渭河文明就远离黄河主流。长江文明更是地域广阔,长江长达 6300 多公里,仅从宜宾以下就长达 2688 公里,如果从成都都江堰算起长达 3050 多公里,如果从金沙江丽江算起,长度接近 4000 公里,可以说长江文明的文明长度是在 3000 到 4000 公里的尺度上,远比其它河流文明长 2000 公里以上。可能更重要的是长江文明的南北宽度更是世界其它文明不可比拟的,我们以长江流域的成都宝墩文化、三星堆文化、金沙文化来看,远离长江主流 300 多公里远,而长江无数大的支流也成为文明的重要孕育地,如支流上的汉源、雅安、忠县、涪陵及云贵州高原地区也有大量青铜文化遗址出现。在中下游地区湖北黄陂、江陵、沙市、汉阳、澧县、松滋、汨罗、岳阳、汉川、宁乡、湘潭、湘乡、衡阳、吴城、新干、南京、镇江、丹徒、屯溪、随县等地也有大量青铜文化遗址,其中长江下游的"湖熟文化"影响较大,可以说,整个长江流域的青铜文化南北纵深一般多在 300—500 公里之间。这显然是尼罗河、两河流域地区的河流所不具备的。从这个意义上,长江流域的文明是一种"全流域文明",而不像尼罗河等河流仅为"干流域文明"。

我们发现形成这种格局最重要的是长江河流的运输通达性好和环境适宜性宽度大。严格地讲,从径流量、河流主流干道的通畅性,长江在世界河流中并不第一的,如美国的密西西比河流域面积 322 万平方公里远远大于长江流域 180 万平方公里,干流可从河口航行至明尼阿波利斯,航道长 3400 公里。除干流外,约有50多条支流可以通航。所以,通航里程也远远大于长江。不过,密西西比河在几大文明兴盛时整个流域还多是蛮荒之地,没有我们应该看到的航运,更谈不上文明火花。尼罗河整个流域面积也多达290万平方公里,但由于整体流量并不大,河道比降大,支流径流量不足,两岸气候条件相对较差,故文明受阻于水路交通而纵深度不够。特别是尼罗河在东西两岸30公里以外的地区,土壤、气候、水文条件并不很适宜人类居住,更成为尼罗河文明纵深宽度不够的天然局限。南美洲亚马逊河虽然流量较大,但河流水位经常暴涨,通航反而不利。

在历史上,长江主流和支流航运的发达与南北两岸环境适宜人居相互促进,造就了长江文明有广阔文明纵深。就历史上来看,长江干流的直航里程从金沙江屏山县新市镇和岷江都江堰来看,直航里程也应该在3000公里左右,金沙江新市镇以上在历史上也可间断性通航。最重要的是长江从宜宾以下几乎所有一级支流都是重要航运通道,将长江干流南北的所有省区给完全联系在一起了,使长江文明在整个流域内能够完全互通互融。具体地讲,在长江上游的金沙江,即使两岸条件相当差,但间断性的通航在历史上可以上溯到四川与西藏交界的巴塘一带,而两岸的支流如安宁河、小江、横江在历史上也有航运之利。从宜宾以下曾有航运之利的重要河流有南广河、淯江、永宁河、沱江、赤水河、綦江、御临河、龙溪河、乌江、龙河、小江、汤溪河、梅溪河、大溪河、大宁河、官渡河、黄柏河,宜昌以下的清江、汉水、湘江、资水、沅水、澧水、修水、赣江、抚河、信江、昌江、黄浦江等,更何况我们下游在历史上还修筑了大运河联系南北。可以说,长江几乎所有的支流的航运史都可以单独成章,而每一条支流的文化都可以单独成书。同时,宜宾以下的长江南北两岸,每一个地理单元都是比较适宜人类居住的,如贵州高原、四川盆地、三峡两岸、江汉平原、湘中丘陵、东南浅丘、江淮平原、长江三角洲,多是气候适宜、植被丰茂、水土滋润。所以,在近五千年的历史进程中,长江流域通过这些众多支流将南北的文明融通在一起,使长江文明比任何文明都有具有强大的一体性,而且文明体量巨大,也就具有强大的抵御外文化的生命力。

很有意思的是中华文明是一个双河文明,长江文明与黄河文明一南一北,在历史上互相补充,各领风骚,在东亚大陆上构成了一更大的文明发展空间,使得中华文明发展显现了连续不断的势头。

我们知道,新石器文化遗址在中国分布广阔,东西南北可谓星罗棋布,连现在青藏高原地区也有许多人类活动和文化遗存,但进入文明社会的时间却先后不同,黄河特殊的环境条件与文明产生所需的基本条件的碰撞,首先造就了声威远播世界的黄河文明。

有的学者研究表明,距今 5000 年前地球最适期结束,从地中海到印度广大地区由湿润到干燥而来的沙漠化是人们集中到大河之滨从而诞生古代文明的重要原因。同时,由其文明产生所需的生产力水平所限制,世界古代文明最早产生于易于开发的温带河谷平原地区。

国内外学者认为,大约在距今 4000 年左右,地球又在自然环境方面发生了重大变化,气候日趋干燥而寒冷,几大文明都出现了明显的衰退。[①] 据研究表明,公元前 2100—前 1800 年在中国

[①] 安田喜宪:《五千年前的气候变化与古代文明》,《世界科学》1991 年第 2 期;铃木秀夫:《3500 年前的气候变迁与古文明》,《地理译报》1988 年第 2 期;顾麟:《环境变迁与文明兴衰》,《科学画报》1992 年第 1 期;王绍武:《2200—2000BC 的气候突变与古文明的衰落》,《自然科学进展》2005 年第 9 期。

北方地区发生了一次由洪水到干旱的气候突变。[1] 实际上,距今4000年正好是黄河流域从新石器时代过渡到青铜文明时代,黄河文明并不存在其他几个文明发生过的衰退现象,只是从满天星斗的新石器文化发展到称雄东亚大陆的黄河文明。

我们认为,距今5000至4000年的地理环境造就了黄河文明,并不是黄河中下游的人们比其他地区的人更加聪明,而是其地理环境的气候、土壤、地貌条件所决定的。

距今5000年前,虽然全球气候走出最适期,气候转向干燥,大陆度增大,但东亚大陆当时的湿润度还是比现在高。就黄河中下游地区讲,气候普遍比现在湿润。照竺可桢的研究表明,在距今5000年至3000年中,即从仰韶文化到安阳殷墟,大部分时间的年均气温高于现在2℃左右,1月温度大约比现在高3—5℃,[2]主要是指黄河流域地区。气候的湿润为农作物更好生长创造了条件,自然灾害频率低,为农业耕作稳定奠定了基础。

在这样的气候环境下,黄河流域的土壤和植被都有利于农业生产的发展。黄河中下游流域土壤黄壤、壤土和下土坟垆的肥力在春秋战国时都是十分高的,但是长江流域的青黎、涂泥,肥力相对差。从另一个角度讲,黄壤、壤土和下土坟垆粘着性不强,疏松柔和,在生产工具不发达的夏商时代,最易于耕作,而南方涂泥粘着性强,不易耕作,青黎柔和,但熟化不强,肥力不高。加上气候湿热,湖沼过于广阔,在当时生产力条件下对生产制约十分大,故农业文明不可能首先发展。

黄土高原地区在距今5000年至3000年间森林分布比现在

---

① 王绍武:《夏朝立国前后的气候突变与中华文明的诞生》,《气候变化研究进展》2005年第1期。
② 竺可桢:《中国近五千年来气候变迁的初步研究》,《中国科学》1973年第2期。

多,特别是基岩山地和薄层黄土以林木为主。石兴邦先生谈到,关中盆地两岸山谷,阶地基岩流出河流,汇聚而成网状的水系,到处汩汩泉水,潺潺溪流,森林茂密,最适宜农耕,渔捞、狩猎和采集生产活动。① 西安半坡遗址三级台阶上便是主要为森林、竹林和丛草覆盖。水利和森林植被良好,为农业发展提供了良好的农业生态环境。在这个时期,中国黄河流域的大陆泽、大野泽(巨野泽)、菏泽、雷夏泽、孟诸泽、荣泽、昭余祁、杨纡、焦获、弦蒲、逢泽等一大批湖泊存在,气候湿度明显比现在大。这一切都为黄河中下游农业的发展奠定了基础,农业经济的发展促进了人口的增加,城市发展起来;经济的发展使人们有更多的交流的必要,文字便出现了;经济的发展使人们有更多的时间去求得精神的寄托,也有大量时间和财力去投入,大型礼仪建筑出现了;经济的发展为金属冶炼和加工创造了基础。文明由此产生了!

从偃师二里头文化(前 1900—前 1500 年)到郑州二里岗文化(前 1600—前 1500 年)到殷商文化,文明发展的脉络基本上是清晰的。如偃师二里头文化遗址,出现了类似甲骨文的文字制度,出土了大量的工具、武器和小型容器等青铜制品。郑州二里岗文化则有夯土城墙,城内有宫殿和手工作坊,发现的骨片上刻有文字,青铜器中不仅有武器、工具,而且还有大型方鼎,而安阳殷墟文化则是十分成熟的文明,这是无可争议的。② 夏商周三代主要核心在黄河中下游绝不是偶然的。

有的学者从区位的"物质与能量"交换角度分析了中国文明之所以首先发源于中原,主要是黄河流域所处的核心地位,北可

---

① 石兴邦:《陆海——产生中国古代文化的生态条件》,《中国历史地理论丛》1998 年 4 月增刊。
② 王会昌:《中国文化地理》,华中师范大学出版社,1992 年,第 29—30 页。

汲取北方和西北方带有游牧色彩的农业文化,东可汲取蕴含海洋气息的农耕文化,南可汲取稻作文化。在汲取和辐射方面都处于主导地位,故能得发展之先。[1] 不过,从发生学角度讲,这种区位物质与能量交换的形成必先有环境成因而来的先决核心领先,因而我们还可以长江稻作文化为核心,认为它北可取北方粟作文化和西北游牧文化,东取海洋文化,南取热带文化,只是当时长江文化缺乏这种辐射和吸取的内在力量。

尽管三大气候带对文明产生的影响有明显的差异,但不能简单地像过去某些哲学家所认为的那样,仅仅是气候对人的进取精神的直接影响,而应更多地强调,文明的产生主要是通过物质资料生产方式来实现的。寒带气候条件恶劣,生物种类单一,人们为基本生存而挣扎,虽有产生文明的动力,但缺乏产生文明的基本积累;热带气候条件炎热,生物多样性为人们的基本生存提供了可能,这反而助长了人们的惰性,压抑了人们创造的诱发力,可谓茫茫密林阻止了人们的进取。在石器时代的沼泽、涂泥也限制了人们的发展。只有在暖温带的大河地区,气候适中,疏松肥沃的土壤有利于用石器时代的工具大量拓殖,大江大河有利于农业灌溉,适度的森林和开阔的土地为人类进取奠定了基础。这种文明产生的生产力与温带大河流域的环境的碰撞便是中国黄河文明形成超前的核心区的关键所在。

实际上,在黄河流域距今5000年至3000年间,长江流域一些地区的文明的发展也有相当水平,如太湖流域良渚文化(距今5000年至4000年)已有大型建筑,良渚文化已有文字;[2]而四川

① 王会昌:《中国文化地理》,华中师范大学出版社,1992年,第29—30页。
② 李学勤、徐吉军主编:《长江文化史》,江西教育出版社,1995年,第68—72页。

广汉三星堆在公元前 12 世纪已经有城墙、举世罕见的青铜器群和不少陶器;成都十二桥商代陶轮上也有早期巴蜀古文字。① 不过,从一个在世界上有影响的文明讲,黄河流域文明从时间之早、规模之大、影响之远、延续之长都是中国其他地区文明不能比拟的。这种文明的分布格局与黄河流域的环境和文明所需的生产力密不可分。这就是说,区域物质文化和精神文化超前形成的吸力主要不靠区位,而是靠区域的综合环境与文明产生所需的生产力的最佳碰撞的超前核心的形成。

但是,我们这里的长江文明和黄河文明并不局限于人类文明起源、考古学意义上的文明,这是中华文明下的黄河文明和长江文明本身具有相对完整历史进程而延续到今天的客观事实决定了的。纵观五千多年的历史发展进程来看,黄河文明与长江文明发展各有先后,各领风骚,但绝不是一个丧落一个发展的过程,而是交替领跑的过程。在近两千年的时段里,黄河文明将领跑的重任交到了长江文明,在唐宋时期完成了中国经济文化重心东移南迁的历史变局。

这个历史的变局产生是由于整个东亚大陆历史气候的变化、传统生产力水平的发展两大因素结合在一起实现的。就唐代来说,在中国一般认为是属于温暖湿润的时期,对于中国北方地区来说,温暖湿润的气候条件对于华北地区的农业经济产生了积极的影响,具体的体现在温暖湿润的气候造成农牧业分界北移,农耕区扩大;使农业经济作物种植北界北移,产生多样性更明显;相应农作物的生长时间延长,生长周期缩短,复种指数提高;农作物的单独产量提高,粮食总产量增加;水利建设成效更显著;由于国

---

① 段渝:《四川通史》第 1 册,四川大学出版社,1993 年。

力强盛,使南方地区的开发有了保证,唐代出现南北皆较为发展的全面发展的趋势。这一切都是唐代中华文明立足于世界前列的保证。[1]

从气候历史来看,宋代是一个全球性的寒冷期,东亚大陆也不例外,特别是对高纬地区的游牧民族和农耕民族的生产来说是一个极大的冲击,具体表现为北方游牧民族长期处于一种高压状态,威胁中原农耕民族,同时也直接使中原黄河流域农业经济衰落,促使中国经济文化东移南迁成为定局。同时,在宋元以来,传统生产技术也有较大发展,对于整个南方长江流域的农业环境治理和耕种技术的提高起了决定的作用,表现为大量南方水稻田熟化,高产占城稻的大量推广,长江流域亚热带气候背景下生物多样性的产出多样性对经济的整体推动明显。同时,在中国政治经济文化重心东移南迁长江流域的背景下,中华文明的核心地区与岭南地区、东南沿海的距离拉近,为中华文明吸纳外来文明奠定了更好的地缘格局。

总的来看,中华文明的主体构成在近五千年的时段,黄河文明与长江文明先后领跑,互相补充,形成了一个区域广大、延续不断的双河文明。即使在一些特殊的时期,如南北朝、两宋时期大量北方民族政权建立,蒙古统一建立元朝,满洲人入中原建立清朝,在华夏文明的大背景下,中华文明一直相沿不断,其中在近一千多年的时间内,长江文明在这种文明延续中起了最重要的财富核心与文化重心的支撑,所以我们可以肯定地说长江是一条承载几千年中华文明的世界大河。

---

[1] 蓝勇:《中国历史地理》,高等教育出版社,2020年,第50—54页。

吸纳几千年外来文明的长江文明

任何大河文明的文化都不应该是完全单一的文化,特别是处于东亚大陆的黄河文明和长江文明,在上古中古时期,西部的几大文明几乎处于相同的地理纬度,有陆上和海上丝绸之路相通达。到了近古时期,东亚大陆的东南地区面临大海,西方近代文明往往又随海路与中国长江相通。所以,几千年来,长江文明无不在吸收着流域以外各种文明元素而不断更新发展着。

长江上游的长江文明在早期是长江文明中最发达的文明,以成都平原为例,宝墩文化、三星堆文化、金沙文化等在同时代的长江流域都是处于先进的文化。但这些文化中不可否认地存在一些外来的文化因素。我们知道三星堆文化的青铜器型的风格与同时期中原文化有很大的差异,当然也与巴蜀本土文化有一定的区别,这本是中华文明多元一体中的一种地域性差异。

历史上长江上游在文明通道上有一个特殊之处,即长江上游西部的横断山六江流域承担起了外来文明输入通道的角色。我们知道,横断山从北向南有岷江、大渡河、雅砻江、金沙江、澜沧江、怒江,这些河道往往是古代文明的传播通道,在近千年的历史上,有一个氐羌系统民族从北向南的迁徙过程,所以学术界将其称为"横断山民族大走廊"。

从体质人类学角度来看,今天氐羌系统的彝族、藏族的遗传距离方向都在中国西北内陆地区,这是人类学界用体质聚类分析得出的结论。在历史上文献记载彝族的先民罗罗就是"高鼻深目""深目长身"等,所以,有学者认为彝族有高加索人的一些特征,也有认为有古代斯基泰"塞人"的特点。实际早期的蜀人也是氐羌系统的一个分支，只是在历史发展过程中与巴蜀本土居民不断融合。从人类学角度来看，早期巴蜀文化中有一些中亚文化的影子完全是正常不过的。所以，我们发现三星堆、金沙遗址中存在有一些外来文化的因子。

秦汉时期，长江上游接受大量西北秦陇方向的移民，而秦陇文化与西域、中亚在地缘上相邻相近，使长江上游的文化因子中仍然有西北文化的因子。在两晋南北朝时期，中国北方"五胡乱华"时期，大量北方移民往南迁移，西北地区的郡县到长江上游侨置也较多。特别是李特的氐人大量进入长江上游，更是将西北文化的许多因素带到了长江上游。

从宗教传播来看，学术界有人认为，有一种秣菟罗佛教的南传佛教系统早于从中国西北传入的犍陀罗佛教传入中国，一般认为是在东汉末年到蜀汉时期先传入西南地区，再传播到长江中下游地区，主要特征是大量胡俑及佛教有关图案出现在这个长江上游地区。可以肯定的是魏晋南北朝时期，大量僧人沿西南丝绸之路出入，长江上游的宗教文化在很大程度上直接受外来的影响。

唐宋时期，云南为南诏、大理民族政权控制，西部吐蕃王朝强大一时，相对阻挡了外来文明的进入，但在中国政治经济文化重心东移南迁的背景下，长江水运通道的东西交流强化。在唐代，峡路水运可直流下海，成为国际通道，故卢纶诗有"浪里争迎三蜀货""水程通海货"之句。在唐宋时期，东南沿海在中国政治经济文化重心东移南迁的背景下，一方面大量北方移民南下进入江南地区，江南地区经济文化飞速发展，出现"苏湖熟，天下足""东南财赋地，江南人文薮"等话语。同时，海上丝绸之路也越来越通达，长江流域的扬州和相近的泉州先后成为长江流域与外界交流的重要城市。唐宋时期，虽然从贸易口岸来看主要在广州、泉州等地,但在中国政治经济文化重心东移南迁的背景下,长江中下游成为中外贸易中本土商品生产、外贸产品内销的重要地域。

当然,最值得提及的是近代以来,长江成为我们国家吸纳外来文明的一个最重要的河流通道。早在明代初年,明代派郑和下西洋,主动迎接世界,开始就是以江南苏州为始点出征的。同样,在明代的西学东渐过程中,早在十六世纪,罗明坚、麦安东就开始在浙江绍兴一带传教。后来利玛窦从广州到南京、南昌一带活动,启动了基督教在长江流域广泛深入的传教历程,以致到明末基督教会深入到四川境内。一时,整个长江流域除云南外,基督教遍布整个长江流域。西方宗教在传教的同时在中国开办学校、医院,将西方先进的科学技术、现代教育传入长江流域,使长江流域较早融入世界文明的潮流之中。到了近代 1842 年后,通过《南京条约》《天津条约》《马关条约》等条约的签订后,长江流域的上海、南京、汉口、九江、镇江、沙市、重庆、万县、苏州、杭州等城市先后对外开放,一方面加快长江流域半殖民化过程,中国的一些主权大大丧失,一方面长江流域较早系统接受了近代工业文明,长江流域逐渐成为东亚工业经济的重心所在。而长江流域的上海则成为远东经济重心城市,成为中国与世界文明最为接近的一个地区。相应上海为核心的海派文化滋生出来,对传统的文化带来极大的冲击。可以说,长江流域在近代引领了中国融入世界的步伐,直到今天,长江流域的上海、苏州、常州、无锡、南通、镇江、扬州、杭州、南昌、武汉、长沙、重庆、成都等城市的经济总量,在中国可以说有半壁江山之称,长江流域成为中国与世界工业文明交汇的经济纽带。

总的来看,长江文明在世界大江大河文明中,以自然的博大多样与人文的深厚多元结合最为完美典型而著称。

长江文明的中国定位：近千年中国文明的内核

其实，在世界级的大江大河中，只有长江、黄河、尼罗河、两河流域、恒河流域才称得上文化积淀深厚，而在这些交相辉映的河流文明中长江文明的自然与人文的多元一体最为明显。

从自然多元来看，长江流域在自然地形地貌上的多元相当明显。长江上游源头多为高山草甸与海拔六七千米的高山相间，金沙江、岷江、大渡河、雅砻江等河流两边高山耸立，河谷深切，既有大量相对荒漠的干热河谷，也有青翠的绿色长廊。而进入四川后又进入浅丘地貌，在四川盆地东部则形成川东平行岭谷，一山一槽，背斜与向斜互衬。同时在长江上游与中游交界则形成了著名的长江三峡大峡谷。走出峡谷就进入了江汉平原，平原与湖沼相间而一望无边。再下为江淮平原和长江三角洲，江河纵横，一望无际。长江本来是一条东西向的河流，长江流域的主体都是处于亚热带气候带上的，但由于地形地貌上的高差多达五六千米，所以，在长江上游许多地区的高山，显现为热带、亚热带、温带多元的气候并存，显然的垂直气候带又是多元的。亚热带地区的生物多样性本来就较为明显，就历史时期来看，这一带曾生存着今天在热带的亚洲象、犀牛等野生动物。

而世界其他河流的自然地形地貌和气候类型就相对较为单一了。尼罗河虽然长度在世界排名第一，从气候带来看作为一条南北向的大河也可纵深多个气候带，但沿途的地形地貌相对较为单一，开罗以下为河流三角洲地貌，而以上中下游东西两边纵深多只有16—30公里的冲积平原，平原以外两边多为戈壁沙地。上游的一些地区地形地貌相对复杂，有一些较大的盆地，但整体上较为单一平缓。其他亚马逊河、密西西比河、恒河、两河流域的幼发拉底河和底格里斯河的地形地貌、气候类型都较为单一,特别是在河流中段地区缺乏长江三峡这样的大峡谷。

应该看到,自然的多元是人文多元的基础。在整个长江流域,从历史上来看,民族众多,文化类型多元。长江上游的藏、彝、纳西、羌、白、苗、土家等民族在中国历史上影响较大,而汉族的文化也是多元,古代的巴与蜀、荆与楚、吴与越各有特色,特别是三星堆文明的世界性、楚文化的厚重性影响较大。秦汉以来汉民族成为长江流域主体后,汉族的历史文化一直相沿不间断,其巴蜀的文学、易学、天文学,唐代的"扬一益二",宋代的蜀学、婺学,"苏湖熟,天下足""东南财赋地,江南人文薮""湖广熟,天下足""桐城学派""沙滩学派""苏气""海派文化"等话题显现在地位和影响,不仅在政治经济文化各方面都在中华文明发展史上占有不可替代的地位,而且在世界历史上也多有影响。仅以长江三峡为例,世界上的大峡谷很多,如非洲的东非大裂谷、美国的科罗拉多(格伦)大峡谷、西藏的雅鲁藏布大峡谷、澳大利亚 Capertee 峡谷、尼泊尔的卡利甘达基峡谷、纳米比亚的鱼河峡谷、秘鲁的科尔卡大峡谷、秘鲁的科塔华西峡谷、墨西哥的铜峡谷、南非的布莱德河峡谷、黑山共和国的塔拉河峡谷等。但是这些峡谷大多不在世界级的大江大河上,更不要说承载了几千年的人类文明而不间断。所以,我们可以说长江文明是世界上自然元素最多、人文积淀最为深厚结合在一起的一条文明之河,可以说是世界上自然与人文最为丰富而又结合得最为完美的河流,长江三峡也曾同时享有入选世界自然和人文遗产的大峡谷的机会。

从区位来看,长江在东亚大陆的位置相当重要,东亚大陆横亘着黄河、长江两条世界级的大河,但从气候带来看,黄河流域主要在暖温带地区,长江在亚热带地区,其南面的珠江和南海一带处于南亚热带和北热带地区,长江流域这种北接中原、南连岭南的亦南亦北的区位,使其在近千年的中国乃至东亚的历史上举足轻重。特别是在近代,几乎所有重大的政治、经济、军事事件都是以长江流域为核心,如太平天国、南京条约、汉阳兵工厂、保路运动、武昌起义、南昌起义、民国首都、战时陪都等,长江流域的任何大的举动都影响决定着中华文明的发展走向。

以前我们一般习惯以黄河为中国的母亲河,不错,从一个在世界上有影响的文明讲,黄河流域文明从时间之早、规模之大、影响之远、延续之长都是中国其他地区文明不能比拟的。但是我们也应该看到黄河文明在近一千年的时段里,黄河流域的世界地位和影响已经逐渐让位于长江。2019 年,长江经济带经济总量占全国的比重达到 46.5%,几乎占了全国经济总量的一半。整个长江流域流域总面积 180 万平方公里,占中国国土面积的18.8%,包含 19 个省、市、自治区,人口 4.59 亿,占全国人口的近三分之一。但长江沿岸贡献了全国十大城市中的 5 座,上海、重庆、成都、武汉、南京。全国高校 39 所原 985 高校,其中 16 所在长江流域,占 40% 左右。可以说如果黄河是中国的母亲河,长江则应该是中国的核心河。

长江是自然的大河,这里有著名的横断山纵列河谷,有几千米的贡嘎山、四姑娘山、仙乃日、格聂山、雀儿山等雪山,有深切的金沙江河谷、岷江河谷、大渡河谷、雅砻江河谷、牛栏江大峡谷,更有承载了几千年人类文明的长江三峡大峡谷、富庶美丽的四川盆地、江汉平原、江淮平原,有广阔的长江三角洲,有青城、峨嵋、武当、庐山、黄山等天下名山。长江流域在河流色彩上与尼罗河、黄河、两河流域黄色往往成为基调不同,长江流域的色彩基调是绿色,长江流域主体的亚热带常绿植被使无数自然景观无不显现出生命的活力。虽然亚马逊河、密西西比河的基调也是绿色为主,但却没有长江这样地形地貌多样丰富,更缺乏几千年的人文积淀。当然,长江也是人文的大河,这里同样孕育出了远古的巴蜀、荆楚、吴越文化,这里有三星堆、金沙、良渚文明。这里是中国道家故土。历史上长江流域有蜀汉"天府"的美称,有唐代"扬一益二"的繁华,有宋代蜀学、婺学的辉煌,有苏州丝绸、景德镇瓷器的风采,有"苏湖熟""湖广熟""天下财赋地"的赞美。这里,战国至唐本土有屈原、司马相如、扬雄、王褒、桓谭、王充、谢灵运、陶渊明、褚遂良、李善、陆龟蒙、孟浩然、张柬之、皮日休、岑参、张若虚、孟郊、陈子昂、张籍等文人,更有入籍寓居的李白、杜甫、白居易、元稹等文人。到了宋代,主流的文化人几乎都是长江流域滋养出来的,如周敦颐、张栻、朱熹、陆九渊、吕祖谦、叶适、陈亮、欧阳修、范成大、黄庭坚、陆游、杨万里、辛弃疾、巨然、米芾等等。到了明清时期,长江流域更是人才辈出,领导着中国文化潮流。从罗贯中的《三国演义》、吴承恩的《西游记》、兰陵笑笑生的《金瓶梅》、施耐庵的《水浒传》、吴敬梓的《儒林外传》等大量市井小说出现在长江流域,到唐寅、文徵明、沈周、董其昌、徐渭、朱耷、石涛、郑燮、汪士慎等大量书画家出现在长江流域,到对传统思想进行批判启蒙思想的李贽、顾炎武、黄宗羲、王夫之等也是出现在长江流域,长江流域的中国文化中心地位不可动摇。值得指出的是明代的《天工开物》《农政全书》《本草纲目》《徐霞客游记》四本科学巨著都是长江流域的学者宋应星、徐光启、李时珍、徐霞客撰写出来的。明清时期长江上游的政治经济文化地位整体下降,但仍有杨慎、张问陶、沙滩文化的郑珍、莫友芝、黎庶昌出现。直到近代,长江流域江南文化人仍然层出不穷,而长江中上游的新式学堂、出海留洋人数引领全国,近代四川、湖南、湖北的一大批革命家更是风光华夏。可以说,几千年的长江文明显现为一个将自然与人文高度融合的典范,长江文明成为中国乃至世界上自然与人文结合的文明典范。

长江文明是一体的,长江全长6300多公里,主流可直航的河道在历史上长达4000公里左右,而两岸支流众多且大多可以通航,河流南北纵深多五六百公里以上,这种河流的特性使长江流域虽然有高山阻隔,但文明的相互渗透吸纳明显。在中国各地域文明中,长江流域显现出绿色、富足、柔美、时尚、开放的10字共性。就整个中国来说,我们知道,在一般人的眼中,黄河文明以粗犷壮美著称,长江文明则以精细柔美为特色。但长江流域东西6000多公里,横跨三个自然地理单元,环境的多样也使文化呈现多元,长江上游的西部山地的壮美滋生出藏彝民族的豪放热情,四川盆地的富庶塑造出巴蜀文化的闲适,四路通达的江汉平原培育了两湖文化中的精明,江南水乡的柔美营造出江南文化的小资和温情,就连巴与蜀也由于环境的差异也各有特色,故留有"巴有将,蜀有相"之称。

长江文明中尤以上游文明在世界大河文明中地位独特。中国川江流域历史文化的世界性首先体现在历时性上的世界唯一大河上游文明上,具有不可替代性。从近古以来的历史文化特殊性来看,川江流域的历史文化显现为多个世界唯一和第一,如世界上最世俗的文化区、世界最闲适文化地区、世界内河航运最繁忙同时又最危险的河道,由此产生了规模宏大的拉纤盘滩提驳场景、地位特殊的滩师角色、内容丰富的号子文艺、特殊的地名群、丰富的专门文献,同时也滋生出在世界历史上都少见的码头文化体系、江湖社会概念、饮食菜系和戏剧河道划分标准。同时,川江流域产生了中国第一平民菜系川菜,也是世界浓香型、酱香型蒸馏酒、井盐生产的中心。可以说川江流域特殊的自然环境和区位地缘塑造出了世界历史上一个典型的大河上游文明和世俗程度最高的文化区,这就赋予了川江流域历史文化地位在世界上的唯一性和独特性。

长江文明的本性特色十足,但从古以来显现的是一种开放兼容的姿态,本身就是一个兼容的文明。在历史上上古时期长江上游吸纳中亚西域文明,汉唐两宋时期大量吸纳黄河流域文明,明清近代以来时期兼容西方文明,改革开放时期更是海纳四方文化,真正显现一种海纳百川,自成一体的文明,也因此继黄河成为中华民族的母亲河后,长江文明成为近千年来中华文明的内核。

参考书目

（一）历史文献

《山海经》，袁珂注《山海经校注》，上海古籍出版社，1980年。

《周易》，王弼注本，四部丛刊景宋本。

老子：《道德经》，王弼注《老子道德经注校释》，中华书局，2008年。

《诗经》，中华书局，1963年。

《尚书》，中华书局，2012年。

管仲：《管子》，四部丛刊景宋本。

荀况：《荀子》，清抱经堂丛书本。

扬雄：《蜀王本纪》，《汉唐地理书钞》本。

王充：《论衡》，上海人民出版社，1974年。

桓谭：《新论》，上海人民出版社，1977年。

司马迁：《史记》，中华书局，1982年。

班固：《汉书》，中华书局，1965年。

应劭：《风俗通义》，上海古籍出版社，1990年。

刘向：《战国策》，古典文学出版社，2008年。

刘向：《楚辞》，上海古籍出版社，2015年。

陈寿：《三国志》，中华书局，1959年。

常璩：《华阳国志》，刘琳《华阳国志校注》，巴蜀书社，1984年。

葛洪：《神仙传》，上海古籍出版社，1991年。

郦道元：《水经注》，巴蜀书社，1985年。

范晔：《后汉书》，中华书局，1965年。

刘敬叔：《异苑》，中华书局，1996年。

刘义庆：《世说新语》，中华书局，2011年。

刘勰:《文心雕龙》,上海古籍出版社,1984年。

谢朓:《谢宣城诗集》,中华书局,1985年。

钟嵘:《诗品》,上海古籍出版社,2011年。

萧统撰,李善注:《文选》,中华书局,1974年。

任昉:《述异记》,《汉魏丛书》本。

宗懔:《荆楚岁时记》,岳麓书社,1986年。

李肇:《唐国史补》,中华书局,1991年。

慧皎:《高僧传》,中华书局,1991年。

韩愈:《韩昌黎集》,商务印书馆,1933年。

魏徵:《隋书》,中华书局,1959年。

卢求:《成都记序》,《全唐文》,中华书局,1982年。

李吉甫:《元和郡县志》,中华书局,1983年。

樊绰:《云南志》,中国社会科学出版社,1985年。

陆龟蒙:《耒耜经》,中华书局,1985年。

杜佑:《通典》,中华书局,1988年。

杨晔:《膳夫经手录》,上海古籍出版社,1996年。

道宣:《释迦方志》,中华书局,2000年。

李筌:《太白阴经》,军事科学出版社,2007年。

陈子昂:《陈子昂集》,上海古籍出版社,2013年。

房玄龄:《晋书》,中华书局,2015年。

陆羽:《茶经》,四库全书本。

刘昫:《旧唐书》,中华书局,1975年。

孙光宪:《北梦琐言》,上海古籍出版社,2012年。

虞俦:《尊白堂集》,商务印书馆,1935年。

高斯得:《耻堂存稿》,商务印书馆,1935年。

李心传:《建炎以来系年要录》,商务印书馆,1936年。

洪迈:《容斋随笔》,商务印书馆,1937年。

洪迈:《夷坚志》,商务印书馆,1937年。

司马光:《资治通鉴》,中华书局,1956年。

袁桷:《清容居士集》,商务印书馆,1957年。

宋慈:《洗冤集录》,法律出版社,1958年。

王钦若:《册府元龟》,中华书局,1960年。

李昉:《太平御览》,中华书局,1960年。

李昉:《太平广记》,中华书局,1961年。

胡仔:《苕溪渔隐丛话》,人民文学出版社,1962年。

李昉:《文苑英华》,中华书局,1966 年。

宋祁、欧阳修:《新唐书》,中华书局,1975 年。

吴自牧:《梦梁录》,浙江人民出版社,1980 年。

邵博:《邵氏见闻后录》,中华书局,1983 年。

陆游:《入蜀记》,中华书局,1985 年。

范成大:《石湖诗集》,中华书局,1985 年。

李焘:《续资治通鉴长编》,上海古籍出版社,1986 年。

范成大:《吴郡志》,江苏古籍出版社,1986 年。

沈括:《长兴集》,四库全书本。

祝穆:《方舆胜览》,中华书局,2003 年。

江休复:《江邻几杂志》,中华书局,1991 年。

耐得翁:《都城纪胜》,上海古籍出版社,1993 年。

沈括:《梦溪笔谈》,巴蜀社,1995 年。

庄绰:《鸡肋编》,中华书局,1997 年。

陆游:《剑南诗稿》,线装书局,2014 年。

周密:《武林旧事》,中华书局,1991 年。

李时珍:《本草纲目》,商务印书馆,1930 年。

宋应星:《天工开物》,商务印书馆,1933 年。

谢肇淛:《五杂俎》,中央书店总店,1935 年。

正德《四川志》,正德十五年刻本。

弘治《上海志》,中华书局,民国 29 年。

黄宗羲:《明夷待访录》,上海古籍出版社,1955 年。

胡震亨:《唐音癸签》,古典文学出版社,1957 年。

李贽:《焚书》,中华书局,1975 年。

李贽:《续焚书》,中华书局,1975 年。

王士性:《广志绎》,中华书局,1981 年。

罗贯中:《三国演义》,岳麓书社,1986 年。

章潢:《图书编》,江苏广陵古籍刻印社,1988 年。

兰陵笑笑生:《金瓶梅》,书目文献出版社,1994 年。

徐霞客:《徐霞客游记》,岳麓书社,1998 年。

李昭祥《龙江船厂志》,江苏古籍出版社,1999 年。

王士性:《五岳游草》,中华书局,2006 年。

施耐庵:《水浒传》,上海古籍出版社,2009 年。

吴承恩:《西游记》,浙江古籍出版社,2015 年

沈啓:《南船纪》,南京出版社,2019 年。

嘉靖《上海县志》,明嘉靖三年刻本。

齐召南:《水道提纲》,浙江大学出版社,2021年。

董诰:《全唐文》,中华书局,2001年。

徐松:《宋会要辑稿》,上海古籍出版社,2009年。

刘献廷:《广阳杂记》,中华书局,1997年。

陈梦雷:《古今图书集成》,中华书局,1985年。

顾炎武:《天下郡国利病书》,上海古籍出版社,2012。

顾炎武:《日知录》,国家图书馆出版社,2009年。

顾炎武:《肇域志》,上海古籍出版社,2012年。

吴敬梓:《儒林外史》,河北人民出版社,1993年。

魏源:《海国图志》,岳麓书社,1998年。

周询:《芙蓉话旧录》,四川人民出版社,1987年。

乾隆《巴县志》,清嘉庆二十五年刻本。

乾隆《汉阳府志》,清乾隆十二年刻本。

陈运溶:《荆州土地记》,清光绪二十五年刻本。

刘献廷:《广阳杂记》,商务印书馆,1957年。

徐焕斗修,王夔清纂:《汉口小志》,民国四年铅印本。

雍正《四川通志》,清文渊阁四库全书本。

嘉庆《四川通志》,清嘉庆二十一年刻本。

吴其濬:《植物名实图考》,商务印书馆,1957年。

《全唐文》,中华书局,1982年。

吴焘:《游蜀日记》,《小方壶斋舆地丛钞》本,杭州古籍书店,1985年。

程世爵:《笑林广记》,中州古籍出版社,2005年。

谢鸣篁:《川船记》,浙江人民美术出版社,2016年。

许梦闳:《北新关志》,浙江古籍出版社,2015年。

陈明申:《夔行纪程》,《小方壶斋舆地丛钞》本。

罗筠臣:《峡江救生船志》,光绪四年刻本。

洪良品:《巴船纪程》,《小方壶斋舆地丛钞》本。

陈祥裔:《蜀都碎事》,西南交通大学出版社,2017年。

郭庆琳:《眉山县志》,民国十二年石印本。

徐珂:《清稗类钞》,商务印书馆,1966年。

傅崇矩:《成都通览》,巴蜀书社,1987年。

山川早水:《巴蜀》,东京成文馆,明治四十二年。

(二)现代文献

长江流域规划办公室:《长江水利史略》,水利电力出版社,1979年。

陈世松等:《四川通史》第五册,四川大学出版社,1993 年。

成都武侯祠博物馆:《蜀汉胜迹》,四川人民出版社,1985 年。

程民生:《宋代地域经济》,河南大学出版社,1992 年。

池莉:《老武汉》,江苏美术出版社,2000 年。

董楚平、金永平:《吴越文化志》,上海人民出版社,1998 年。

葛剑雄等:《简明中国移民史》,福建人民出版社,1993 年。

蓝勇:《千古三峡》,福建人民出版社,2003 年。

蓝勇:《四川古代交通路线史》,西南师范大学出版社,1989 年。

蓝勇:《西南历史文化地理》,西南师范大学出版社,1997 年。

蓝勇:《中国历史地理学》,高等教育出版社,2002 年。

李光灿等:《楚文化丛谈》,长江文艺出版社,1992 年。

李杭育:《老杭州》,江苏美术出版社,2000 年。

李敬洵:《四川通史》第三册,四川大学出版社,1993 年。

李学勤、徐吉军主编:《长江文化史》,江西教育出版社,1995 年。

刘尧汉:《中国文明源头新探》,云南人民出版社,1985 年。

罗开玉:《四川通史》第二册,四川大学出版社,1993 年。

梅莉等:《两湖平原开发探源》,江西教育出版社,1995 年。

蒙默等:《四川古代史稿》,四川人民出版社,1988 年。

彭德清主编:《中国船谱》,人民交通出版社,1988 年。

阙维民:《杭州城池暨西湖历史图说》,浙江人民出版社,2000 年。

王冠倬:《中国古船图谱》,三联书店,2000 年。

王鸿:《老扬州》,江苏美术出版社,2001 年。

王挺之、霍巍:《长江上游早期文明的探索》,巴蜀书社,2002 年。

魏嵩山:《太湖流域开发探源》,江西教育出版社,1993 年。

席龙飞:《中国造船史》,湖北教育出版社,2000 年。

辛德勇:《古代交通与地理文献研究》,中华书局,1996 年。

徐刚:《长江传》,福建教育出版社,2000 年。

叶书宗等主编:《长江文明史》,上海教育出版社,2001 年。

张国雄:《明清时期两湖移民》,陕西人民教育出版社,1995 年。

张伟然:《湖北历史文化地理》,湖北教育出版社,2001 年。

张伟然:《湖南历史文化地理研究》,复旦大学出版社,1995 年。

张学君:《成都城市史》,成都出版社,1993 年。

张正明、刘玉堂:《荆楚文化志》,上海人民出版社,1998 年。

张仲礼主编:《长江沿江城市与中国近代化》,上海人民出版社,2002 年。

郑学檬:《中国古代经济重心南移和江南经济研究》,岳麓书社,2002年。

朱汝兰:《长江传》,河北大学出版社,2001年。

朱振宏、程卫民主编:《长江400问》,黄河水利出版社,1999年。

邹逸麟主编:《中国历史人文地理》,科学出版社,2001年。